À
Alain de Botton,
dont les merveilleux essais ne cessent
de m'instruire et de m'enchanter,
cet

**ÉLOGE IMMODÉRÉ
DES FEMMES**

avec
quelques autres textes plus ou moins
excentriques,

Maxime Cohen

04.VIII.2010

DU MÊME AUTEUR

CONFINS DE LA MÉMOIRE, Éditions de Fallois, 1998.
PROMENADES SOUS LA LUNE, Grasset, 2008.

MAXIME COHEN

ÉLOGE IMMODÉRÉ DES FEMMES

Et autres essais

BERNARD GRASSET
PARIS

Couverture : d'après une maquette
de Pascal Vercken

ISBN : 978-2-246-77681-9

Tous droits de traduction, de reproduction et d'adaptation
réservés pour tous pays.

© *Éditions Grasset & Fasquelle*, 2010.

Pour ou contre les voyages

> Tout le malheur des hommes vient d'une seule chose, qui est de ne savoir pas demeurer en repos, dans une chambre.
>
> Pascal, *Pensées et opuscules*, [éd.] par L. Brunschvicg, rev. par G. Rodis-Lewis, « Classiques Hachette », Paris, Hachette, 1967 (1897), section II, 139.

Ah les femmes ! Ariane, Gilda, Sonia : elles furent toutes la surprise ou le but d'un voyage. Ariane, c'était le chic bordelais en plein cœur de New York, Gilda un balcon chilien au bord du Pacifique, Sonia la Grèce antique sur la Côte bretonne. Ariane me disait : « On part en voyage à la recherche des différences... » et elle n'avait été frappée que par des similitudes. Je me suis sottement brouillé avec elle. Tous les torts étaient de mon côté mais toutes les raisons n'étaient pas du sien. Nous avions décidé de nous voir en août. Elle m'annonça fin juillet qu'elle ne pourrait finalement qu'en septembre. Sans explication, naturellement. Je lui répondis que c'était d'accord pour septembre mais l'année suivante. Nous ne nous sommes pas revus.

C'est pourtant elle qui avait raison. Jamais les hommes ne sont plus ressemblants que lorsque tout devrait les rendre plus dissemblables. Je suis frappé jusqu'aux moindres analogies de leurs gestes intimes : tout le monde met un pied devant l'autre pour marcher ; on rit un peu partout en découvrant les dents ; les yeux se mouillent lorsqu'on a du chagrin ; on manifeste la crainte, la pitié, le mépris, la colère, la tristesse, la joie par des mimiques identiques. L'uniformité des gestes familiers a d'ailleurs fortement attiré l'attention des dessinateurs. Elle ne découle pas de la déformation satirique des traits mais du schématisme de nos expressions et s'appliqua d'abord à la représentation imagée des humeurs, c'est-à-dire des caractères les plus généraux du tempérament. Les collections royales du château de Windsor en conservent des exemples frappants sous la plume et le crayon de Léonard de Vinci, qui inclut même dans son étude diverses attitudes animales. Il n'est pas fortuit qu'Annibal Carrache qui, contre le maniérisme, tentait de revenir à la généralité de l'art, passe pour l'inventeur de la caricature. Pourquoi cependant la représentation des humeurs est-elle souvent humoristique ? C'est que lorsqu'on généralise, on simplifie : rien de plus révélateur pour l'œil ; mais rien de plus réducteur pour l'esprit. Etrange renversement, à moins que la représentation figurée des généralités ne nous dévoile le ridicule essentiel de toute chose et que sa noblesse ne se dissimule sous les apparences les plus secondaires.

Les mœurs qu'on veut croire diverses ne se signalent pas moins par leurs parentés : partout le mariage, la famille, la lignée, la chefferie, le parti, la nation. Les bâtiments, les industries, les commerces, les véhicules ne varient que dans leurs modalités : ils sont similaires dans leur principe. Toutes les sociétés sur tous les continents semblent sortir du même four. Il ne reste de particularités, peut-être de *culture*, que dans les marges et il faut avoir pénétré loin dans la dissemblance pour en discerner l'altérité. On ne commence à bien connaître un pays étranger que lorsqu'on a l'impression d'y être chez soi.

Les *sciences humaines* ne reposent que trop sur l'exploration obsessionnelle de ces *insignifiances*, dont Valéry disait que tout ce qui les simplifie est faux mais que tout ce qui ne le fait pas est inutilisable. De là un relativisme aussi abusif que celui qu'on découvrirait dans la nature si l'on cherchait à la comprendre non à partir de ce qui, dans ses lois, est toujours le même mais de ce qui, dans les faits, est toujours autre. Cette conception ne règne pas seulement dans quelques cénacles : elle rencontre un succès consternant auprès du public avec la complicité des voyages aériens. En nourrissant la prétention de se confondre avec l'étrangeté qu'il côtoie, le *touriste* contemporain idéalise tout ce qui lui paraît exotique. J'ai des amis qui ne peuvent revenir du Japon sans changer la décoration de leur jardin. Un prochain voyage en Inde recouvrira de tapis le parquet de leur salon et, après un week-end au Maroc, de thé à la menthe et de narguilés les tables de leur appartement. Ce faisant, ils ne se contentent pas de ne rien apprendre sur eux-mêmes : ils frustrent l'étranger du regard perplexe dont il a besoin pour savoir qui il est. Qu'en aurait-il été si Montesquieu avait demandé à son Persan d'adopter les coutumes françaises en posant le pied à Marseille et les lui avait fait décrire en oubliant les siennes ? En quoi aurait-il été différent du premier Parisien venu ? Ses lettres eussent ressemblé aux apologies les plus doucereuses du temps. L'exotisme, qui ne concède aux éléments essentiels des autres civilisations qu'un caractère décoratif dans la sienne, est le péché le plus inexpiable de tout voyageur.

Les paysages ne présentent pas non plus les disparités que les voyageurs se font un plaisir de surfaire. Tout varie en proportion, presque jamais en nature. La végétation se ressemble partout en dépit de la variété des espèces et des terres où elle s'implante. Et s'il existe au fond des Montagnes Rocheuses ou de l'Australie des animaux qui ne se voient ni à Dresde ni dans le Loiret, nous n'avons guère de mal, sous tous les cieux, à distinguer entre un minéral, un végétal, un animal. Le climat est peut-être l'unique élément dont les modifications ne soient pas négligeables. C'est un des rares phénomènes dont la nature réside dans les variations ; encore se concentrent-elles sur quelques degrés plus proches du zéro absolu que de l'infini des hautes températures : nous vivons dans le froid. La température exerce pourtant une influence profonde sur notre tempérament : le génie de Montesquieu est d'en avoir mesuré les effets sur la formation des sociétés, des institutions, des mœurs. Mais si nous sommes condamnés à subir les variations climatiques sans pouvoir y intervenir ; si, plus encore, la climatologie est une science qui ne peut déboucher que de manière aventureuse sur une quelconque technologie, il n'est aucun lieu sur terre auquel nous ne puissions nous adapter : la technique dispense la même atmosphère dans les bureaux d'un grand immeuble d'Anchorage, de Bahreïn ou de Londres ; il suffit d'oublier ce qui se passe par la fenêtre.

L'évidence de l'universelle ressemblance contrarie méchamment notre irrépressible passion pour les détails et nous attire hors de chez nous comme vers les mille nuances de la lumière. Ce n'est pas le général mais le particulier qui sert à notre divertissement. Le général ne sert qu'à notre savoir. Et rien ne me convainc mieux du caractère joyeux de la science d'Aristote que de s'être donné la description du particulier pour ultime conquête. Ce qui m'intrigue et me ravit lorsque je voyage, c'est de m'apercevoir que si toutes les maisons, partout, ont des fenêtres, elles s'ouvrent et se ferment de cent façons différentes. Jusqu'il y a peu, les fenêtres à guillotine exerçaient un magistère sans partage sur la Grande-Bretagne tandis qu'elles s'obstinaient à s'ouvrir par le centre sur le continent. La robinetterie de tout pays étranger ne doit certainement pas être actionnée sans une phase d'observation attentive et quelques tâtonnements. Lors de mon premier séjour à Venise, il m'a fallu un gros quart d'heure pour maîtriser celle de mon appartement, plus dix minutes pour les volets, d'un mécanisme encore plus tarabiscoté. On roule partout en automobile ; mais les voitures automatiques des Américains sont, pour un Français, un mystère aussi grand que leur inaptitude à dissocier civisme et religiosité, et quant à l'idiosyncrasie de leur conduite, elle nous en apprend davantage sur nous, à notre désavantage, que tous les traités de sociologie.

La cause de notre leurre mais aussi de notre enchantement, ce sont les vibrations non des choses mais de notre regard. Elles ne cessent de nous offrir de nouvelles représentations en charmante contradiction avec la réalité. Quoi de plus ressemblant que n'importe quelle montagne du centre de la Chine et un massif de la Haute-Silésie ? Quoi en même temps de plus dissemblant que le *Paysage au clair de lune* de Ma-Yuan et *La Brume s'élevant dans le Riesengebirge* de Caspar David Friedrich ? D'un côté, l'immensité vue d'en bas par un spectateur écrasé, de l'autre vue d'en haut par un spectateur exalté. Ici la sérénité taoïste, là le *tragique du paysage*. Leur dissimilitude, inobjective, ne provient pas de l'extérieur mais de l'intérieur de l'œil, dont l'instabilité est à l'origine des reconfigurations que nous ne cessons d'imposer à la nature pour obéir à notre vue.

On comprend mieux pourquoi les anciens voyageurs ne pouvaient décrire la réalité de ce qu'ils avaient vu sans y mêler la fable de ce qu'on leur en avait dit. Voyager ne se réduisait pas à regarder : on écoutait presque autant, non sans confondre ce que l'on constatait avec ce que l'on entendait. L'extraordinaire et le monstrueux refluaient de la plupart des excursions en pays lointain, comme si l'intempérance intérieure qui en avait jeté les acteurs hors de chez eux devait se payer d'expériences dissuasives pour qui serait tenté de les imiter. C'est par gratitude envers les délices domestiques du quotidien qu'on s'en revenait avec des récits effrayants qui en exaltaient secrètement le bien-être moelleux. Ulysse est la figure émérite de cette race pèlerine.

Aussi distinguait-on mal entre le récit de voyage et le voyage imaginaire : cette incertitude en dit long sur le sérieux du genre. Nos romans de science-fiction, où la plongée dans l'espace est au moins aussi importante que dans le temps, ne font-ils pas de même ? Ces divagations étaient, déjà, volontiers futuristes. Le seul moyen de prévoir l'avenir étant de l'inventer, l'utopie d'aujourd'hui n'est pas le pire moyen d'anticiper la réalité de demain. Que d'auteurs en divaguant ont su décrire ce que d'autres en raisonnant n'ont même pas entrevu, à l'instar de Lucien qui invente la télévision à l'occasion d'un voyage imaginaire sur la lune ! *Je vis*, relate le héros de son *Histoire véritable* dont le titre vient de ce qu'elle est fausse, *une bien autre merveille dans le palais du roi [de la lune]. C'était un grand miroir, placé au-dessus d'un puits d'une profondeur médiocre. En y descendant, on entendait tout ce qui se dit sur la terre, et en levant les yeux vers le miroir, on voyait toutes les villes et tous les peuples, comme si l'on était au milieu d'eux*[1]. Voyager, c'est accéder à d'autres mondes possibles que le monde actuel, dont ceux que l'avenir nous réserve ne sont pas les plus improbables.

Non moins que le merveilleux, le secret fait partie du voyage : on cache aisément une partie de ce qu'on a vu et fait lorsque personne n'était là pour le savoir ; et il est bien connu des historiens que beaucoup voyageaient autrefois

---

1. *Histoire véritable*, I, 26.

pour mener tranquillement ailleurs une vie qu'ils ne pouvaient mener chez eux sans scandale. Les mémoires, récits de voyage dont le trajet ne se fait pas dans l'espace mais dans le temps, sont tout autant matière à dissimulation. Cette analogie jette un nouvel éclairage sur les rapports complexes de ces deux genres avec la vérité : il est contradictoire de s'identifier avec ce qu'on voit et d'en faire un récit objectif. J'aime assez le mot prêté au maréchal Pétain pour qui je n'entretiens pas une passion dévorante ; mais même nos *bêtes noires* font de bons mots. Comme on lui proposait d'écrire ses mémoires : « Des mémoires ? Mais je n'ai rien à cacher ! »

Le Chrysale des *Femmes savantes* en avoue sans façon le secret dans le récit de ses escapades romaines à son frère, Ariste :

[...] *Je connus feu son père en mon voyage à Rome.*
[...] *C'était, mon frère, un fort bon gentilhomme.*
[...] *Nous n'avions alors que vingt-huit ans,*
Et nous étions, ma foi, tous deux de verts galants.
[...] *Nous donnions chez les dames romaines,*
Et tout le monde là parlait de nos fredaines.

Sur des considérations voisines, René Pintard a ranimé naguère la figure biscornue de Jean-Jacques Bouchard dont les voyages semblent n'avoir eu d'autre fin que de mener à l'étranger une vie sexuelle impensable dans sa patrie[2]. Beckford, Custine ou Gide, peut-être Byron, et, en tout cas, Loti, Christopher Isherwood ou Paul Bowles ont galopé à sa suite. Dès cette époque, le libertinage est associé aux

---

2. *Le libertinage érudit dans la première moitié du XVIIe siècle*, nouvelle. éd. augm., Genève-Paris, Slatkine, 1983.

déviations non moins des idées que des corps. Vous êtes-vous aperçue que le Don Juan de Mozart catalogue autant les pays que les femmes ?

Les multiples déplacements de Descartes en Europe ont maintes fois intrigué les érudits : il ne fait aucun doute qu'il avait autant à craindre que Bouchard, quoique pour des raisons plus spéculatives. Son portrait par Frans Hals laisse percer quelque chose de sa méfiance ironique envers toute sédentarité : il plombe du regard les imbéciles qui s'y fient. La bougeotte de Regnard n'est pas moins sidérante : nul écrivain n'aura autant cheminé que ce phénomène, Bologne, Alger, Flandres, Hollande, Danemark, Suède, Laponie, Pologne, Turquie, Hongrie, et retour en France par l'Allemagne. Les espions, aussi, déambulent beaucoup : c'est même à cela qu'on les dépiste. Casanova le fut sans doute un peu ; le chevalier d'Eon ne fut que cela. Leibniz courut toute l'Europe : il était diplomate ou, si l'on veut, espion à découvert.

La passion de la liberté, celle de l'esprit ou celle des mœurs, ne va pas sans déguiser un peu celui qui s'y livre, même avec prud'homie : *Liberté dans les esprits, docilité dans les gestes.* Seules des stratégies complexes de dissimulation permettaient d'échapper à la tyrannie des autorités : on n'hésitait pas plus à proclamer en public des sentiments qu'on réprouvait en secret qu'à afficher des mœurs qui n'étaient pas les siennes. Ne pouvant défendre des opinions interdites, on campait aux lisières de celles qui étaient licites et des autres qui l'étaient moins. De subtils degrés conduisaient encore de ces dernières jusqu'aux abords de celles qui ne l'étaient pas du tout : l'art de contourner la censure reposait sur cet exercice de voltige. Comme les juges concluaient aisément de la criminalité des opinions à celle de leur auteur, on avait intérêt à conduire sa vie avec autant de prudence que ses pensées. Les voyages étaient, avec l'amphibologie et la prétérition, les indispensables engins par lesquels on pouvait se dérober à ses adversaires sans paraître les fuir.

Ils ne sont pas toujours inoffensifs et il peut être sage de renoncer à se rendre quelque part si l'on veut en parler à bon escient. A preuve l'expérience de Simon Leys : empêché de circuler librement en Chine mais avide de savoir ce que dissimulait la Révolution culturelle, il s'attela au dépouillement de la presse officielle du régime en relevant les variations que subissait la nomination des acteurs politiques dans l'ordre protocolaire. La patience surhumaine dont il fit preuve lors de ce qui fut peut-être la plus fastidieuse entreprise critique de tous les temps aurait dû lui valoir la reconnaissance attendrie de tous les intellectuels. L'histoire en cours se découvrit alors sous ses yeux avec la plus effroyable transparence. Les voyageurs occidentaux pour qui les autorités avaient organisé d'agréables circuits Potemkine ne comprirent ce qu'ils avaient vu en Chine qu'en lisant au retour ce qu'en disait celui qui était resté à Hong-Kong sans rien voir. Voyager peut être l'une des plus insidieuses façons de rester incarcéré chez soi.

Ces essais sur la Chine comptent parmi les très grands livres du siècle dernier : ils sont notre Thucydide et notre Polybe. On y trouve un essai au titre sibyllin, *L'art d'interpréter des inscriptions inexistantes écrites à l'encre invisible sur une page blanche*, et au contenu lumineux. Vous souriez : vous n'avez pas oublié que les sibylles étaient des femmes. Il se présente sous la forme d'un éloge du père Landry, savant jésuite confiné à Hong-Kong, qui alimentait en informations de haut vol toute la communauté internationale des sinologues à travers un modeste bulletin, *China News Analysis*. *Pour beaucoup de spécialistes de sciences politiques, sa lecture*, écrit Leys plaisamment, *représentait ce qu'un penchant à la boisson pourrait constituer pour un ayatollah, ou une addiction à la pornographie pour un évêque : un besoin tyrannique qu'il fallait satisfaire dans le plus grand secret*. L'ascèse érudite de ce jésuite qui, par la seule analyse des textes, parvenait à élucider la réalité qu'ils étaient censés dissimuler me paraît une excellente illustration des chapitres que nous consacrions jadis à la critique, à travers le discours de Lorenzo Valla sur la fausse donation de Constantin ou le *Traité théologico-politique* de Spinoza.

Voir en effet nous empêche de voir si nous ne corrigeons sans cesse notre vue. Que d'événements lointains dans le temps ou dans l'espace comprenons-nous mieux que leurs témoins ! Nous accordons notre confiance à l'instantanéité de nos sensations avec la certitude infantile que rien ne s'interpose entre elles et nous, comme si elles nous communiquaient par la vue l'essence de ce qu'elles sont. Il devient déprimant d'expliquer aux générations obnubilées par les millions d'images qui défilent sous leurs yeux que de se détourner d'une chose pour la voir vaut souvent mieux que de la regarder. De là à leur faire admettre, comme Proust en a si bien tiré profit, qu'on peut parfois mieux la comprendre que ceux qui l'ont vécue ! Ils en sont d'ordinaire incrédules alors que c'est à l'encontre du témoignage de ces derniers qu'il leur faudrait plutôt cultiver leur scepticisme.

Solution du chapitre précédent

> Je fis en sorte [dans mon voyage] que ce que je pensais d'agréable fût plus puissant que ce que je voyais de fâcheux.
>
> Mademoiselle de Scudéry, Lettre à Mlle Robineau, 5 septembre 1644.

Si l'utilité des voyages est aussi litigieuse, pourquoi s'en va-t-on ? J'ai une amie dont la réponse est d'une mauvaise foi ravissante : pour le plaisir de rentrer chez soi. C'était le point de vue des Grecs, pour qui le voyage suppose le retour et l'a même si bien pour but qu'ils lui donnaient les noms de *périple* ou de *période* selon que le cycle s'effectuait par mer ou par terre. Je la trouve moins absurde que les prétextes de la plupart des voyageurs pour excuser leur aberration. Quel bonheur de jouir à nouveau du réconfort de nos lieux et de nos objets familiers après les avoir échangés sans raison contre les inconforts de toute équipée ! Fini la séparation, les retards, les imprévus, les mésaventures, les déceptions, les embarras, les périls et, pire que tout, l'ennui, l'ennui de l'attente dans un aéroport, dans un wagon roulant des heures durant à travers d'interminables étendues où nulle histoire ne semble s'être déroulée, enfin sur un navire où la lecture ne parvient même plus à nous distraire de la soumission monotone de la *chienne splendide*.

Cet ennui n'est pas sans pouvoirs et s'apparente à celui dont nous avons ailleurs célébré les délices. Dans l'ennui de l'attente, dont les voyages sont de si merveilleux desservants, il nous semble que le temps de notre vie s'arrête et que nous nous identifiions momentanément à l'intemporalité qui, de façon logiquement inadmissible mais psychologiquement incontestable, tapisse toute mesure intime du temps : il fuit de manière trop constante pour que nous ne prenions pas conscience du plan immobile sur lequel il se déroule alors même que son flux nous entraîne. A la différence de ce que nous éprouvons dans l'attente lorsque nous sommes amoureux, aucun désir ne nous porte en avant : le parcours et le but de notre voyage sont eux-mêmes trop fluctuants ; le seraient-ils moins, nous perdrions jusqu'à l'envie de la surprise que nous continuons d'en espérer. Cet étrange suspens constitue un des plus curieux articles de cet essai. Il est plus tangible que l'hypothétique récompense d'une sagesse de toute façon promise pour après le retour. Car on ne profite pas sur le moment de cette expérience : les journaux de voyage, j'entends ceux qui ont été écrits sur le vif, n'ont d'intérêt que par les notations – lesquelles n'ont d'intérêt que par la discontinuité. Pour les conséquences suivies, c'est des mois, des années plus tard qu'il nous faudra les tirer dans le calme reclus de notre entourage retrouvé.

La curiosité est la moins mauvaise justification de cette furie gyrovague[3]. Elle poussait autrefois le voyageur du connu vers l'inconnu, dont il pouvait se demander s'ils faisaient partie du même monde lorsque ses pas le conduisaient vers des contrées peuplées de créatures indéchiffrables et terrifiantes. Que ces dispositions sont loin des nôtres ! Longtemps avant notre départ, la cartographie de la totalité

---

3. Saint Benoît (*Règle*, I, 10) appelle gyrovagues les moines qui courent de monastère en monastère en vivant d'aumônes au lieu de leur activité. Il ne les porte pas dans son cœur.

du globe nous apprend où nous allons et ce que nous allons y trouver. Savoir où l'on va lorsqu'on part, immense révolution ! Voyager autrefois, c'était savoir tout au plus la direction qu'on allait prendre : en connaître le terme, c'était une autre affaire. Les caprices des vents, les hasards de la route, l'inconnu *des monts et des vaux*, les lubies du climat, le danger des rencontres, tout conspirait à transformer l'entreprise en une expérience imaginaire, mais un imaginaire où la mort violente était sans cesse en embuscade. Nous ne connaissons pas seulement les coordonnées du point où nous tendons mais le climat, la flore, la faune, les habitants et de ceux-ci, l'histoire, les mœurs, le gouvernement, la culture, en un mot tout ce que nous cherchions à en apprendre jadis par les voyages et que ceux-ci ne nous servent aujourd'hui qu'à vérifier avec une sérénité à peine voilée. *Le temps du monde fini commence*, statuait Valéry, lapidaire : nous en sommes au bout, même si nous continuons à espérer d'un rare et fugitif imprévu les émotions qui ne gagnaient jadis le voyageur qu'au sein des plus grands périls et que nous voudrions éprouver sans en courir aucun. A vrai dire, l'éloignement suffit presque à notre contentement.

L'isolement ne nous est pas imparti davantage. Il était jadis inséparable du départ et, même accompagné, le voyageur subissait maintes fois la nostalgie de celui qui vaque en terre étrangère. Seul, coupé du monde qui était le sien pour un autre dont il ne connaissait rien, il s'en fabriquait un troisième dont les sentiments épousaient furtivement ceux de cet être à la fois marginal et cosmique : l'exilé. L'exil est une épreuve à la fois sentimentale et rationnelle : l'épreuve sentimentale est liée à l'inguérissable douleur de tout déracinement, l'épreuve rationnelle à la confirmation progressive des méfaits de tout enracinement. Partant, il est naturel que la mélancolie soit l'état ordinaire de l'exilé.

Le voyageur éprouvait un peu de la condition désespérée, se rendait l'ami momentané du fugitif et de l'apatride. Nous devons beaucoup de nos libertés à ces mystérieux *Wanderer* : c'est à eux que nous sommes redevables d'un monde moins clos et d'une morale moins confinée. Mais cette échappée nous est de plus en plus interdite : nous retrouvons, jusque dans des lieux écartés, au milieu de populations exotiques, le fragment ou la trace d'un objet familier, le bruit d'un carburateur, une ampoule électrique, une bouteille en plastique, un réfrigérateur, une montre.

Ne reste que le trajet, devenu plus attractif que la destination. Nous en attendons un sentiment naguère inconnu : le dépaysement – qui pourrait bien s'être développé en réaction au nationalisme étouffant des deux siècles précédents. Non pas, encore une fois, que notre patrie change du tout au tout lorsqu'on la quitte ; mais son abandon nous la représente sous un autre jour : le temps du voyage la met à distance puis, par la modification de ses entours, fait pivoter l'angle de notre vision. Nous cherchons l'éloignement intérieur que promet tout voyage et que l'éloignement spatial est désormais impuissant à nous accorder, comme s'il fallait quitter sa patrie jusqu'à n'en avoir plus aucune pour se sentir enfin chez soi.

C'est là l'ultime aboutissement d'un cosmopolitisme qu'il est doux de célébrer pour mettre en fureur les mauvais amants de leur propre nation mais aussi parce que, loin de nous éloigner de la nôtre, il nous en rapproche : nos racines, qui ne poussaient que dans notre sol, poussent désormais aussi ailleurs. Notre cœur ne vibre plus seulement pour notre patrie mais pour une autre qui, au rebours de tous les particularismes, se dégage avec une telle unité que nous ne pouvons plus chérir la première comme elle le mérite sans y incorporer ce nouveau sentiment. Nous nous sentons partout chez nous et ne nous sentons étrangers que de ceux qui voudraient nous en empêcher. Sans le chercher, nous ne quittons notre *chez soi* que pour le retrouver partout où il n'est pas, non pas tel qu'il est mais tel qu'il ne nous serait jamais apparu autrement. Aussi, sans aucune raison, avons-nous raison de partir, et, pourquoi pas ?, de ne jamais revenir.

Nous l'avions observé autrefois : la sagesse des voyageurs d'autrefois revenus dans leur patrie n'était pas sceptique et relative mais positive et décidée. S'il ne fallait retenir qu'une raison de voyager, elle ne se trouverait pas tant dans notre avidité d'apprendre que dans la nécessité de nous *assagir*. La sagesse ne réside pas dans le constat que tout est relatif et que pourtant tout est partout le même mais dans l'art de concilier ces contraires. La fatigue de notre corps, que nous avons mené à grandes guides sur les chemins de la terre et qui, soulagé d'être en repos chez lui, ne consent plus à ce que nous le traînions derechef au bout du monde, est pour beaucoup dans ce discernement tranquille : assis au coin de notre feu, nous soupesons dans nos petites balances tout ce qui vient à nous comme si nous étions allés le chercher loin, très loin.

ÉLOGE IMMODÉRÉ DES FEMMES

> Les rapports des hommes avec les femmes se multiplient à l'infini par la sensibilité et la délicatesse.
>
> Madame de Staël, *De la littérature*, éd. par A. Blaeschke, « Classiques Garnier », Paris, Garnier, 1998, p. 222.

LES RAISONS alléguées par les hommes pour maintenir les femmes dans l'infériorité n'ont pour but évident que de les prémunir contre le seul être capable de leur disputer la suprématie. *L'empire que nous avons sur elles*, observe Montesquieu, *est une véritable tyrannie ; elles ne nous l'ont laissé prendre que parce qu'elles ont plus de douceur que nous, et par conséquent plus d'humanité et de raison*[4]. Voltaire l'a répété sur tous les tons : il semble que les femmes soient faites pour adoucir les mœurs des hommes ; elles sont aussi intelligentes et plus aimables[5]. C'est même à cette *amabilité* qu'il revient d'attribuer les valeurs sur lesquelles reposent nos sociétés de droit : dialogue, tolérance, pardon, faiblesse plutôt que force, amour plutôt que haine. Toutes les raisons sont bonnes pour nous faire la guerre alors que nous ne le devrions que lorsque les valeurs de celle-ci pourraient

---

4. *Lettres persanes*, XXXVIII.
5. Voltaire, *Questions sur l'encyclopédie*, art. « Femmes ».

l'emporter sur les valeurs de la paix. Quels progrès l'humanité n'aurait-elle pas faits dans cette voie si les femmes y avaient été associées dès le début !

Aristophane, dont la misogynie n'est pas aussi déclarée que sa réputation, a brillamment illustré les vertus civilisatrices de la féminité dans *Lysistrata*. Victor-Henry Debidour, qui l'a traduite avec l'anachronisme piquant d'un Rabelais auquel Céline ne serait pas inconnu, remarque dans son introduction que *c'est un des thèmes les plus constants d'Aristophane que toutes les authentiques joies humaines sont sœurs : celles du lit et celles de la table, celles de l'amour et de l'amitié, celles du travail et du repos — et celles de la paix qui les permet toutes et les exalte toutes*[6]. Ce sont ces valeurs dont Lysistrata prend énergiquement la défense en se dressant contre l'émissaire dépêché par les hommes auprès des femmes révoltées par les guerres incessantes qui mettent la cité en péril.

Elle commence par dénoncer avec une verve rageuse les comportements des hommes, tellement enflammés par la guerre dont ils ne cessent de clamer

La guerre est chose d'homme : elle le restera,

qu'ils ne voient plus le ridicule de venir au marché acheter des sardines avec un bouclier à gorgone. Tout le mal, affirme-t-elle, vient de ce que les femmes sont exclues des assemblées, où les guerres se déclarent et où elles n'ont pas la parole : le refus obstiné des hommes de la leur accorder révèle leur terreur, presque leur certitude, de voir les femmes y prendre l'ascendant. Témoin leur incapacité de s'en

---

6. Aristophane, *Théâtre complet*, t. 2, Paris, Le Livre de poche, 1966, p. 127.

remettre aux ambassades et aux compromis dans le règlement des conflits qui surgissent de l'effrayante complexité des affaires humaines et des relations entre les cités. L'art politique inspiré par le désir de paix ne ressemble-t-il pas au travail quotidien de la laine auquel les femmes sont expertes et dont le plus clair est consacré au démêlage ? Les négociations sont comme le passage du fil à droite, à gauche au moyen du fuseau pour désembrouiller les écheveaux, éloge implicite d'un verbe féminin spontanément plus délié que celui des hommes. Quand on songe au zénith où les Grecs avaient élevé la virtuosité verbale – l'art de débrouiller la laine, parfois aussi de l'embrouiller –, il ne reste plus grand-chose de la supériorité masculine au terme de ce réquisitoire.

La démonstration de Lysistrata s'interrompt à ce point : Aristophane en profite pour glisser son couplet, méditant de nettoyer la cité des étrangers, métèques et parasites qui l'encombrent, et, prétend-il, la poussent à la guerre du fait de l'argent qu'ils lui coûtent. Elle reprend bientôt pour se conclure par deux arguments non moins vigoureux : les parents n'ont pas donné le jour à leurs enfants pour qu'ils s'en aillent mourir sur les champs de bataille ni les femmes, quand elles sont mariées, pour être veuves avant l'heure et, quand elles ne le sont pas, pour *vieillir* faute d'hommes *dans leur chambre de jeune fille*. Et l'envolée de se clore sur ce constat, tellement grec : *La saison d'une femme est brève, et si elle ne la saisit pas au passage, personne ne veut plus l'épouser.*

« Si elle ne la saisit pas au passage » ! C'est la fugacité de la vie, dont chaque instant passe comme une fleur, qui rend la mort au combat si absurde. Si les femmes en ont un sentiment plus aigu que les hommes, c'est parce que le temps qui leur est donné pour enfanter étant plus court, celui qu'elles ont pour aimer l'est aussi. Dieu merci, nous avons changé tout cela ! Pour autant, l'intime sentiment de la brièveté humaine subsiste au cœur des valeurs féminines, sentiment qui met leurs détenteurs, hommes ou femmes, en possession d'un savoir pour lequel la vie est le plus précieux des biens : ils en sont à jamais les gardiens contre ceux qui n'ont pas de plus grand plaisir que de la saccager.

Elles ont, avant les hommes, introduit dans la conversation une liberté dont ils n'auraient jamais eu l'idée tout seuls. Voltaire déclare même froidement que les femmes de son temps écrivent mieux que les hommes, et, selon lui, c'est parce qu'elles ne savent pas le latin. Le bavardage, le commérage et l'étourderie sont trois mots inventés pour discréditer l'agilité de leur esprit, la lucidité de leur jugement et la hardiesse de leur cœur. En vain ! J'ai toujours été frappé qu'en dépit de la misogynie déclarée des Anciens, elles occupent un tel rang dans leur panthéon, leurs arts, leur littérature et même leur science et leur philosophie. Platon ne s'est-il pas enhardi jusqu'à faire de Diotime l'institutrice de Socrate dans le seul domaine où il prétendait savoir quelque chose, l'amour ? et non pas l'amour sentimental et frelaté auquel nous nous référons spontanément mais l'amour même de la sagesse. Si, aux pièces des Tragiques dont le titre vient du chœur initial qui les inaugure, on ajoute celles qui le tirent du personnage principal, le rôle des femmes y apparaît écrasant. Euripide, il est vrai, fait dangereusement pencher la balance. Encore passait-il pour misogyne !

Il est vrai que la démocratie ne leur a pas été spécialement favorable. Et puisque nous ne nous lassons pas de scruter chez les Grecs les origines de ce que nous sommes dans l'espoir d'y découvrir ce que nous deviendrons, ne faut-il pas nous interroger sur le vice inhérent à un régime qui leur fit une si piètre condition ? Il me semble que c'est paradoxalement à l'égalité qu'il faut attribuer les causes de cette iniquité. Car avant d'être une égalité de droit, elle fut d'abord une égalité de violence : chaque homme étant en mesure autant que son voisin de le contraindre à ce qu'il voulait par la force, l'égalité s'institua entre eux afin de faire cesser cette guerre perpétuelle de tous contre tous. Les femmes, dont la faiblesse des bras ne leur avait jamais permis cette confrontation fructueuse, en furent exclues des assemblées.

La monarchie leur a été plus favorable et j'en suis le premier surpris. Le nombre des reines qui, non par leur beauté mais par leur rayonnement, emplissent l'Antiquité de leur nom n'est guère moindre que celui des plus grands hommes : Hatshepsout, Néfertiti, Athalie, Sémiramis, Cléopâtre, Zénobie, Agrippine, Théodora égalent en renommée Ramsès II, Assurbanipal, Nabuchodonosor, Cyrus, Périclès, Alexandre, Hannibal et César. Sous les monarchies médiévales et modernes, elles se sont illustrées tout aussi hautement. Il fallut attendre le dix-neuvième siècle et le triomphe de l'esprit démocratique pour les voir expulser du gouvernement des Etats. Sous quel régime vivons-nous pour qu'il leur soit enfin possible de revenir au pouvoir ? Elles n'y ont pas été moins inhumaines que les hommes. Mais qui pourrait nier qu'étant tout aussi despotiques, elles ont été moins conquérantes ? Les reines prévalent sur les impératrices : la gloire de leur Etat leur est plus précieuse que l'asservissement de celui des autres. C'est peut-être l'honneur du règne des femmes sur celui des hommes : la prospérité de leur domaine leur est plus chère que son accroissement.

Comme il n'est aucun bien qui ne recèle quelque épine, on peut regretter que ce récent retour en grâce se soit accompagné du déclin des canons classiques de la beauté féminine. Il ne fait nul doute que ces derniers dépendaient largement de l'iniquité imposée aux femmes : infériorité et fécondité. De là des normes esthétiques dont la moindre taille et l'embonpoint étaient les traductions implacables et que, par affinité, venaient compléter la douceur et la sensualité dont, même au plus fort de leur domination, les hommes ne purent jamais se déprendre. Conscients des intolérables fondements d'une féminité dont rien ne nous empêche de la détacher, ne pouvons-nous regretter les formes qu'elle exaltait ?

Pouvons-nous davantage en contester la force émancipatrice ? L'apologie de la nudité féminine, chez les Grecs à la suite de Praxitèle puis chez les Modernes à partir de la Renaissance, a amplement contribué en Occident au desserrement des contraintes morales. Non sans d'énormes paradoxes : jamais les corps n'ont été plus étroitement cadenassés dans le vêtement qu'à partir de la Réforme tridentine jusqu'après la Première Guerre mondiale. Les relations sexuelles qui, au Moyen Age encore, se pratiquaient à corps nus, ne se passèrent plus ensuite que vêtu, les maris décédant sans avoir vu le nombril de leurs femmes. Même les amants adultères allaient rarement au-delà du fameux *coup en robe* qui, grâce au système ouvert de l'habit féminin, évitait les fatals retardements d'un déshabillage. On réprouvait les *mœurs efféminées* des hommes qui couchaient nus avec leur bien-aimée et l'esprit de prostitution des femmes qui s'y prêtaient. Dans le même temps, villes, palais, jardins, églises et lieux publics se couvraient des nudités les plus sensuelles et les plus effrénées.

Aucune lecture ne conforte mieux la franchise de cette césure que les *Dames galantes* de Brantôme. C'est moins le ton gaillard de l'auteur que le *tempo* de la relation sexuelle qui fait la différence avec n'importe quel texte libertin de la période suivante : les amants de Brantôme prennent leur temps et le raffinent. Excepté Casanova, les amants libertins, en cela peu différents des maris du temps, semblent courir la poste : deux temps, trois mouvements. On comprend mieux les retardements auxquels les femmes ne cessaient d'aspirer, dont elles ont imposé la codification dès le début du dix-septième siècle et que la littérature jusqu'à récemment n'a cessé de défendre et de divulguer. Ce sont elles qui aiguillent la sexualité de l'entre-deux-portes vers le lit où elles lui imposent un usage savant du temps dont les hommes n'ont même pas idée. Sans les femmes, les hommes sauraient peut-être ce que c'est que le sexe : ils ne sauraient pas ce que c'est que l'amour.

Mais sommes-nous à l'abri du paradoxe inverse ? Si c'est un truisme de répéter que l'émancipation est fille de la contrainte, n'est-on pas en droit d'appréhender le contraire depuis que nous pratiquons notre sexualité sans aucun interdit ? On en voit poindre des signes inquiétants : plus elle se libère, plus sa légitimité se voit restreindre à la sphère individuelle tandis que son expression sociale est ouvertement réprimée. Le nu a disparu de l'espace public, sauf dans les musées qui en conservent et en exhibent les anciens apparats : il est vrai que l'abstraction de l'art et la séquestration de celui-ci dans les espaces d'exposition ne facilitent guère un éventuel renouveau. Le nu de l'enfant est l'interdit suprême tandis que les *putti* envahissaient l'espace public et religieux d'autrefois. La répression des formes de sexualité dont le compromis social définit la déviance s'étend névrotiquement aux œuvres de l'esprit : l'expansion du numérique a même scellé une fraternité ridicule entre ceux qui croient dur comme fer à la réalité du monde virtuel et ceux qui pourraient se rassurer en constatant qu'il n'en a aucune. La disparition des images d'une féminité dont les valeurs axaient notre réflexion morale s'accompagne du retour de sociétés brutales. Le parti de la liberté est inhérent à celui des femmes, et je ne suis pas loin de penser qu'elles en sont les agents décisifs. La répression de l'un n'ira pas sans celle de l'autre : nous ne devons pas nous lasser d'en épier les signes et d'en neutraliser les partisans.

Passage par New York

> Je descends à grands pas vers le bas de la ville...
> Blaise Cendrars, *Les Pâques à New York.*

Coincée entre deux fleuves au bord de l'océan, les vents salés s'y engouffrent comme des diables : pour un Français, qui craint toujours de périr d'un courant d'air, c'est la pire des villes de l'univers. On y arrive à présent par l'avion lorsqu'on vient de l'autre côté de l'Atlantique. Le dépaysement est encore plus complet si, par temps clair, on a eu la chance de survoler l'Ecosse, l'Islande, le Groenland, et de frôler le cercle polaire pour redescendre par le Labrador dont la steppe valéryenne,

Peau de panthère et chlamyde trouée,

est déchiquetée par un chaos de lacs. Les icebergs, tout en bas, flottent sur l'océan comme des brins de coton. J'imagine l'arrivée par mer, plus lente, plus songeuse, moins violente, graduelle, adoucissant par avance le choc du béton, de l'acier, du verre qui frappe dès le premier contact.

La disproportion, qui gouverne ou plutôt désorganise l'espace new-yorkais, est celle de l'Amérique dans son ensemble. Tout y est pareil qu'en Europe mais à une échelle emphatique. Les estuaires, qu'on survole à basse altitude, sont de gigantesques mâchoires qui bâillent entre les rives. Ils couvrent couramment l'équivalent de la moitié d'une nation. L'énormité du moindre orage fait craquer les gouttes sur le sol comme des œufs de pigeon. Nuls degrés dans ce climat : on ne va que d'un extrême à l'autre. Des hommes *habitent-ils* vraiment ces territoires sans fin ? On les voit errer ou stationner, venus des quatre horizons, sans véritable raison d'être, posés là, prêts à repartir. Les maisons préfabriquées des banlieues semblent d'en haut sans fondations, presque lacustres. New York, depuis la pointe de Manhattan, a l'air d'un énorme cuirassé que la rouille empêche d'appareiller. Ville debout, disait Céline : ville penchée dirais-je plutôt.

Son unité architecturale, par-delà la cacophonie de ses architectures, est sa réussite la plus indiscutable. Le reste du pays n'est pas vraiment unifié et n'a probablement aucune envie de l'être. Les groupes humains s'y côtoient sans se fondre : leurs idéaux sont naturellement fragmentaires et frictionnels. Le découpage géométrique des grandes cités de la côte Est est la contribution européenne à la lisibilité de ce monde disloqué. Les gratte-ciel, au contraire, étouffent toute velléité lumineuse de leur ombre sidérante. Ils racontent la négation de l'art décoratif sans lequel toute architecture flirte avec l'inhumanité. Pas le moindre équivalent des délicieuses palmettes, des corniches exquises, des fenêtrages compliqués, des détails infimes qui sont ailleurs les sémiophores de la civilisation.

Les gratte-ciel de New York mais aussi de Chicago, de Philadelphie, au Canada de Toronto ou de Montréal, n'en portent pas moins toutes les marques du grand art : ampleur des conceptions, inventivité des formes, splendeur des matériaux, magnificence finale. Aucun n'est vraiment beau par lui-même : il ne l'est que par l'ensemble qu'il forme avec les autres. Tous *s'inscrivent* dans un urbanisme compact qui s'oppose à l'urbanisme étalé des villes européennes. J'emploie la métaphore scripturale à dessein. L'organisation des villes entretient de nombreux rapports avec celle des caractères dans le texte : je suis identiquement frappé, d'un côté par la typographie aérée des livres jusqu'à la fin du dix-huitième siècle puis par son resserrement qui, dans le livre contemporain, va jusqu'à l'étouffement, de l'autre par les constructions en blocs qui donnent à Manhattan cet aspect d'épave dérivant sur le flanc. Il semble que tout vise à utiliser tout l'espace, moins par souci de rentabilité que par haine du vide.

La cause en revient à mon sens à ce que la surface utile est finalement assez étroite : dès 1811, des lois urbaines interdisent de construire un immeuble sur plus d'un bloc ou îlot ; Manhattan comprendrait 2 028 blocs à peu près identiques. Les zones de peuplement sont ramassées autour des côtes et des grands lacs : au centre le désert, troué d'agglomérations surgies de l'exploitation fiévreuse d'une ressource naturelle inopinément exhumée. D'où l'étonnante passion — qui s'exporte à toute allure — pour l'unité dans l'incohérence. Les styles architecturaux, successifs ou concurrents, se bousculent. Celui des débuts possède encore les caractéristiques de l'architecture américaine du dix-neuvième siècle, dont une passion pataude pour le pastiche : une flèche néo-gothique pare curieusement le crâne d'un building ; des éléments de style palladien surplombent des ouvertures ogivales ou romano-byzantines ; une tour de verre s'élève sur un socle wilhelminien ; des mascarons à figures d'angelots soufflent à pleins poumons au-dessous d'une impressionnante élévation de pierre et d'aluminium. Tout est ancien sauf la hauteur et déjà la forme. Même le futurisme émergent garde quelque chose de cossu.

On pressent dans le style suivant, sous l'influence conquérante de l'Art nouveau puis de l'Art déco, la montée des totalitarismes de masse, et peut-être aussi l'emprise enfouie des Babel de Bruegel l'ancien : la même démesure pourrait y être à l'œuvre. Les deux versions qui en existent, l'une à Vienne l'autre à Rotterdam, témoignent d'une incroyable activité, depuis les ports d'où sont acheminés les matériaux nécessaires à l'édification de la tour jusqu'aux ultimes échafaudages qui se dressent à l'assaut du ciel sur la dernière corniche, fourmillement dont le peintre tire parti pour majorer la disproportion du bâtiment avec ses constructeurs en même temps que de leurs ambitions avec ce qu'ils sont. On éprouve un sentiment équivalent du haut de ces phares prodigieux mais sans l'inquiétude qui suinte des tours du Flamand, surtout celle de Vienne dont le délabrement prématuré annonce la catastrophe : la version de Rotterdam, de formes plus régulières, respire un optimisme qui est bien celui qu'envers et contre tout, New York ne cesse d'attester. Rien de commun avec la monstruosité impersonnelle des constructions nazies ou soviétiques : tout ici s'élance vers le ciel pour l'atteindre quand tout là-bas semblait retomber sur la terre pour l'écraser. Dans les unes, tout grouille de vie et, dans les intentions, à des fins pacifiques ; on n'a pas de peine à supposer les autres vides ou hantées d'un peuple glacial de fonctionnaires criminels.

Les années d'après-guerre sont une période manifeste de transition. Les influences composites des époques antérieures n'ont pas encore entièrement disparu ; mais les lignes s'épurent et la mémoire du passé s'estompe à vive allure. La course à la hauteur dévore toute aspiration alternative. Les prouesses techniques sont de plus en plus invisibles : on n'en voit que les effets ; on est obligé d'en supposer les dispositifs. De cette conquête progressive de l'espace la période contemporaine semble tirer des formes de plus en plus libres, inouïes. Le verre, par son égalité, est venu à bout de toute ultime velléité décorative si ce n'est par le jeu capricieux de la lumière et de ses reflets. On peut voir depuis Brooklyn, à deux pas de la maison naguère occupée par Truman Capote 70th Willow Street, se dresser de l'autre côté de l'East River la réalisation chatoyante la plus parfaite de l'expressionnisme abstrait.

De par l'élévation des bâtiments, Manhattan est sombre comme Venise mais sans les brusques campos de la cité lagunaire qui, du fond des étroites ruelles, fulgurent comme dans la nuit. Les avenues sont des corridors où le point de lumière au bout n'est pas celui d'une lampe mais du ciel. Le parallélisme des rues a quelque chose de mécanique. La diagonale de Broadway le brise avec le même fanatisme. La trouée de Central Park accuse le caractère artificiel de la nature dans un tel univers. Unique ornement urbain : de perpétuels néons dont l'intensité crève le jour. La nuit au contraire, les lampadaires, sauf dans les artères centrales et les carrefours, projettent une clarté blafarde comme celle des chandeliers auxquels la clientèle se complaît, même dans les restaurants les plus distingués : vieille nostalgie d'un romantisme sentimental pastiché avec le même entrain que tout le reste.

Il existe un provincialisme américain et même new-yorkais assez inattendu. Le chic vestimentaire est hors d'atteinte : il y a toujours une couleur de trop, un accessoire superflu, un brushing abusivement laqué, un lifting névrotique, une allure incongrue. Durant l'entracte au Met, une dame agressivement friquée, en robe rouge ajustée, se penche jusqu'à mi-corps dans la fosse d'orchestre pour féliciter un musicien : elle projette sous les yeux des deux mille spectateurs de la salle le rebond inévitable de son postérieur. En revanche, le public applaudit ou murmure au bon endroit et acclame l'entrée des artistes qu'il reconnaît avec un naturel dont, en Europe, on a perdu le sens sauf à Naples ou à Palerme. Ce côté « petite ville » triomphe à table. Comme l'écrit férocement Christian Millau, *sauces à la colle blanche, gélatines tremblotantes, croquettes de poisson dont, pour rassurer les gourmets, on précise qu'elles n'ont pas le goût de poisson..., devant ces images qui frisent la pornographie, on est partagé entre l'envie de s'esclaffer et la consternation [...] Le drame de l'alimentation américaine, ce n'est pas qu'elle soit mauvaise, c'est que les Américains — du moins la majorité d'entre eux — croient qu'elle est bonne [...] Non seulement le public est enchanté de ce qu'il mange mais en plus il croit que son alimentation est la plus saine du monde*[7]. Un monsieur dont les gestes contrefont une politesse apprise dans les séries télévisées garde son chapeau de rodéo durant tout le repas. Sa compagne, les yeux trempés d'émotion, regarde tomber deux louchettes de parmesan sur les coques déjà tristement gratinées qu'on lui sert. Le maître d'hôtel affecte une *classe* qui, même dans le plus pontifiant des palaces, paraîtrait déplacée. Le champagne est versé avec un manque de simplicité navrant.

Sans surprise, ce n'est pas dans les lieux populaires mais huppés que la vulgarité s'en donne à cœur joie. L'ostentation, variété sentimentale et plébéienne de l'hypocrisie, est la maladie incurable de l'Amérique. Elle ne part pas d'une mauvaise intention : comme toutes les habitudes morales, elle s'est muée en une seconde nature. Elle vient en rengrégement d'une religiosité indiscrète, d'un moralisme douteux, d'un patriotisme surjoué à l'intérieur d'une histoire nationale surfaite. Plus gravement, elle va se fourrer dans l'abus des sauces et des interventions policières ou civiles assourdissantes. Le plus impardonnable est l'abus

---

[7]. Christian Millau, *Dictionnaire amoureux de la gastronomie*, Paris, Plon, 2008, p. 304-305.

des sauces : une culture qui s'y complaît cherche à masquer le pire.

C'est un désavantage de ne parler qu'une langue à Babel, et l'anglais ici. Celui qui a cours est barbouillé de tous les parlers de la terre, mexicain, colombien, philippin, indien, chinois, sans la beauté du métissage. Chacun de ces dialectes se surimprime de façon aléatoire aux accents primitifs de la cinquantaine d'états américains : il vaut mieux se fier aux gestes et aux intonations pour correspondre. L'anglais international, qui n'a plus grand-chose à voir avec celui de Swift ou de Virginia Woolf et se dispose à devenir la langue commune de la planète, est déjà celle des Etats-Unis : évolution sinistre pour sa littérature. La langue grecque a subi autrefois la même transition vers la *koinè* : les *Evangiles*, sauf celui de Luc, sont rédigés dans un grec affreusement sommaire. Le français, dans l'histoire des langues internationales, est une des seules que les étrangers aient toujours bien parlées et auxquelles ils aient même donné des chefs-d'œuvre, peut-être parce qu'il était resté une langue de culture sans jamais devenir une langue véhiculaire.

Si New York résume pour nous tout ce que représente l'Amérique, elle résume pour les Américains tout ce que l'Amérique n'est pas. Le reste du pays l'abomine autant que Washington, parce qu'elle est une des possibilités monstrueuses de l'Europe dont l'erreur des Européens est de méconnaître que l'Amérique s'est construite contre elle et n'en démordra pas. Cette monstruosité n'est pas maléfique comme d'autres possibilités de l'Ancien Monde : c'est l'accomplissement le plus spectaculaire de sa polarité cyclopéenne, dans une version émancipatrice et *outrancière*. L'adjectif est délibéré parce qu'il se colore en français d'une teinte burlesque et, par là, débonnaire. On joue perpétuellement à aimer, à détester, à craindre, à braver, à être riche, à être pauvre, bref à éprouver tous les sentiments au moins un degré au-dessus de celui qui suffirait. La lâcheté, le mensonge et la fraude sont réprouvés à grand bruit ; mais, en sous-main, on trahit, on ment, on fraude autant qu'il est possible, et si l'on est pris, on se ruine pour démontrer qu'on n'a ni trahi ni menti ni fraudé ni été pris. Perd-on sa cause, reste le repentir, et le pardon qui s'ensuit ; mais on n'estime vraiment que celui qui ne s'est pas fait prendre : l'honnête homme est un tricheur que nul n'a jamais pu confondre. L'ironie et le tragique sont à peine des éventualités.

Le viol quotidien de la haute culture par le *show business*, ulcérant en Europe, se perpétue à New York avec un sans-gêne magistral. Le théâtre et l'opéra sont parqués dans des centres culturels où leur offre est ostensiblement mise en concurrence avec tous les genres de spectacle : il ne viendrait à l'esprit de personne de leur réserver la prééminence. Les musées, restes d'une implantation immobilière ancienne, n'ont pas encore été concentrés au sein de complexes colossaux consacrés à l'image fixe et animée : ce n'est qu'une question de délai. Les livres et les disques classiques sont, comme chez nous désormais, relégués dans le réduit le plus inaccessible des grands magasins, sous la garde érudite et dévote d'un ou deux vendeurs endurcis.

Pour qui déteste la vieille culture et aspire à sa disparition, l'Amérique représente certainement un espoir enivrant. Par une contradiction si facile à dénouer que je n'en prends même pas la peine, nulle part les valeurs de la *grande culture* ne sont pourtant mieux défendues. Les universités américaines, dans toutes les disciplines, la font briller comme aux meilleurs moments de la Renaissance, de l'Europe classique ou du dix-neuvième siècle germanique et *mitteleuropéen*. D'immenses parcs servent d'enceintes, on n'ose dire de défenses, à ces forteresses orgueilleuses dont les bâtiments confluent vers d'incomparables bibliothèques et tournent le dos à des banlieues allogènes voire hostiles.

Si l'opulence des riches s'expose sans inhibition, l'élite intellectuelle se terre. Dans la grande tradition rurale, le fait même de se montrer lui vaudrait l'imputation d'arrogance. Comme nulle société contemporaine ne pourrait survivre un quart d'heure sans les savoirs sophistiqués qu'elle détient, ses membres vivent comme n'importe laquelle des communautés dont l'Amérique est couturée : entre eux. Ils ont leur langage, leurs valeurs, leurs institutions, leurs quartiers, leurs métiers, leurs loisirs. De façon inévitable, ils occupent sans bruit tous les rangs stratégiques de l'administration et de la société, ceux du véritable gouvernement : les premiers sont laissés aux autres qui, de par leur nombre, y voient leurs représentants démocratiquement propulsés. Cette distribution des emplois règle, de manière absurde mais ingénieuse, le conflit entre science et démocratie que l'Europe n'a jamais pu résoudre, confiant la totalité du pouvoir ou à l'une ou à l'autre sans échapper ni à l'oligarchie ni à la démagogie.

Les riches qui, par le passé, se faisaient un honneur, pour certains une joie, de consacrer leur fortune au rayonnement des arts s'en sont détournés sans états d'âme. Cette abdication est, sur la côte Ouest, magnifiquement plus avancée qu'ailleurs. La culture de masse accapare les regards et les dons des millionnaires, qui autrefois accueillaient spontanément les artistes et les écrivains dans leur compagnie. Ces derniers en sont plus libres mais plus faméliques. Peut-être la rapidité avec laquelle les fortunes se font et se défont n'offre-t-elle plus à leurs détenteurs la lenteur indispensable pour se cultiver : plusieurs générations y sont nécessaires et seule une infime minorité des grandes fortunes d'aujourd'hui en faisait déjà partie au milieu du siècle dernier. La précarité ne leur laisse le temps que de s'accrocher à des formes de culture dont l'évolution va encore plus vite que leur ascension et que leur chute — raison pour laquelle l'extrême richesse ne choque plus personne : celui qui la détient, à cela près, ressemble à tout le monde, d'où il vient et où il retourne.

La musique pop est partout, dans les rues, les magasins, les aéroports, les transports, les halls d'hôtels, les restaurants, les toilettes, les téléphones, les piscines, les gymnases et, on le suppose, le fond des cercueils : par chance, on incinère beaucoup. Elle ressemble aux confiseries que tout le monde tripote, suce, mâche, mastique, déglutit ou recrache à longueur de temps. Une personnalité interviewée à la télévision sur ses goûts musicaux avoue « aimer les *Gymnopédies* de Satie pour la musique ancienne et Eminem pour la musique contemporaine ». Dans une brasserie de Leipzig où je me trouvais après la chute du Mur et où ce bruit de fond ne s'était pas encore introduit avec l'intégrisme qui est sa marque de fabrique, trois ou quatre instrumentistes jouaient une merveilleuse musique de palace, dérivée des valses de Johann Strauss et des danses hongroises de Brahms, avec quelques chromatismes « seconde école de Vienne ». Les assiettes se remplissaient de porc moelleux, de chou craquant, de sauce au verjus, et les verres de vins blancs minéraux et tranchants. A New York, on sert un sauvignon trivial, un chardonnay bouffi, un cabernet prétentieux : comme si sans son climat un cépage signifiait quelque chose ! Il n'y a d'ailleurs ici que trois cuisines : une cuisine italienne qu'il est touchant de voir les Américains prendre pour de la cuisine italienne, une cuisine asiatique qu'on ne mange pas ailleurs et une cuisine sud-américaine sur laquelle je ne me prononcerai pas parce que je connais trop mal cette partie du monde mais à laquelle on ne devrait pas se fier. Il n'est pas si facile de trouver un bon hamburger.

Avec cela, il ne faudrait pas se figurer que ces territoires forment un tout homogène. C'est même un miracle que des peuples aussi dispersés aient pu se hisser à un tel niveau de puissance. On se demande quel serait celui de l'Europe, dont chacune des nations est un modèle de concentration, si elle était intégrée. L'Amérique intérieure exacerbe la *ruralité* intrinsèque de l'ensemble, même dans les plus grandes cités. Celle-ci n'est pas exclusivement le caractère des habitants des campagnes : c'est aussi le caractère qui s'affirmit en eux lorsqu'ils les ont quittées pour venir habiter en ville. La nature immense, omniprésente, parfois cataclysmique, prive les hommes de toute réelle *urbanité* : ils restent fascinés par la sauvagerie des phénomènes naturels que les Européens ont appris à contenir dans les catégories cultivées du pittoresque et de la villégiature. Pionniers d'un intérieur désertique, ils vont d'une mer à l'autre sans avoir la curiosité d'en franchir aucune autre. Ils ne sont pas avides de l'ailleurs. Aucun peuple n'est moins grec. Ce n'est pas eux qui auraient découvert l'Amérique.

A toute critique irritée de New York répond un éloge démesuré. On ne la quitte pas, haïe et adorée, sans le désir d'y revenir le plus vite possible. C'est que l'attrait des grandes métropoles s'y exerce de façon démultipliée, mélange continu de fébrilité, de provocation, d'excitation, de vitesse, de sociabilité, de beauté soudaine, de solitude intense, d'horreur sublime, de provocation, de nouveauté, de jeu, tantôt factices, tantôt bouleversants. Même si l'optimisme relève pour une bonne part de l'inconscience, il n'en est pas moins ici communicatif. Tout semble toujours possible, sauf le pire. Une formidable machine à désirer fonctionne à plein temps. New York, astre fatal, attire à elle tout ce qui passe. Cette fascination est incoercible et animale. Elle est aussi ardemment humaine. Nulle part l'espérance n'est plus tangible, du bien comme du mal :

elle se justifie à soi seule, peu importe ce qu'elle charrie. Tout peut s'inverser d'un instant à l'autre. La conviction surnaturelle selon laquelle si on le veut, on le peut, n'est pas loin de la morale cartésienne de la générosité. Les trois composantes de cette passion, la foi en la grandeur de l'homme démuni, la volonté d'en mobiliser toutes les forces et l'orgueil de se savoir libre de le faire, sont à l'œuvre jusqu'à la démesure.

Cette générosité exaspérée se reflète dans le pullulement humain des rues, des commerces, des transports. On semble prêt à accueillir la terre entière, et non seulement à l'accueillir mais à lui faire une place. Si New York est la ville mondiale par excellence, ce n'est pas tant par l'importance de sa population (d'autres grandes métropoles la surpassent) que par sa composition. Rien à voir avec les franges de mixité qu'on observe en Europe où une seule, quelquefois deux populations vaguement étrangères nuancent la teneur générale. Ici la mixité est la norme, l'homogénéité l'exception. L'architecture qu'on croit d'abord prométhéenne incarne cette hospitalité constitutive : c'est un appel à l'énergie de ces foules immenses pour édifier un monde meilleur que celui d'où elles viennent. Si ce pays continue de recueillir comme jamais les damnés de la terre, c'est qu'il reste dressé face à tous les maîtres contre lesquels il ne renoncera jamais à s'édifier. Il subsiste dans le sentiment si distrait des Américains pour le reste des nations quelque chose du mépris de celui qui a réussi pour ceux qui le lui reprochent.

C'est enfin le seul lieu du monde où la liberté soit une réalité : partout ailleurs, elle n'est qu'une fiction. Je ne parle pas uniquement des libertés individuelles. Il s'agit avant tout de celle d'inventer : aucune éventualité n'est jamais exclue de rien et ce que les Européens ne s'autorisent plus par peur de l'inconnu est envisagé ici à parité avec les options les plus familières et les mieux éprouvées. De là ce génie des Américains pour s'organiser dès qu'ils sont confrontés à quoi que ce soit d'inédit. Ils ne s'organisent d'ailleurs que dans ces circonstances. Le quotidien est assez incohérent, contrairement à celui des Européens où prévaut un ordre assommant et qui cèdent à la confusion au moindre imprévu. Ils balaient une à une les subdivisions d'un graphe prodigieux où tous les possibles préexistent et cette recension ne nuit ni à la clarté ni à la fermeté de leur décision. *D'une grande clarté dans l'entendement suit une grande détermination dans la volonté* : le décret d'un monde voué à la conquête de la nature et des événements semble pour eux couler de source.

Cet amour de la liberté ne va malheureusement pas sans exaltation, jusqu'au délire : on préfère le mal qui pourrait venir d'un maximum de liberté au bien qui pourrait venir d'un minimum de contrainte. Il est l'envers d'une méfiance agressive contre toute forme de police, et même de société policée. On se dit que les œuvres les plus abjectes et les meurtres les plus monstrueux peuvent se tramer impunément derrière les fenêtres d'une maison : il suffit qu'elle ait été acquise aux termes d'un contrat en bonne et due forme. Cette double face de l'Amérique, obscène et sophistiquée, imprévisible et méthodique, vulgaire et prométhéenne, rustique et citadine, chauvine et cosmopolite, exaspérante et sans pareille est celle de la civilisation qu'elle exporte dans le monde entier. Le bon y est sans cesse en concurrence avec le mauvais, sans grande chance de l'emporter. L'essentiel est que le meilleur gagne.

Soupçons sur la culture
en tant que métaphore

> « En vérité, mon ami Sancho, tu sembles acquérir chaque jour plus de raison et plus d'esprit. — Pardi ! si en vivant avec vous, je ne gagnais pas quelque chose, je serais donc pis que nos champs qui rapportent quand on les cultive. Vous me cultivez, monsieur, et la terre n'est pas mauvaise. »
>
> Cervantès, *Don Quichotte de la Manche*, [trad. de Jean-Pierre Claris de Florian], Paris, Gründ, 1939, livre II, chapitre 10, p. 44.

Bien qu'il n'y ait pas d'exercice plus aléatoire que de chercher le sens actuel d'un mot dans son histoire si ce n'est de le chercher dans son étymologie, cette enquête est inévitable lorsque son usage est métaphorique. On peut regretter qu'une chose aussi importante que la *culture* ne bénéficie pas d'une désignation univoque ; mais l'invention de la logique est postérieure à l'apparition des langues et l'on commence à raisonner avant d'avoir défini les termes nécessaires pour le faire. C'est pourquoi il est si difficile d'y parvenir dans la langue de tout le monde.

La métaphore culturelle repose sur la vieille analogie des lettres et des champs ou des jardins. Sa pertinence ne s'autorise plus aujourd'hui que de cette ancienneté. Il y avait pour un chevalier romain quelque ressemblance entre la culture des belles lettres et celle des riches domaines qu'il possédait. Mais l'analogie aurait dû en rester là : elle renfermait des confusions lourdes de conséquences, comme en font foi les connotations identitaires du mot telles que l'appropriation et la territorialité[8]. Elle n'en a pas moins continué à gouverner le devenir de la notion d'une manière obstinée, sournoise, polysémique, qui jette le trouble jusque sur ses significations les moins équivoques.

Cette métaphore s'est compliquée d'inénarrables métonymies. La métonymie n'est pas une tentation moins répréhensible que la métaphore lorsqu'on ne peut en développer toutes les transitions : elle est aussi sûre qu'un escalier mal éclairé auquel il manquerait plusieurs marches. L'impropriété, l'équivoque, l'exagération, l'extrapolation, l'inexactitude, l'erreur contribuent sans doute à l'enrichissement des langues et même de la pensée ; mais avec le mot de *culture*, elles ont vraiment franchi les bornes. On est ainsi allègrement passé de la comparaison des lettres et des champs à celle d'un bon esprit et d'une bonne terre que le travail ne cesse d'amender.

Ce glissement a généré de nouvelles métonymies. Le mot de culture ne s'est plus contenté de désigner l'art de cultiver les lettres mais le produit même de cette activité. L'asymétrie formelle des termes de la figure est pourtant flagrante : dans le cas des lettres, le sujet qui cultive et

---

8. Dans son étymologie, la culture, notion rurale, s'oppose à la civilisation, notion urbaine. L'une s'enracine dans un sol, une communauté, une nation ; l'autre déracine toutes les cultures et, en les débarrassant de leur particularisme, les achemine vers le cosmopolitisme. Lucien Febvre a retracé la généalogie du mot, apparu en français autour de 1760 (Semaine internationale de synthèse, 1. Paris, 20-25 mai 1929. *Civilisation : le mot et l'idée*, exposés de L. Febvre et al., Paris, La Renaissance du livre, 1930, p. 10-59).

l'objet de cette culture sont identiques ; dans le cas de l'agriculture, ils sont distincts. Il est d'ailleurs très douteux que la culture produise dans un esprit des effets comparables à ceux qu'elle produit dans un champ ou un jardin : sous prétexte qu'une terre bien traitée rend davantage qu'une terre en friche, un esprit formé à l'étude se développerait plus heureusement que celui qu'on laisse à l'abandon. Mais rien n'est moins sûr ; et Molière a depuis longtemps fait valoir qu'entre un sot savant et un sot ignorant

> *La sottise dans l'un se fait voir toute pure*
> *Et l'étude dans l'autre ajoute à la nature.*

Il était facile, à partir de là, de dévaler la pente : plus une terre est labourée, plus elle produit, peu importe ce qu'on y sème. Le spectacle des plantes qui s'y développent est assez pour celui qui la regarde, comme le spectacle des cultures humaines pour l'homme contemporain : leur existence suffit à leur raison d'être. Au terme de cette métamorphose, la culture n'est plus l'accomplissement promis à tous mais l'expression spontanée de tout un chacun.

On se fait dans la plupart des langues un devoir de distinguer : nous nous sommes fait un plaisir de confondre. Ainsi ne savons-nous plus ce que nous disons lorsque nous parlons de culture : pour reprendre le mot de Valéry, la *valeur fiduciaire* du terme est devenue à peu près nulle. Non contents d'appliquer à une signification des arguments qui conviennent à d'autres et d'en tirer des conclusions erronées, nous nous en remettons à l'usage, donnant libre cours soit au préjugé soit au contresens : car lorsqu'une signification évolue sans changer de nom, bientôt plus personne ne sait ce qu'il dit ; et ceux qui le savent encore parce qu'ils ont soin, lorsqu'ils raisonnent en eux-mêmes, de ne pas donner les mêmes noms à des choses différentes mais, quand ils s'expriment en public, suivent l'usage commun, en profitent pour tromper leurs interlocuteurs. Si l'usage du mot reste commode dans la conversation, il est recommandé à ceux qui veulent savoir ce qu'ils disent lorsqu'ils raisonnent de ne pas l'employer sans le définir. Cet effort leur sera vite si fastidieux et enlaidira si bien leur style qu'on peut espérer qu'ils choisiront peu à peu de se l'interdire.

DE LA LECTURE À L'ORDINATEUR

> Au total, on peut penser que l'imprimerie ne contribua nullement à hâter l'adoption de théories ou de connaissances nouvelles. Au contraire, vulgarisant certaines notions [...], enracinant de vieux préjugés [...], elle semble avoir opposé une force d'inertie à bien des nouveautés.
>
> Lucien Febvre et Henri-Jean Martin, *L'apparition du livre*, « L'évolution de l'humanité », Paris, A. Michel, 1971 (1958), p. 386.

IL Y A trois choses dans l'internet : une encyclopédie, une poste et une maison de fous, dans laquelle sont écrits plusieurs des chapitres de l'encyclopédie et la plupart des lettres de la poste. C'est un merveilleux instrument pour qui sait ce qu'il cherche, dont l'esprit est formé pour distinguer le vrai du faux et le probable du farfelu, enfin qui sait dans quel compartiment de sa mémoire ce butin prendra place. Mais pour les autres, c'est un lieu de perdition.

On a raison de comparer le passage du manuscrit à l'imprimé à celui de l'imprimé au numérique. Toute technique nouvelle imite les aspects formels de celle qui la précède : les premiers livres ressemblaient, par la forme des lettres, la mise en page, la reliure, aux anciens manuscrits ; et il fallut attendre un demi-siècle pour qu'on se mette à imprimer d'autres textes que ceux qui étaient déjà communément en circulation : ce sont la littérature de piété, la littérature de controverse et la littérature populaire qui bénéficièrent le plus copieusement de cette extension du territoire de l'écrit. L'organisation matérielle du livre dérivait d'ailleurs du système mis en place au Moyen Age pour assurer au manuscrit une large diffusion : on subdivisait le texte en cahiers dont chacun était confié à un copiste différent qui en répliquait le contenu autant de fois qu'on voulait débiter d'exemplaires. On assemblait ensuite les cahiers pour former le livre : il ne s'agissait finalement que d'un usage ingénieux de la division du travail, qu'Aristote avait théorisée depuis belle lurette.

Il n'est guère douteux que l'édition numérique ne s'inspire encore longtemps des formes antérieures de l'édition imprimée. Elle n'en facilitera pas moins l'apparition de nouveaux genres littéraires, et des domaines entiers pour lesquels nous ne songeons pas aujourd'hui à l'écrit passeront à l'avenir par lui : contrairement à l'opinion reçue, l'internet en marque non la régression mais l'avancée puisqu'il a multiplié le nombre des caractères typographiques dans des proportions pharaoniques. L'image y occupe aussi une large place mais une place impunie. Si nous sommes bien armés pour déjouer les pièges de l'écrit grâce à vingt-cinq siècles de critique acharnée, il n'en va pas de même avec l'image : nous n'en avons pas plus de philologie que d'iconologie dignes de ce nom. Les seules tentatives ont presque exclusivement dérivé vers l'histoire de l'art. Erwin Panofsky s'en distingue : son étude des origines iconographiques de la calandre Rolls-Royce reste un modèle de décryptage critique de l'image contemporaine. Mais c'est pour toutes les catégories d'images qu'il faudrait développer de pareils instruments.

L'édition numérique est curieusement associée à une régression que les utilisateurs d'ordinateur et les lecteurs de la Torah connaissent bien : on est revenu du cahier au rouleau. La répugnance avec laquelle on renâcle à substituer définitivement l'écran au livre montre à quel point il est difficile d'en apprécier les avantages par rapport à ce qu'on croyait constituer un irréversible progrès : c'est pourquoi il est important de commencer par en énumérer les inconvénients. Ce sont, en grande partie, ceux du rouleau antique : une tige de bois autour de laquelle est horizontalement enroulée une feuille de papier de plusieurs mètres sur laquelle un texte est verticalement reproduit et qu'on déroule devant soi au fur et à mesure de la lecture. Une petite différence toutefois, qui pourrait bien en être une énorme : le rouleau antique jouait sur le croisement de l'horizontal et du vertical. L'écran ne joue plus : il est tout vertical. Cet appareillage ne facilite ni le retour ni l'avance dans le texte. Nos fonctions de recherche tentent bien de réparer cette incommodité mais n'y parviennent pas mieux que les tables et les rubriques des anciens manuscrits : il leur faut absolument un terme de recherche et, lorsqu'on circule dans un texte, on ne se fixe pas sur des mots mais sur des idées et des impressions. Pour les retrouver lorsqu'on en a perdu l'emplacement, le feuilletage présente des avantages insurpassables.

Le livre ne se résume pas à un mode de confection, que ce soit sous sa forme actuelle ou sous sa forme antique. C'est un objet matériel d'une extrême sophistication : les pages qui défilent sous nos yeux lorsque nous lisons à l'écran sont loin d'avoir atteint ce stade. Aussi préférons-nous y voir le texte apparaître sous son ancien aspect plutôt que dépouillé des multiples signes de sa typographie, de sa mise en page, de sa maquette, de ses couleurs, lesquels sont autant de petits sémaphores qui nous en jalonnent la lecture. Il ne fait pourtant aucun doute que de nouveaux auxiliaires seront découverts et qu'ils formeront autant de nouvelles balises dans notre lecture : une des raisons qui nous éloignent des écrans pour y lire tient à cette actuelle déficience et ils ne prendront la place du papier qu'à condition de les accueillir.

L'écran présente un autre désagrément du rouleau : il ne facilite pas la vision d'ensemble de son contenu. Au contraire, le feuilletage permet de revenir facilement sur les incertitudes d'un texte qui, lorsqu'on en est l'auteur, en fragmentent la conception, et, lorsqu'on en est le lecteur, en interrompent l'intelligence. J'ai, pour ma part, maintes fois constaté l'absence de *liaison d'ensemble* des œuvres de la littérature antique. Rien de plus solide que leur structure sur quatre ou cinq pages, rarement plus : au-delà, on est frappé par le morcellement du raisonnement ou la discontinuité du récit. Est-ce pourquoi le discours, c'est-à-dire le texte dont la taille est celle de l'allocution d'un orateur ordinaire, a été le principal genre littéraire de toute l'Antiquité ?

Les bénéfices du déroulement n'en sont pas moins impressionnants. Ils mettront fin, espérons-le, aux lectures bâclées qui sont un peu les nôtres. Nous sautons les pages dès que notre attention s'affaisse ou que nous présumons l'inintérêt d'un passage. On en voit certains laisser croire qu'ils ont lu cinquante ou cent mille livres d'après les références qu'ils exhibent. Ils pourront toujours se vanter ; mais il n'y aura plus personne pour les croire. Il se peut qu'ainsi, nous soyons amenés à recouvrer un peu l'usage de notre mémoire. Elle seule peut nous aider à préserver la continuité nécessaire à l'intelligence de ce que nous lisons. Comme il n'y a point d'instrument plus faillible ni plus capricieux, nous ne sommes pas sûrs d'éviter les défauts de couture des Anciens. Mais nous serons assurés entre-temps d'une attention plus vigilante et plus serrée.

L'édition numérique nous apporte enfin un bénéfice que nous ne retirions ni du rouleau ni du livre. C'est l'interconnexion immédiate de tous les livres à partir de n'importe quel signe de l'un d'entre eux. Elle se résume d'un mot de sept syllabes – délit acoustique presque impardonnable : hypertextualité, mais qui confirme l'intuition que le monde n'est pas composé d'une infinité de livres mais d'un seul composé d'une infinité de signes. Le danger qui nous guette est évidemment de suivre les pas du papillon de La Fontaine

Qui va de fleur en fleur et d'objet en objet

et périt vraisemblablement faute d'avoir pris le temps d'absorber une seule goutte de nectar. On pourrait disserter sans fin à ce propos : ce que je viens d'en dire n'en est que l'essai.

Des trains de luxe

> Prête-moi ton grand bruit, ta grande allure si douce,
> Ton glissement nocturne à travers l'Europe illuminée,
> O train de luxe !
>
> Valery Larbaud, *Les Poésies de A.O. Barnabooth*,
> « Ode ».

L'HÉGÉMONIE de l'Europe sur le luxe a brutalement cessé par la faute de George Mortimer Pullman[9]. La réussite de cet Américain défie tous les canons de l'éducation humaniste. Il quitte l'école à quatorze ans, ce qui ne suffirait pas à le distinguer de Shakespeare, de Cervantès ni même de Jean-Jacques Rousseau, et devient représentant de commerce en ébénisterie avant de se lancer dans la fabrication de wagons dont la marqueterie sera d'ailleurs le signe d'excellence. Cette reconversion s'ensuivit de plusieurs voyages ferroviaires d'un inconfort inadmissible, dont un trajet de soixante-dix kilomètres entre Buffalo et Westfield (Illinois) qui ne prit pas moins d'une nuit :

---

9. George Behrend, *Histoire des trains de luxe : de l'Orient-Express au TEE*, trad. de l'anglais par J. Lepicard, Fribourg (Suisse), Office du livre, 1977. J'exploite ici, entre autres, cette source de renseignements précieux, un peu à la manière dont Stendhal détournait les siennes en direction de ses « mémoires » et de ses promenades les plus réussis.

l'éclairage était aux bougies et le chauffage au triple gilet de laine.

Ce n'était que la moitié du chemin qui devait le conduire jusqu'à la gloire. L'attrait magnétique du rail lui inspira bientôt un procédé révolutionnaire pour déplacer les immeubles sans les démolir. Il en fut ainsi à Chicago de l'hôtel Tremont House qu'il guinda sur une plate-forme à vérins sans déranger le service ni casser une assiette. Lorsqu'on sait comment trimbaler un immeuble, c'est un jeu d'enfant que de faire rouler un train, même de luxe : qui mieux que le magicien de Tremont House pouvait garantir au voyageur fortuné qu'il boirait sa coupe de champagne sans mouiller son veston ?

La première voiture fut équipée de lampes à pétrole qui ne purent jamais fonctionner mais attestaient une farouche volonté de progrès. On note aussi un poêle et, surtout, des coussins en peluche qui allaient devenir les mascottes Biedermeier du confort Pullman durant un siècle. La guerre de Sécession dérangea les plans de notre héros ; mais il se prit d'un enthousiasme malin pour les innovations tactiques du général Custer qui, en faisant charger sa cavalerie de front, menait ses troupes à la défaite avec une intrépidité providentielle. En attendant, il se rabattit sur un camp de chercheurs d'or au nom pittoresque de Pike's Peak. Contre toute attente, il en trouva. La guerre finie le vit au sommet d'un pactole se montant à vingt mille dollars de l'époque, qu'il investit sans attendre dans la construction d'une nouvelle voiture : on ne saurait être un capitaliste pour moins. Elle roulait sur des bogies, sortes de chariots mobiles par rapport au châssis que l'Europe ignorait tout autant que la translation sur rail des buildings de dix étages.

Par chance, les mesures furent mal prises : on avait sacrifié le gabarit au luxe et le lourd véhicule heurtait les quais, se faisait écrêter aux tunnels et frôlait dans d'effroyables craquements les wagons qui arrivaient en sens inverse. Sa destinée le poussait droit au hangar. C'est le moment que prit John Wilkes Booth, acteur shakespearien à qui *La Vie et la Mort de Jules César* avait gâté la cervelle, pour se ruer dans la loge d'Abraham Lincoln, au théâtre Ford de Washington. Il l'abattit d'un coup de revolver au beau milieu d'un navet qu'on ne joue même plus pour commémorer ce lamentable événement. Rien ne fut à la hauteur de l'émotion populaire, si ce n'est l'embarras des autorités pour convoyer le corps jusqu'à sa dernière demeure ; rien, sauf la voiture Pullman qui piétinait dans l'ombre. Elle seule parut à la hauteur de la tragédie, et elle le fut.

En un instant, le nom de Pullman fit le tour des Etats-Unis. Il en revint couvert des commandes de quatorze compagnies ferroviaires qui s'arrachèrent les voitures à prix d'or. Encore deux ans, et la Pullman Company en dénombrait quarante-huit en circulation. Le Canada et le Mexique étaient tombés sans coup férir. Londres céda en 1874. L'Italie fut vaincue au Mont-Cenis quelques mois plus tard. Dans la foulée, Pullman inventait le wagon-lit. Quand il mourut en 1897, ses voitures se comptaient par milliers. L'empire s'offrait même le luxe d'une concurrence, la *Compagnie internationale des wagons-lits et des grands express européens*, fruit juteux de l'alliance improbable d'un Belge d'excellente extraction, Georges Nagelmackers, et du colonel William Alton Mann, rival malheureux de Pullman qui jouait sa revanche sur le Vieux Continent.

Je regrette presque autant de n'avoir pas voyagé dans l'une de ces merveilleuses voitures qui sillonnaient les Etats-Unis, l'Europe, la Russie, l'Orient entre 1880 et 1970 que d'avoir plus qu'imparfaitement reçu le don des mathématiques. La comparaison n'est pas si fantaisiste : la physique moderne a contracté une dette énorme envers les trains, sans lesquels il n'est pas sûr qu'Einstein ait conçu sa théorie de la relativité. Certes, Galilée avait deviné l'existence du mouvement relatif ; mais il faut croire que les déplacements simultanés de deux navires, deux berlines, deux cavaliers ne suffisaient pas à le faire apparaître avec l'évidence troublante qui frappa son successeur de Berne et qui est modestement la nôtre lorsque, notre train quittant la gare en même temps qu'un autre, nous sommes incapables de dire lequel des deux avance, recule ou reste stationnaire. Il était pourtant possible d'emprunter le Transsibérien Moscou-Vladivostok dans des conditions de grand luxe au début des années quatre-vingt : la carte du petit déjeuner proposait croissants ou caviar, au choix, la négociation des deux n'étant pas hors de portée. Sans rien craindre des douanes, on pouvait, lors des arrêts en Sibérie, acheter sur le quai de belles zibelines à faire apparier en manteaux ou en toques de retour à Paris. Le grand chic était de préférer le Moscou-Pékin, qui renchérissait sur le luxe de son rival, probablement par suite de l'émulation idéologique entre les deux nations communistes. Le seul moment délicat était le retour en avion à bord d'Iliouchines où l'on manquait vingt fois de périr en vol.

Les destinations mais aussi les arrêts de ces lignes féeriques étaient eux-mêmes on ne peut plus luxueux : Paris, Vienne, Rome, Bucarest, Constantinople-Istanbul, la Riviera française et italienne – occasion providentielle pour définir le *train de luxe*, c'est-à-dire pour en restreindre les acceptions. Je propose de manière arbitraire les critères suivants : un trajet transnational comportant l'usage successif d'une demi-douzaine de langues, des rames exclusivement composées de voitures de premières, des destinations prestigieuses, une hôtellerie de luxe. L'élément essentiel est évidemment le cosmopolitisme linguistique : on devait parler couramment trois langues pour être recruté par les Wagons-Lits. Le monde anglo-saxon s'en trouve un peu évincé : les Etats-Unis, quoiqu'ils en soient les inventeurs, parce qu'en changeant d'Etat, on n'y change pas d'idiome ; le Royaume-Uni, parce qu'il avait tissé son propre réseau qui reliait Aberdeen ou Carlisle et ne se connectait à l'autre que par la mince antenne de Calais. Le trajet du Nord-Express, que les Wagons-Lits firent circuler jusqu'à Saint-Pétersbourg et Moscou, entre formellement dans la catégorie ; mais le Transsibérien-Express n'eut jamais que les destinations médiocres de Tomsk, Irkoutsk et Vladivostok.

La lenteur — on n'allait guère au-delà des soixante-dix kilomètres à l'heure — est-elle inhérente aux trains de luxe, dont les passagers ne voyageaient pas tant pour aller quelque part que parce qu'ils aimaient le train et le confort ? Elle l'est au luxe, en tout cas. On n'a plus aucune idée du calme, de la nonchalance des vies oisives d'autrefois. On associe le luxe à la vitesse à cause des jets et des voitures de sport. Elle était jadis d'une extrême vulgarité, dans les affaires comme dans la vie. Louis XIV devait beaucoup de sa majesté au célèbre « Je verrai » par lequel il accueillait toute initiative et Napoléon beaucoup de ses ennemis à la fébrilité avec laquelle il se jetait sur la moindre affaire — Talleyrand prétendait qu'*il avait été perdu du jour où il avait pu faire un quart d'heure plus tôt ce que lui, Talleyrand, obtenait qu'il ne fît qu'un quart d'heure plus tard.* Ce culte de la lenteur pouvait aller jusqu'à la paresse dont La Fontaine est le plus séduisant des trompettes, se vantant d'avoir partagé sa vie en deux

L'une à dormir et l'autre à ne rien faire,

philosophie que le chevalier de Boufflers distillait de la sorte : *Un cheval, un chien, un peu d'herbe à l'ombre, voilà le Souverain Bien.* Le luxe est tout ce qui reste de cette ancienne religion dont le train avait signé l'arrêt de mort mais qui se perpétuait à l'abri de ses plus intouchables voitures.

On comprend mieux pourquoi les deux guerres mondiales ont été si cruelles à ces trains fabuleux et la seconde, fatale. Luxe, lenteur, cosmopolitisme et liberté insultaient les gouvernements forcenés qui les déclenchèrent. Le franchissement des frontières était, même en temps de paix, une épreuve et une victoire, non sans d'infinis tracas à une époque où l'on traversait l'Europe sans papiers d'identité, avec sa bonne mine pour tout passeport. Les wagons furent plusieurs fois rançonnés, les parcours détournés pour d'ineptes raisons diplomatiques, les voyageurs apatrides stigmatisés : des bandits turcs s'en prirent au portefeuille de voyageurs millionnaires ; on modifia le trajet du Transsibérien après la perte de la Mandchourie par les Russes en 1907 ; et les miliciens de Mussolini braquaient les têtes qui se penchaient par la fenêtre au passage des lignes frontalières. Aussi Vienne, centre de la seule nation cosmopolite qui fut jamais et modèle linguistique de l'Europe à venir, en fut-elle la première et la plus constante destination, non sans de subtils interdits comme celui qui stoppait le Simplon-Orient-Express sur le quai de Trieste.

Les voitures brillaient d'une rare élégance : le luxe n'était pas seulement pour ceux qui les empruntaient mais pour ceux qui les voyaient passer. On attribue trop vite le luxe à l'ostentation de la puissance : il cherche moins souvent à marquer l'oppression qu'à susciter le rêve – qui n'est peut-être pas la moins habile des formes d'oppression. Les voitures du Train Bleu étaient splendidement racées tant par la beauté de leurs formes que par l'harmonie de leur peinture bleu foncé à bordures dorées. Roulant sur des voies dont les joints n'étaient pas soudés, elles résonnaient de ce *rythme des rails* dont s'extasiait Larbaud. Les voitures bleu roi du Simplon-Orient-Express, qu'il ne faut pas confondre avec l'Orient-Express, et qui ne fut « de luxe » que durant l'entre-deux-guerres, n'étaient pas moins chic.

Passons à l'intérieur. Un astucieux système de permutation du mobilier faisait ressembler le compartiment à un décor de théâtre où les changements se font *à vue* : salon le jour ; chambre à coucher la nuit. Les matières nobles rutilaient : acajou, cuivre, cuir, verre de cristal ou d'opaline, marbre. Comme dans les grands hôtels dont l'aménagement reproduisait le confort auquel les voyageurs étaient habitués chez eux, le train se conforma bientôt à celui qu'ils avaient l'habitude de trouver au Ritz ou au Waldorf Astoria. Les mêmes décorateurs furent enrôlés et le triomphe de l'Art déco les vit s'imposer : René Prou, qui après 1920 décora les nouvelles voitures du Train Bleu, fit école et amena l'abandon progressif de l'ébène, de l'ivoire, de l'amarante ou du palissandre pour le métal et l'aluminium.

Les débuts américains des voitures Pullman avaient été plutôt rustiques et le mobilier en teck. Leur migration européenne en tant que trains de *luxe* permit de leur affecter ce substantif de manière plus crédible. Le chauffage central à eau chaude avait déjà remplacé les anciennes chaufferettes, d'une efficacité largement imaginaire. L'éclairage électrique vint rapidement parfaire ces nouveaux raffinements où tout semblait concourir *au luxe, au calme et à la volupté*. Un mobilier charmant, marqueterie anglaise, lampes et appliques à col de cygne, ingénieux lavabos renversables, patères ciselées, miroirs circulaires, décors laqués, plaçaient le compartiment à mi-chemin entre la maison de poupée et la cabine du capitaine. La guerre au bruit fut déclarée : nul compartiment au-dessus des roues ; des anneaux rabattables bordés de caoutchouc recueillaient verres et bouteilles ; les cintres furent équipés de taquets pour les empêcher de claquer. Sauf à titre d'emblème, la peluche, nid à poussière, fit place au maroquin. La literie aurait fait pâlir d'envie la princesse au petit pois. Un service impeccable fournissait à la demande boissons et collations.

C'est par un étrange retournement de civilisation qu'aux alentours des années vingt, le luxe s'est annexé la vitesse. Paul Morand en fut le héraut tapageur, jurant que lorsque *le train passe, on comprend tout le chagrin qu'ont les maisons à être des immeubles*[10]. Il lui voua même en 1929 un volume mimétiquement limité à soixante-huit pages. Mais l'ancien luxe recouvrait le vieux pessimisme chrétien comme la mousse du champagne le chagrin des fêtards. L'optimisme venu d'Amérique fut la boisson énergisante dont se grisa le nouveau luxe emporté par la vitesse, à laquelle les trains qui le célébraient ne purent résister lorsque l'électricité remplaça la vapeur dans la locomotion.

Leurs noms, *Palatino*, *Edelweiss*, *Puerta del sol*, *Cornish riviera*, *Train bleu* évoquaient jusque-là les rêves alanguis d'azurs presque inapprochables : dans la *Flèche d'Or*, l'or alentissait un peu la vitesse de la flèche ; et le mot d'*express* qui leur était fréquemment associé, *Orient-Express*, *Atlantic Coast Express*, *Rome-Express*, avait fini par désigner, comme par antiphrase et contrairement au *rapide*, un train qui s'arrêtait un peu partout. Ce n'était certes pas leur cas mais la même impossible célérité semblait leur coller à la peau. Le nouveau luxe débaptisa ses trains sans se douter du piège : ce ne furent plus que *Silver star* (l'argent a de tout temps été lié à la vitesse), *Mistral*, *Shinkansen* (« Train rapide comme la balle »). On ne saurait sous-estimer la portée symbolique du grand mot enfin lâché dans l'appella-

---

10. *Poèmes*, préf. de M. Décaudin, « Poésie », Paris, Gallimard, 1992.

tion même de TGV (« Train à grande vitesse ») dont jamais le projet d'une rame uniquement composée de premières ne put aboutir : la vitesse était définitivement incompatible avec la survie des trains de luxe ; la vitesse, et la médiocrité du buffet-restaurant.

On peut presque suivre leur décadence par l'évolution déclinante des menus. Le *Rome-Express* qui reliait Calais à la capitale italienne proposait celui-ci au déjeuner, en novembre 1897 :

Hors-d'œuvre variés
Filets de sole au vin blanc
Côtelettes de mouton à la Mont-Cenis
Petits pois à l'anglaise
Galantine de volaille
Langue écarlate
Fromage, fruits
Café et liqueurs

Le lecteur malin se demandera comment en 1897 on pouvait sans congélation proposer des petits pois au mois de novembre. Rien de plus simple : la compagnie les achetait cueillis à Corfou au marché de Brindisi et les envoyait à Calais par la Malle des Indes, liaison entre Londres et Calcutta comportant une section ferroviaire entre Brindisi... et Calais, où ils arrivaient la veille du départ.

Le menu, dont le nombre et la variété des plats illustrent la persistance discrète du service à la française partout où la lenteur du monde ancien régnait encore sur le luxe, était à 4 shillings (vins et liqueurs en sus). Cette impression se renforce à la lecture de celui qui fut proposé une autre fois aux voyageurs, dont un baryton italien et sa femme, des membres de la famille impériale russe et un attaché d'ambassade britannique en poste à Rome :

Hors-d'œuvre
Consommé à la duchesse
Barbue sauce hollandaise
Aloyau de bœuf rôti
Haricots verts
Poulet de grain
Salades
Soufflé « à la Rome-Express »
Glaces
Fromage, desserts
Café, liqueurs

Le service à la russe, qui marque le commencement du monde contemporain avec plus de sûreté que les critères philosophiques, sociologiques ou historiques les mieux établis, envahit peu à peu les cartes. *La Flèche d'Or*, reliant Paris et Londres par Boulogne à partir de 1926, ne propose plus que le menu suivant :

Potage cressonnière
Quenelles de brochet à la lyonnaise
Grenadin de veau jardinière
Pommes Anne, céleri au madère
Plateau de fromages
Coupe Flèche d'Or

Les plats ne se contentent pas de diminuer en nombre : ils s'allègent en graisses et en faste. On ne veut pas seulement vivre mais digérer plus vite. Le fast-food, qui achève le cycle, fait manger les voyageurs au rythme où ils circulent : ils ne voyagent ni ne dînent ; ils se transportent et s'alimentent.

On serait fou de préférer un temps où seuls quelques oisifs prenaient le train dans le luxe au nôtre où tout le monde peut le prendre dans l'inconfort. Il n'est pourtant pas interdit de rêver d'un autre où tout le monde le pourrait — et pas seulement le train mais l'auto, l'avion, le bateau — dans les conditions de ces merveilleuses voitures. Le niveau de vie moyen ne cesse de s'élever depuis trois siècles, et il est assez naturel de supposer que n'importe qui sera un jour assez riche pour jouir du luxe avec autant de facilité qu'il en est privé aujourd'hui. Encore faudra-t-il qu'il en ait conservé ou contracté le goût. Rien n'est moins sûr. On a vainement tenté, lorsqu'on le put, de mettre la grande culture à la disposition de chacun : personne n'en a voulu. Il est à craindre que personne ne veuille non plus de son pendant matériel.

Je ne veux pas conclure l'évocation de cette caravane de plaisirs civilisés sans fixer les yeux sur ces convois d'horreur que nos wagons dorés ont probablement croisés dans les plaines d'Europe, entre 1930 et 1950. L'usage monstrueux que firent du train les Etats totalitaires du siècle dernier pour transporter le bétail humain de leurs esclaves vers les abattoirs auxquels ils les avaient destinés l'a défiguré à jamais. Ses prodiges mécaniques exhibent encore les rouages obscènes d'une technique inhumaine, dont nous appréhendons la réapparition du mécanisme effroyable dans le moindre progrès. La barbarie du plus léger crissement d'essieu, de la lourde fermeture d'une porte, d'une sortie de gare trop lente, comme grevée par le souvenir écrasant de millions d'innocents, est toujours sur le point de nous rappeler au transport ferroviaire comme au plus puissant instrument de mort qui fut jamais. Jamais sans lui les exterminations n'auraient pu se perpétrer à une telle échelle. Tout nous rappelle en même temps à ce que la science et la technique ne sont pas seulement ce que les hommes en font : comme lui, elles ont, incorporée en elles, une part de ce mal radical que tout notre effort est d'expurger peu à peu hors de nous et de notre culture par la civilisation, sans avoir la certitude d'y parvenir jamais. Ce qu'il y a de plus inexplicable dans le monde, ce n'est pas le mal : c'est le bien.

Noblesse de l'édition

> Plus les hommes sont nombreux, plus leurs oreilles sont longues.
> Madame Roland.

L'ESSOR de l'internet et l'édition en ligne de n'importe quoi par n'importe qui ont rendu aux éditeurs la noblesse dont leur histoire récente les avait quelque peu dépouillés. Les aspects les plus quinteux de leur métier, critique, sélection, correction, affairisme se redorent de vertus insoupçonnées. Tout écrivain devrait leur être reconnaissant du bénéfice qu'il en tire. Ils ne se contentent pas de calmer la folie des grandeurs de qui s'imagine qu'il a quelque chose à dire ou qu'il n'a rien à dire mais le dit bien. Cette vivacité des formes qui en lui se pressent pour s'exprimer n'en garantit pas l'intérêt. Simon Leys cite quelque part un mot d'Ezra Pound : *Il est essentiel que la poésie soit écrite ; peu importe par qui.* Le problème vient de ce qu'elle ne l'est pas par n'importe qui et qu'il redouble lorsque n'importe qui en écrit.

Certes, les éditeurs ne sont pas exempts des reproches les plus graves. Nous pourrions nous étendre sur tous les crimes littéraires qu'ils ont perpétrés avec la complicité du public. Paul de Kock est, avec Octave Feuillet et Victor Cherbuliez, l'un des écrivains français du dix-neuvième siècle qui ont réalisé les plus jolies ventes, à cent verstes de

Balzac ou Flaubert, sans compter Mallarmé. Qui voudrait aujourd'hui être l'éditeur de *Madame Tapin*, de *La Bouquetière du château d'eau* et de *La Pucelle de Belleville* ? Les 1 200 pages d'*Autant en emporte le vent* sont certainement d'un pathétique éprouvé. Que valent-elles à côté des 200 de *L'Aleph* ? Mais ils ont ralenti la montée du médiocre et ont souvent empêché le pire de grimper au pinacle. Pas plus que la vérité scientifique, la qualité de l'art ne se décide à la pluralité des voix : moins celles-ci sont nombreuses, moins il me semble qu'elles s'égarent — en tout cas, moins elles sont nombreuses à s'égarer.

Les éditeurs n'existaient pas avant l'imprimerie, si ce n'est par l'effet bergsonien d'une illusion rétrospective. Atticus, l'ami de Cicéron, paya la copie d'un grand nombre de manuscrits dont il vendait les exemplaires à ceux qui les lui demandaient. Mais ce commerce ne suffit pas à le qualifier d'éditeur. Ce n'était pas son métier : il n'en exerçait d'ailleurs aucun, comme il convenait alors à un homme libre. Il y avait des libraires à Athènes, à Rome et dans l'Europe médiévale ; mais leur métier se limitait à faire copier les livres par des esclaves ou des salariés et à vendre pour leur compte à des hommes libres les textes d'auteurs célèbres qui étaient morts ou qui, vivants, se seraient crus déshonorés d'en tirer profit.

Les libraires-imprimeurs de la Renaissance puis des siècles suivants sont exposés à la même restriction. Ces façonniers n'avaient guère le choix des auteurs qui les payaient pour imprimer des livres qu'il leur revenait ensuite de débiter : les pensions de quelque protecteur subvenaient au bénéficiaire pour payer la façon. Le principal de leur commerce se faisait en vendant des livres qui n'avaient point d'auteur : des *écrivains mercenaires* (c'était l'expression) en avaient la fonction sans en avoir le titre ni la rémunération, d'où la quantité phénoménale de livres anonymes[11]. La réputation de l'édition était détestable : ses tenanciers, suivant un poncif du temps, étaient apparentés à des corsaires plutôt qu'à des honnêtes gens[12]. Certes, les grands éditeurs humanistes, les Manuce, les Plantin, les Estienne, étaient à la fois merveilleux typographes, philologues novateurs et esthètes raffinés ; mais ils eussent été stupéfaits qu'on les crût propres à déterrer des talents en langue vulgaire, et à prendre des paris sur leur succès. Pour la plupart de leurs confrères, le livre n'était qu'une marchandise : leur commerce était celui du mariage des encres et des papiers, nullement des œuvres et des idées. Comme de nos jours, l'essentiel des profits de l'édition provenait de publications utilitaires : livres de piété, almanachs, prospectus, littérature de colportage et de romans.

Les auteurs anciens n'ont pas connu ce phénomène. Personne n'écrivait pour être publié. On récitait ses œuvres en public et, si elles plaisaient, on en communiquait une version écrite à ses amis auxquels il arrivait d'en faire part à d'autres. Ces derniers les apprenaient le plus souvent par cœur : la mémoire est le premier éditeur ; elle en sera vraisemblablement le dernier. Il ne se débitait de copies que

---

11. Antoine-Alexandre Barbier, *Dictionnaire des ouvrages anonymes et pseudonymes*, 4 vol., Paris, Impr. bibliographique, 1806-1809.

12. Il y a sur ce sujet quelques lignes de *Candide* au chapitre dix-neuvième aussi amusantes que révélatrices. Le héros décide de gratifier d'une forte récompense l'homme le plus malheureux de la province de Surinam. *Il se présenta*, écrit Voltaire, *une foule de prétendants qu'une flotte n'aurait pu contenir [...] Candide distingua une vingtaine de personnes [...] qui toutes prétendaient mériter la préférence [...] La séance dura jusqu'à quatre heures du matin [...] Enfin il se détermina en faveur d'un pauvre savant qui avait travaillé dix ans pour les libraires à Amsterdam.*

pour les meilleures, ou ce qu'on prenait pour tel. Cette tradition s'est perpétuée jusqu'à la fin du dix-septième siècle où les livres bondaient la mémoire des lettrés comme des harengs en caque et où il était rare qu'un écrivain ne teste son œuvre en public avant de l'abandonner au prote.

Ces lectures expérimentales ne sont plus au programme. Leur disparition coïncide avec l'essor foudroyant des éditeurs : c'est à eux que revient le double verdict de la sélection et de l'impression. Il faut dater du milieu du dix-neuvième siècle leur assomption sous sa forme actuelle. Lentement, nous les voyons devenir les maîtres du jeu littéraire. Ils ne l'exercent pas tout de suite sur le ton péremptoire qui leur est devenu naturel. Ils n'en ont même conquis le monopole que par des grignotages progressifs. Longtemps encore, les premières œuvres de quelque originalité parurent à compte d'auteur : Stendhal, Alexandre von Humboldt, Lautréamont, Verlaine, Rimbaud, Nietzsche, Claudel, Valéry, Gide, Larbaud, Mauriac, Proust, Gracq, Yourcenar, tous se firent d'abord éditer par ce moyen[13]. Un mécène en couvrait parfois les frais. La cassette personnelle des auteurs y pourvoyait le reste du temps ; des auteurs ou de leur entourage : de tous les défauts de Richard Wagner, un de ceux que je lui pardonne de meilleure grâce est son indélicatesse financière. Il se disait que, tout compte fait, il laisserait moins de dettes que de chefs-d'œuvre.

Le mécénat des riches particuliers a cessé de bénir les artistes et les écrivains. On n'en connaissait jadis point

---

13. Témoignage significatif, la princesse Bibesco raconte ainsi : *Apprenant que mon ouvrage n'était pas à compte d'auteur, mais bien au contraire, qu'il m'allait être payé, [l']indignation [de mon père] éclata.* (*Au bal avec Marcel Proust*, « L'imaginaire », Paris, Gallimard, [1989], p. 72.)

d'autre. Mécène en avait conçu l'institution dont Coco Chanel, Jacques Doucet, Florence Gould, Lily Pastré ont refermé les portes et emporté les clés. Le mécénat culturel, qui s'est élevé à la place, repose pourtant sur des pilotis vermoulus. Qui a jamais cru qu'une administration ou une fondation pouvaient écrire un livre, peindre un tableau, composer une partition ? Et qui ne voit qu'elles consacrent à leur fonctionnement une part confortable des dons qu'un mécène ne leur avait confiés que pour autre chose ? Quelle reconnaissance directe nourrissent-elles à son égard puisque ce n'est pas pour elles mais pour d'autres qu'elles en reçoivent les bienfaits ? L'Etat par l'impôt échauffe le zèle des mécènes pour les intermédiaires et refroidit celui qu'ils pourraient éprouver pour les destinataires de leurs libéralités. Pour le reste, les tribunaux se chargent de requalifier en abus de confiance les dons qu'un artiste reçoit imprudemment d'un trop généreux bienfaiteur : il est moins risqué pour un conseiller financier de plumer un riche client qu'à celui-ci de régler le loyer d'un poète ou d'un peintre. L'opinion publique, que ces pratiques révoltent, se réconcilie presque avec le gouvernement à l'occasion de cet heureux verdict.

Lorsque le mécène se dérobait ou que la cassette était vide, les coups de ciseaux pleuvaient : on peut marquer le début du règne des éditeurs par les monstrueuses coupures et la fin décousue de la *Chartreuse de Parme*, dont Ambroise Dupont porte la honte et qui constituent l'un des plus odieux attentats de cette race incisive. Au début du vingtième siècle, sa férule s'alourdit. Grasset, Gallimard, Denoël furent les premiers à édicter en France les règles d'un despotisme désinvolte, qui se déclara dès 1913 par sa plus fameuse bévue : le refus d'*A la recherche du temps perdu*. Il n'y a point d'excès à relever son caractère prophétique ; mais la prophétie était celle d'Ezéchiel. De ce jour, le sort des auteurs fut scellé. Leurs bienfaiteurs les cajolaient : les éditeurs les mènent le bâton haut. Les premiers les regardaient comme leurs amis, quelquefois leurs maîtres ; les autres les traitent comme leurs pupilles.

Le goût du lucre s'étant ainsi répandu, les auteurs n'ont pas tardé à le prendre. Rien jusque-là n'avait parmi eux été stigmatisé avec autant de mépris, et c'était un déshonneur que d'y avoir cédé. La misère immanente à la faveur d'un maître aussi turbulent que le public en avait toujours dissuadé la fine fleur. Les plus effrontés s'étaient seuls risqués dans une carrière galvaudée où rien, sauf l'attrait du scandale, n'augmentait les chances de succès. C'est pourtant le boulevard où se sont engouffrés les écrivains contemporains qui, sans le savoir, s'assortissent à leurs prédécesseurs les plus vilipendés. Certains vont jusqu'à rêver de vivre un jour de leur plume. Rien n'est plus probable que leur déconvenue, sans compter la bordée de sarcasmes qui retombe à juste titre sur ceux qui, pour manger, se fient à une pareille loterie.

Une des plus cuisantes satires de la nouvelle édition date presque de ses origines. Elle figure dans une livraison de Charles Nodier au *Bulletin du bibliophile* : *Des annales de l'imprimerie des Aldes*[14]. Tous les termes en sont des coups de poignard : *L'imprimeur [...] dont je parle [...] est un monopoleur à brevet qui vend de sales chiffons hideusement maculés de types informes à qui est assez sot pour les acheter. [...] Ne lui demandez point son opinion sur le manuscrit ancien ou récent qu'il livre à ses manœuvres. Il a de bonnes raisons pour ne pas vous en informer ; c'est qu'il n'a jamais étudié ni le grec, ni le latin, ni l'orthographe même du méchant patois que le libraire son*

---

14. « Dissertations philologiques et bibliographiques », *Bulletin du bibliophile*, Paris, Techener, mai 1835, p. 5-6.

voisin, ou si vous voulez son complice, a payé pour du français. Ces deux honnêtes gens n'ont pour objet, ni l'un ni l'autre, le progrès des lumières et l'avantage des lettres. Ils n'attachent pas plus d'importance, l'un au perfectionnement matériel de son art, l'autre à l'illustration morale de son négoce. C'est pour gagner le plus d'argent possible que celui-ci achète à vil prix un mauvais fatras qu'il fait prôner plus chèrement, et que celui-ci le gâche en disgracieux volumes aussi indignes des bibliothèques par la forme que par le fond.

Or voici qu'en une saison, tout le paysage s'est métamorphosé. L'internet ayant mis l'édition à la portée du premier venu, sa forme antérieure apparaît à beaucoup superflue voire nocive. Pourquoi tout ne pourrait-il paraître sans choix ? Et pourquoi, au lieu de faire aveuglément celui-ci par avant, ne le ferait-on pas plus lucidement par après ? Pourquoi surtout ne serait-il pas mieux effectué par ceux pour qui les livres sont faits que par ceux qui les font ? Tels sont les arguments qui courent : comme dans l'orchestre de Strauss où les cymbales éternuent au nez des flûtes, ils augmentent le vacarme qui monte déjà de l'édition en ligne comme d'une piste d'aéroport.

Malencontreusement, l'art et la littérature dont le public est l'auteur ne valent souvent pas mieux que ceux dont les écrivains et les artistes sont le public. Par un mystère qu'il vous sera aisé d'éclaircir, il faut que la sélection en soit faite par un petit nombre pour qu'ils puissent plaire à un plus grand. Par un mystère symétrique, il est à craindre que celle du plus grand ne déplaise au plus petit et, si vous êtes logique, ne finisse par devenir l'horreur du plus grand. L'élitisme des Anciens dont nous avons plusieurs fois dessiné les contours est indéniablement à la source de ces procédures compliquées, de sorte que, tout le monde ne méritant pas d'être publié, la disparition de l'édition menace d'emporter la littérature dans une immense coulée :

nombreux d'ailleurs sont ceux qui pensent à voix haute que celle-ci est déjà bien malade, qu'elle ne va pas tarder à s'aliter et que sa mort ne sera pas une grande perte.

Qui peut nier que son destin n'ait été de tout temps accouplé à une sélection draconienne dont l'injustice épisodique n'a jamais amoindri la nécessité ? Les éditeurs en ont bravement assumé la noirceur en ramenant les mauvais écrivains sur terre et en laissant espérer aux autres qu'ils ne déliraient qu'à moitié. L'édition est à la littérature ce que les galeries sont aux artistes et aux chercheurs les communautés scientifiques. Ce mandat leur a été contesté sous prétexte du caractère lucratif de leur activité ; mais, sans la folle passion de rencontrer d'emblée le goût du public, le leur serait exquis. Ce sont même les moins arbitraires des maîtres lorsque leur calcul, au lieu de se limiter aux ventes immédiates d'un livre, en couvre aussi les ventes à venir. Car lorsqu'on fera les comptes, un peu avant la fin du monde, je ne veux pas douter que le tirage de *la Divine Comédie* aura largement dépassé celui du *Da Vinci code*. Nulle maison d'édition n'est capable de relever ce défi pour lequel il lui faudrait être sûre d'une survie aussi longue que celle de son protégé : elle ne s'en inscrit pas moins dans cette perspective. Son activité est viscéralement liée au capitalisme dont les éditeurs sont parmi les plus vieux capitaines d'industrie. Comme les commanditaires d'une cargaison d'épices qui, à la certitude d'une jouissance immédiate de leur capital, aimaient mieux risquer la jouissance différée d'un capital copieusement augmenté, l'avenir même lointain entre de lui-même dans leurs calculs, et ce calcul va bien avec la littérature, dont le temps est l'ami.

Le public n'en a cure : le livre qui ne lui fera plaisir que demain est comme s'il n'existait pas. Le torrent de mots qui déferle sur la toile maintenant qu'on en a expulsé les bondes rend l'éditeur plus vital que jamais. Pourra-t-il encore se projeter dans le temps comme lorsque c'était la condition de sa survie ? Ne sera-t-il pas tenté pour subsister de faire comme qui s'improvise éditeur à la façon dont on s'improvise banquier où, avec dix, on peut incontinent prêter trois cents ? Ce serait fusiller la littérature à bout portant.

Elle ne survivra comme toujours qu'à force d'intransigeance : celle des deux mille lecteurs dont parlait Julien Gracq. Quant à ses éditeurs, s'ils aiment les lettres avec autant de passion que ceux qu'ils publient, ils rempliront le rôle qui seul justifie leur existence : utiliser les capitaux dont ils disposent pour publier le bon et exclure le mauvais en ne gagnant que l'argent nécessaire pour n'être pas acculés au choix inverse. C'est une science délicate, où il ne leur faudrait jamais préférer le profit à la littérature sans que, pour autant, ils mettent la littérature en péril en s'y mettant eux-mêmes faute de profit.

Apostilles en marge du *Quichotte*

> Don Quichotte [...] a son bon et son mauvais [...] D'abord, il y en a trois fois trop.
>
> Henry de Montherlant, préface à *Don Quichotte de la Manche*, t. I, trad. par F. de Miomandre, Paris, Le Livre de poche, 1968, p. 9-10.

Cervantès fait partie de ces écrivains dont la gloire repose sur l'invention d'un personnage qui les surpasse et auquel ils doivent leur génie comme un orpailleur sa fortune à un filon découvert par hasard. Celui de Cervantès éclate comme la queue de paon d'un feu d'artifice pour peu que don Quichotte déboule sur la scène ; dès qu'il en sort, un doux sommeil nous gagne. Les idylles du premier livre sont parmi les plus longs tunnels de toute l'histoire des chefs-d'œuvre de la littérature. Viginia Woolf l'a dit cent fois mieux que moi[15] ; je le redis pourtant. L'admirable manchot dont la main gauche n'était d'ailleurs qu'ankylosée s'en aperçut comme tout le monde : aussi est-il peu de chapitres du second livre où son héros ne soit pas en vedette.

L'effet de ces pastorales dans l'agencement du livre ne vous a pas échappé : elles varient le prosaïsme de la plupart

---

15. Virginia Woolf, *L'écrivain et la vie et autres essais* [extraits de *Collected essays*], trad. et préfacé par E. Argaud, « Rivages Poche. Petite bibliothèque », Paris, Payot et Rivages, 2008, p. 71 s.

des scènes au moyen d'un contrepoint onirique. Cette bonne intention ne suffit pas à les rendre supportables et jamais auteur plus original n'a parcouru plus de lieux communs. On dirait qu'à l'engouement de son héros pour les romans de chevalerie répond le sien pour les romans de l'Arioste et du Tasse, et surtout de leurs imitateurs les moins recommandables. Il est à craindre que les barbaresques chez lesquels il fut captif cinq ans durant n'aient distribué à leurs prisonniers qu'une exécrable littérature.

De là peut-être les flèches dont le livre a depuis toujours été lardé. Montherlant critique sa logorrhée, ses répétitions, sa quarantaine d'invraisemblances[16]. Borges est encore plus acerbe : dans un essai au titre enchanteur, *l'Ethique superstitieuse du lecteur*, il soutient *qu'il suffit de quelques paragraphes de* Don Quichotte *pour sentir que Cervantès n'était pas un styliste* parce qu'il est *distrait de l'œil dans ses métaphores et de l'oreille dans ses rythmes*[17]. Il ne songe qu'à raconter des histoires auxquelles on ne croit mais où l'on prend beaucoup de plaisir. Lorsqu'il se hasarde à *faire de la littérature*, on ne l'en croit pas davantage mais l'on n'y prend plus aucun plaisir. Il s'était rengorgé sur ses pompeux *Travaux de Persille et de Sigismonde* pour conquérir la postérité. Il l'a décrochée avec le *Quichotte* dont il a presque honte.

La suppression des scènes galantes et des bergeries a dû représenter pour lui un cruel sacrifice. Par l'éclat de son personnage, il s'était cru capable d'enlever son lecteur jusqu'aux plus hautes sphères de la galanterie : les histoires

---

16. Cervantès, *Don Quichotte de la Manche*, Paris, Le Livre de poche, 1968, préface.

17. Jorge Luis Borges, *Discussion* dans *Œuvres I*, « Bibliothèque de la Pléiade », Paris, Gallimard, 1993, p. 210-211. Borges veut dire que Cervantès se sert de la langue comme d'un outil et qu'un styliste s'en servirait comme d'un matériau.

de Marcelle, de Cardenio, de Dorothée, du captif, du jeune muletier ou la nouvelle du *Curieux extravagant* sont les parties du roman dont il est le plus fier. Mais le public se plaisait à voir don Quichotte aux prises avec la trivialité du monde, et Cervantès dut le faire redescendre dans la cour, avec les aubergistes, les meuniers et les gardeuses d'oies. La hiérarchisation des niveaux de la littérature selon ceux de la réalité sociale continuait de sévir comme aux plus belles heures de l'Antiquité. Le libre vagabondage d'un personnage à travers les classes de la société ne deviendra licite que lorsque le roman aura cessé d'être un *conte à dormir debout* pour devenir la peinture consciencieuse, à mon goût fastidieuse, d'une famille, d'un milieu, d'une société. Ce n'est que par la gravité de son personnage que Cervantès évite l'honneur douteux d'être le plus grand des écrivains picaresques.

Don Quichotte fait partie des créatures littéraires dont le caractère revêt d'emblée une telle universalité que les aventures où leur auteur les entraîne ne suffisent pas à l'expression totale de leur personnage. Les mythes grecs sont également susceptibles d'une telle extension et brillent par leurs ressources inépuisables d'interprétation anthropologique et de métamorphose littéraire. Récits et personnages ne sont plus seulement des situations et des individus mais des potentialités qui ne cessent de se transformer dans le but d'épuiser une matière que leur forme initiale n'avait que partiellement exploitée.

Combien connaissent don Quichotte sans avoir lu Cervantès ! Ils n'en savent souvent les épisodes les plus fracassants que par la tradition orale ou par des adaptations joyeusement édulcorées : le livre avait, en français, rapidement été transposé à la scène par le sieur Pitou puis par Daniel Guérin de Bouscal. La plupart s'en font une image, lui prêtent des sentiments, l'incorporent au monde qui est le leur à travers une représentation affranchie du livre dont il sort. Cette vie nouvelle n'est nullement arbitraire : elle se conforme d'elle-même aux conditions imposées par le Castillan à la construction de son personnage. La liberté du créateur s'est transmise à sa créature, comme le code génétique d'un adulte auquel celui de ses parents ne sert plus à rien pour grandir.

Cervantès n'était pas le premier à qui pareille mésaventure arrivait. L'Espagnol se détache des auteurs antiques, qui, n'existant plus pour nous que par leurs livres, ont subi un sort identique, par la supériorité non plus contingente mais essentielle de son œuvre sur lui. Je savoure cette leçon. Nous accordons trop d'importance aux écrivains et pas assez aux livres. Malgré les remarques exaspérées de Proust, nous continuons de croire qu'il existe un lien de causalité entre l'auteur et son œuvre et, pire, entre les particularités de l'un et celles de l'autre, comme s'ils étaient asservis ensemble aux lois obscures d'une psychologie projective au crédit de laquelle on n'a jamais apporté la moindre preuve. Il existe peut-être un rapport entre eux, mais comme entre le chat et le sourire du chat chez Lewis Carroll.

Je crois, pour ma part, que je serais capable de revenir de chez les morts pour tirer les pieds de qui s'aviserait d'expliquer ce que je veux dire par ma biographie. Je lui garantis en tout cas une bonne volée de contresens. A quoi bon écrire la vie des écrivains, puisque leurs livres commencent là où leur biographie s'arrête ! Certes, il m'est doux de rêver qu'après ma mort, on puisse encore s'intéresser à moi et dire : « Le vent avait sur lui tel effet, tel effet le soleil, la neige, la mer, la marche, la lecture. Il accordait telle place à l'amitié, en refusait telle autre à l'amour. » Mais pour le reste, mon curieux fera mieux de récupérer le catalogue de ma bibliothèque et l'inventaire de mes voyages.

La supériorité progressive de don Quichotte sur Cervantès illustre à ravir l'autonomie de n'importe quelle œuvre à l'égard de son créateur. Autonomie prophétique : nous voyons chaque jour la science et la technique échapper à leurs concepteurs, des sociétés entières entraînées dans ce mouvement ne lui opposer qu'une résistance inutile, de nouvelles œuvres et de nouvelles découvertes sortir non du cerveau d'un individu mais du génie collectif de cet irrésistible automate. La nouveauté de Cervantès est peut-être qu'il y ait consenti librement. Dès les premières pages de son admirable fatrasie, il tient pour acquit la stature extraordinaire de son héros : c'est elle qui précède et commande le projet d'en écrire la vie. Il prétend sans rire s'insérer dans la postérité d'une vaste littérature antérieure dont le principal représentant serait un auteur morisque, Cid Hamet ben Engeli, parfaitement fictif. Rien d'étonnant à ce qu'un anonyme ait, sans plus tarder, donné au *Quichotte* une suite apocryphe ! Cervantès vole dans les plumes de son plagiaire dès la préface du second livre de son roman. Il aurait pourtant dû s'applaudir de cette imposture, lui qui avait tout disposé pour que sa créature puisse mener l'existence autonome des mythes ! Si le chevalier à la triste figure était l'authentique détenteur du génie de son créateur, quelle importance à ce que ce dernier en soit Cervantès plutôt qu'un autre ?

Rabelais s'y était pris un peu à l'identique, sauf que Gargantua n'avait pas surgi tout armé de sa tête mais de livres déjà populaires avant qu'il s'en empare. Shakespeare s'est presque toujours inspiré de figures préexistantes, Macbeth, Hamlet, le Roi Lear. Goethe a emprunté Faust à Marlowe et au théâtre de foire. Mais Cervantès invente une littérature sur don Quichotte en même temps qu'il en conçoit le caractère : la mythologie du mélancolique gentilhomme réclamait des antécédents pour s'égaler à celle de ses modèles chevaleresques. L'une des doléances les plus véhémentes de l'hidalgo poudreux ne porte-t-elle pas sur la réalité de la vie et des exploits de ces modèles féeriques ? C'est du reste la cause de sa folie. Cervantès prétend à la même réalité pour son héros mais il sait, lui, qu'il n'en a point : c'est la cause de sa grande sagesse.

Don Quichotte est-il un mythe littéraire comme les autres ? ou n'appartient-il pas plutôt à la catégorie énigmatique des *héros populaires*, comme Gargantua, Pantagruel, don Juan, Blanche-Neige, Till l'espiègle, Frankenstein, Fantômas ? Ils surgissent aux marges de la littérature folklorique dont les auteurs sont plus ou moins anonymes. Les romantiques allemands se sont évertués à les dégager du chaos des contes oraux, des almanachs, de la littérature de colportage, du théâtre de tréteaux, des littératures médiévales ou lointaines. Jacob Grimm, auteur des *Contes* en même temps que linguiste et théoricien littéraire hors de pair, fut l'un des premiers à réaliser qu'il était irréaliste de les comprendre et, à travers eux, la littérature dont ils dépendent autrement qu'à partir d'une connaissance des *milieux de vie* sous-jacents dont les *formes littéraires* auxquelles ils se plient ne sont que les reflets. La *Bible* hébraïque, les récits homériques, les grandes sagas germaniques ont vite servi de matière féconde à cette entreprise.

La majeure partie de la culture contemporaine ne requiert-elle pas un tel crible d'analyse et d'interprétation ? Certes, les auteurs n'y sont pas anonymes ; mais, outre qu'ils sont de plus en plus souvent collectifs, ils ne sont plus vraiment à l'origine de leurs propres œuvres : l'identification des besoins du public précède et détermine la conception de nos *biens culturels* et le succès en mesure la réussite. Le droit d'auteur en est fragilisé : ses extensions incessantes, brouillonnes et contestées, reflètent ce désordre et ce désarroi. Il continue de reposer sur la conception préromantique de la génialité qui postule l'individualité et l'originalité de l'auteur alors que le public sait fort bien que ce sont à ses idées, ses sentiments, ses aspirations, ses aberrations que la *création* doit désormais sa matière et ses débouchés.

Cervantès contribue par la même occasion à l'entreprise de démythologisation qui forme peut-être le raccourci le plus élégant de toute modernité. Il a subi l'influence d'Erasme comme Ignace de Loyola et toute l'Espagne de la seconde moitié du seizième siècle. Il en a hérité le scepticisme corrosif. La cruauté avec laquelle le pauvre hidalgo est ramené à la réalité par l'effondrement de ses illusions rappelle la manière froide de Spinoza, lequel ne s'attendrit guère sur le deuil intellectuel et affectif du lecteur littéraliste des Ecritures qui vient de refermer le *Traité théologico-politique*.

Don Quichotte serait-il aux Modernes ce qu'Ulysse a pu être pour les Anciens ? Le fils de Laërte est le prototype occidental du héros populaire. Roi d'une petite île, il n'a ni la stature ni le rayonnement d'Achille ou d'Agamemnon, dont la famille est princière ou semi-divine : rien de tel dans sa généalogie. Sa vertu dominante est la ruse, aptitude moyenne qui semble pâle en comparaison du lustre dont la toute-puissance ou la bravoure illustrent les deux derniers. Achille s'oppose d'ailleurs à lui en une puissante antithèse : il évolue dans l'idéal, Ulysse dans le quotidien ; l'un est le modèle d'Alexandre le Grand, l'autre celui du Grec de tous les jours.

Don Quichotte en récuserait la posture familière quoique ses propres aventures ne cessent de la lui assigner. Toutes ses aspirations le poussent vers l'héroïsme dont ses aventures sont toutes la négation. Les motifs de sa célébrité n'en sont que plus pathétiques : reconnu de la foule comme s'il en était la création collective, l'essence même de son personnage en exècre le prosaïsme. Le mépris du vulgaire qui enfièvre le caractère de l'auteur et de son héros n'est pas le moins divertissant des paradoxes de leur extraordinaire fortune populaire.

Des rêves

> ATHALIE
> Un songe (Me devrais-je inquiéter d'un songe ?)
> Racine, *Athalie*, acte II, scène 5.

TOUT LE MONDE a quelque chose à en dire et je rêve peu, prétention, paraît-il, exorbitante : nous rêvons tous beaucoup. Je me souviens seulement de mes rêves avec parcimonie : voilà pourquoi ils se ressemblent tant. Ils tournent autour de quelques thèmes, presque toujours les mêmes. C'est dire, moi qui raffole de la diversité, à quel point la plupart m'ennuient. Les plus mémorables sont de rares cauchemars quoique ce mot à l'étymologie confuse soit beaucoup trop grandiose pour eux : aucun ne m'a jamais réellement fait peur, et je ne me souviens que d'une ou deux occasions où il m'ait fallu plus de quelques minutes pour me rendormir. Pire encore, je suis tellement imbu de leur inanité que, si l'un d'eux me dérange ou est trop insistant, je sais d'expérience le moyen d'en sortir : c'est de secouer la tête comme un saladier. Encore cette méthode ne s'avère-t-elle expédiente que sur la fin du rêve, où il est devenu si déplaisant qu'il ne peut que s'interrompre ou s'avérer n'être pas un rêve.

Les thèmes récurrents dont je parlais sont la chute dans le vide, le vol aérien, l'ensevelissement de tous les objets sous une seule couleur, le tout dans des conditions contraires aux lois scientifiques les mieux établies et jusqu'à un paroxysme qui provoque l'abrupte fin du rêve. Les psychiatres ne verront là rien que de très anodin et leurs explications, d'origine érotique, se révéleront d'une étonnante fadeur. Je n'ai pas de rêves prémonitoires où l'avenir me serait transparent et surtout exploitable ; je n'y possède pas des biens qui me sont refusés durant la veille ; et, autant que je me souvienne, je ne me suis jamais extirpé du sommeil avec la sensation d'avoir dîné. Une seule chose m'intéresse vraiment au réveil : la manière dont ces rêves sont agencés et la structure de l'espace et du temps où ils se déroulent.

Rien de plus élémentaire que de constater combien celle-ci se dispense de la régularité qui confère au monde réel un semblant de stabilité. Non seulement le sommeil de notre conscience nous ôte tout espoir de chercher à celle-ci un point fixe — car pourquoi en chercherait-on un à ce qui n'a plus lieu d'être ? — mais ce n'est que lorsque nous sommes éveillés que nous pouvons douter si nous veillons ou si nous sommes endormis. Lorsque nous rêvons, nous n'en avons pas le moindre soupçon. Nous sommes incapables d'espérer que nous rêvons lorsque notre rêve est insupportable tandis que nous l'espérons de bonne foi lorsque c'est notre vie qui l'est : je doute donc je suis ; je suis sûr donc je rêve.

Tout nous convainc que le sommeil ne pèse que sur notre raison tandis que les autres parties de notre âme et notre corps lui-même poursuivent tranquillement leur route : le reste de ce chapitre roulera sur cette légère idée, qui consacre l'extrême vulnérabilité de cette faculté. Car qui peut contester que notre *moi* y devienne irrationnel, et, conséquence inévitable, candide et vulnérable ? Ce n'est pas le moindre intérêt de l'amour que de pouvoir nous en convaincre par l'observation du corps endormi de la personne que nous aimons et de la vie sans nous qui occupe la sienne durant son sommeil ; sans parler du relâchement tout à fait imprudent que le sommeil impose à ses facultés de défense et dont c'est un des plus grands mystères du monde que le veilleur ne songe pas à en profiter. Notre cœur, notre respiration, notre motricité, nos sens, tout persiste dans le sommeil mais sur un autre mode : celui du repos de presque tout notre être, sauf de notre imagination qui en profite pour faire la folle.

Les aventures insensées où ce *moi* est embarqué ne lui font jamais soupçonner la moindre fraude : il ne s'étonne pas de leur insanité ni que ce soit à lui qu'elles arrivent. S'il devait y avoir un credo du rêveur, il se trouverait dans cette assurance aussi ferme qu'aberrante. La suspension d'incrédulité du lecteur de roman y ressemble anormalement, au point qu'on peut se demander si le rêve n'est pas l'instigateur de ce genre littéraire : par ses thèmes autant que par sa structure, il en est en tout cas le double suspect. Aussi, à l'inverse, est-ce probablement au sommeil de la raison que nous devons notre repos au moins autant qu'à l'inertie momentanée de notre corps. Il faut croire que de toutes les activités de notre cerveau c'est la plus dévoratrice d'énergie. Non que le ralentissement des autres ne soit effectivement réparateur ; mais c'est seulement lorsqu'elle se relâche et laisse notre corps tranquille que nous pouvons nous livrer au sommeil : toutes nos fonctions continuent de s'activer, même si c'est en basse note ; elle est la seule qui se taise.

A quoi d'autre qu'à cette éclipse kantienne devrait-on les transformations structurelles du temps, de l'espace et de la consécution qui règnent dans nos rêves ? Nous y changeons de lieu avec une rapidité qui viole toutes les lois du mouvement : on passe de l'un à l'autre comme si une force extérieure en gouvernait la transition, un peu à la manière dont, au sein du monde réel, les superstitieux s'imaginent que des forces divines ou occultes gouvernent ce qui s'y produit. Le temps n'y est pas mieux distribué ; mais il est beaucoup plus fortement vectoriel que dans la réalité. Lors des cauchemars, il s'achemine avec une fatalité digne de la tragédie grecque vers un point dont l'atteinte terrifie le rêveur dès le début, le rêve lui-même n'étant que la succession des inutiles obstacles qui se dressent pour l'éviter. Les songes les plus gracieux, voire les plus enchanteurs, sont traversés de la même inquiétude, non pas cette fois-ci d'une fin redoutée mais de la fin redoutée du rêve.

La clé de ces changements sans suite et, surtout, sans raison, se cache dans leur forme de succession : ils sont le territoire merveilleux et presque sans limite des associations d'idées, dont les plus infimes s'enchaînent aux plus considérables sans qu'aucun stabilisateur ne vienne modérer l'effervescence de leurs conjonctions. *Infimité* ne veut pas dire insignifiance ; mais la signification n'a ici rien à voir avec celle que la subordination de nos pensées confère, lorsque nous veillons, à chacune d'elles selon leur degré de généralité. Elle est émotive, réceptive à la force ou à l'intensité des sons, des couleurs, des sensations et, pour tout dire, à toutes les impressions qui continuent d'agiter notre corps lorsque la raison est la seule de nos facultés qui dort tandis que les autres n'ont pas renoncé à veiller. Pareille infimité rend ces associations très difficiles à débrouiller. Il semble que ce soit l'arrangement dans lequel les idées et les sensations qu'elles relient se conjuguaient dans notre imagination peu de temps avant l'endormissement qui leur offre l'opportunité de se rapprocher. Mais leur conjugaison renfermerait une explication elle-même insuffisante sans l'analogie ou la contradiction qui les poussent l'une vers l'autre, comme si aucune de nos idées, dans le sommeil comme dans la veille, ne saurait subsister en soi sans se lier à une ou plusieurs autres.

Le rêve n'est pas seulement le royaume du rêve : il est, plus sûrement, celui du bizarre, du cocasse, de l'incongru, et à partir de là, du fabuleux, de l'étrange, du surnaturel, du divin. Les haruspices s'en réclamaient pour prédire, avec la conviction que ce n'est pas dans la causalité perceptible du monde mais dans l'incohérence énigmatique des rêves que l'avenir se révèle et que cette incohérence ouvre aux possibles un champ d'expansion plus complet. Pour la même raison, les poètes ne manquent pas de lui attribuer d'exceptionnels pouvoirs : son absurdité enrichirait le monde de toutes les impossibilités qui ne peuvent y trouver place et auxquelles ils se font fort d'en donner une en dépit de la nature et de ses lois.

Les philosophes, quoique avec suspicion, ne l'ont pas accablé de leur mépris, et nous conclurons par là. Cicéron, le premier, en rehaussa le crédit spéculatif en y localisant la révélation des vérités ultimes sur la nature et sur les dieux. Il clôt sa *République* par le récit d'un songe de Scipion l'Africain où il concède à son rêveur l'accès de l'au-delà que Platon, à la fin de la sienne, n'avait ouvert à Er le Pamphilien qu'au terme d'un cycle anodin de mort et de résurrection — comme si, dans le sommeil, nous mourrions au monde pour accéder à l'au-delà dont nous reviendrions tous les matins au saut du lit. Cicéron préparait sans le savoir une des plus spectaculaires fractures entre les Anciens et les Modernes. Le *Songe de Poliphile*, écrit et imprimé en Italie à l'aube de la Renaissance, est l'antithèse du songe de Scipion : c'est au monde d'ici-bas que sont reliés ses architectures et ses jardins idéaux. Le rêve des Anciens offre aux humains la vision d'un monde dont il est interdit qu'il soit jamais le leur ; le rêve des Modernes, celui d'un monde auquel il ne tient qu'à leur art et à leur industrie qu'il le devienne.

Des maisons de campagne

> Du repos, une douce étude,
> Peu de livres, point d'ennuyeux ;
> Un ami dans la solitude,
> Voilà mon sort, il est heureux.
>
> Voltaire, *Devise pour Madame Du Châtelet.*

Les maisons de campagne sont le moyen le plus élégant de voyager tout en restant chez soi. De Rome à nos jours, elles n'ont presque pas changé de formes ni d'usages tout comme nous n'avons changé aucune des raisons pour lesquelles nous continuons d'en bâtir et de nous y séjourner : on ne saurait en dire autant des autres sortes d'habitat. Elles ne sont pas nées de la campagne qui les entoure mais de la ville qui en est toujours proche, même lorsqu'elle en est éloignée. La notion de *proximité* est d'ailleurs la plus humaine de toutes celles dont nous disposons pour mesurer l'espace : par nature imprécise, elle nous repose des nombres infernaux dont il est tout de suite question lorsqu'on aborde ce sujet. Elle n'a rien à voir avec la distance mais avec le temps, le temps qu'on met pour combler celle qui sépare un lieu d'un autre. Grâce à l'avion et au train, on est aujourd'hui plus proche d'une maison de campagne qu'on possède à cinq cents kilomètres de sa résidence principale que ne l'était un riche Parisien d'autrefois de sa maison des champs de Melun ou de Rambouillet. Quant à la ville, il n'est que trop banal de rappeler que sans elle, la maison de campagne n'existerait pas. C'est pour fuir la première qu'on s'établit dans l'autre quoique sans intention d'y rester : non seulement cette fuite est brève mais elle ne va pas sans la certitude du retour. On voudrait que la campagne soit l'antithèse de la ville et la maison celle de l'appartement : on se trompe ; ils se touchent.

Le *séjour* à la campagne s'oppose à l'habitation en ville dans un parallèle miraculeux. *Littré*[18] énumère plusieurs sens du mot *séjour*, dont les glissements approfondissent utilement la signification et nous font mieux comprendre ce que sont la plaisance et la villégiature : c'est la résidence indéterminée en un lieu mais c'est aussi le lieu de cette résidence ; c'est l'intervalle de repos que l'on prend en voyage ; c'est enfin le retard, le délai dans une affaire, et il cite à l'appui le splendide vers de Corneille

---

18. Parmi les dictionnaires du français, *Littré* tient à mes yeux sa prééminence moins de sa richesse, aujourd'hui un peu chahutée par l'*exubérance irrationnelle* de la langue, que de sa méthode. Ses rivaux du *Robert* ont pris le parti d'enregistrer tous les mots et, dans chacun, toutes les variations de sens constatées par l'usage. Mais de quel usage s'agit-il ? *Robert* retient à égalité le plus passager comme le plus autorisé. Il croit suivre en cela l'opinion de Vaugelas, quoique par « usage » Vaugelas entendît tout autre chose. Qui dira les désastres logiques et relationnels causés par la polysémie des mots sur lesquels on ne s'est pas entendus auparavant ? « Usage » pour Vaugelas veut dire « bon usage », c'est-à-dire le contraire de l'« usage » trivial retenu par le *Robert*. Littré ne retient, quant à lui, que celui qui s'appuie sur une autorité, celle des bonnes sociétés et des bons écrivains. Mais quel est le *bon*, demanderont les esprits forts ? Vaugelas le savait très bien, et nous aussi : c'est l'usage dont tous les termes se justifient ; et nous ne faisons les innocents que pour éviter de confesser la frivolité des nôtres.

Un moment de séjour peut tout déconcerter[19].

Les glissements de sens ne sont d'ailleurs pas tous révélateurs des sens d'un mot : certains résultent de faux-sens, certains de contresens, d'autres révèlent un sens latent qui ne demandait qu'une métonymie pour s'exprimer. Celui d'un mot est sourdement constitué de tous ceux où l'on ne l'emploie pas lorsqu'on ne l'emploie que dans un seul : la philosophie contemporaine a volontiers abusé de cette particularité du langage jusqu'à nier qu'il puisse déterminer un sens précis. Le rôle de la philosophie n'est pourtant pas de se complaire dans l'indétermination : il est au contraire de définir les liens qui existent entre les divers sens d'un mot et de nommer par des mots différents les sens qui ne peuvent être reliés à aucun des autres.

Il est important que le temps du séjour reste vague, même s'il est entendu qu'il n'est pas fait pour durer. La magie des maisons de campagne vient de là. Ce sont des lieux où l'on ne fait que passer : ce ne sont pas pour autant des lieux de transit comme les hôtels ou les gîtes, et je dirai tout à l'heure comment le *grand hôtel* a tout fait pour donner à ses hôtes l'impression qu'ils étaient encore un peu chez eux alors qu'ils en étaient partis. Ce sont aussi des lieux de repos et ce dont on s'y repose, c'est de la ville.

Il faut attendre les Romains et les progrès de l'urbanisation pour trouver un éloge de la campagne qui ne soit pas bucolique mais studieux. Aucun habitant d'Athènes ou d'Alexandrie n'a jamais fui aux champs les désagréments citadins dont Horace dresse le premier inventaire dans la satire traduite sans génie mais non sans élégance

---

19. *Othon*, acte IV, scène 2.

par Louis-Vincent Raoul au début du dix-neuvième siècle[20] :

> *Maintenant qu'échappé du fracas de la ville,*
> *Et comme dans un fort, en mon champêtre asile,*
> *Exempt d'ambition, sans soins, sans embarras,*
> *Je ne crains ni l'auster précurseur du trépas,*
> *Ni l'automne de qui l'influence funeste*
> *Enrichit plus le Styx que la guerre et la peste.*
> *Quel sujet convient mieux à mes vers familiers*
> *Que les champs et la paix de mes simples foyers ?*

La campagne devient ici le lieu du loisir ordonné dont la poésie est l'un des plus purs couronnements.

> *C'est un dieu qui me fit ces loisirs, Mélibée*

chante délicieusement Virgile dans la version des *Bucoliques* de Valéry. Le bruit de la ville n'y est pas favorable, et c'est la première fois que cette plaie de la vie moderne ne se trouve pas seulement désignée mais dénoncée comme l'ennemie des lettres. La simplicité de la vie aux champs s'oppose mêmement aux effroyables complications de toute existence citadine et aux obligations sans fin qui s'y rattachent ; et comme le dit encore Virgile par la même voix :

> *Bien naïf que j'étais, je croyais, Mélibée,*
> *La ville dite Rome être semblable à celle*
> *Où nous menons souvent nos agneaux, nous bergers.*

---

20. *Satires d'Horace*, II, 6, trad. en vers français par L.-V. Raoul, Tournay, Casterman, 1818.

Horace, pour en revenir à lui, s'en prend avec vigueur aux réveils en sursaut provoqués par un solliciteur ou un curieux ou pour s'acquitter d'un devoir. Vient enfin le lieu devenu commun des embarras de rue et de la foule qui bouscule, apostrophe, vitupère, assourdit et accable le malheureux poète :

Ainsi le temps se passe en mortels déplaisirs[21].

L'éloge de la campagne contre les horreurs de la ville n'était pas récent à Rome. Caton le censeur en avait donné le branle dès son *Traité de l'agriculture*. Auguste tenta de revivifier cet amour de la terre qui s'était quelque peu dilué dans la profusion de richesses dont Rome était inondée par ses conquêtes. Les *Géorgiques* de Virgile ont tout du manuel d'agriculture pour citadin inhabile à manier le soc et à récolter le miel. Aux mollesses orientales devait s'opposer la rudesse latine. Les lois somptuaires vinrent en renfort de ce traditionalisme factice. Les fondateurs des Etats-Unis, en référence à l'austérité supposée de la Rome républicaine, rêvèrent aussi d'une civilisation rurale dans le prolongement de ces tentatives arbitraires, et, si l'on en juge par l'événement, avec aussi peu de réussite. Les maisons de plaisance que nous nous plaisons à imaginer dans les lieux les plus désolés parce que nous les supposons les plus éloignés de la grande ville sacrifient au même idéalisme.

J'aime mieux celles qu'on acquiert non pour retrouver un état idyllique aussi artificiel qu'incertain mais pour jouir simplement de joies différentes. L'eau y occupe une place particulière : nous semblons ne vouloir vivre à la campagne que pour en profiter mieux qu'en ville. La villa d'Hadrien à

---

21. *Satires d'Horace, ibid.*

Tivoli, la villa d'Este plus tard, les jardins de Versailles, sont avant tout d'extraordinaires odes aquatiques. Mais les plus modestes demeures ne lui font pas une place moins centrale. Quel chalet de montagne ne doit-il pas avoir son torrent, quelle villégiature sa vue sur la mer, quel cottage son ruisseau, quelle ferme son moulin ou sa chute d'eau comme celle dont nous apprenons incidemment dans le *Côté de chez Swann* que la tante Léonie est propriétaire sans jamais y aller passer l'été ? L'écoulement est un symbole évident du temps dont la villégiature apparaît comme la suspension – et je préfère cette métaphore à celle de la retraite, où le retrait me gêne un peu parce qu'il dissimule souvent la fuite.

L'eau mais l'air aussi. Sur la foi de préjugés restés tenaces, on vient à la campagne pour le *bon air* qui creuse l'estomac et restaure les complexions défaillantes. Ce déplacement repose sur une médecine et une pharmacie, dont les progrès de la microbiologie ne réussissent toujours pas à confondre les prétentions. C'est faute de pouvoir se réfugier dans la campagne attique occupée par les troupes spartiates que les Athéniens étaient convaincus d'avoir péri en si grand nombre de la peste ou du choléra en 430. Les miasmes romains étaient redoutés et l'on ne s'en éloignait que pour conserver sa santé ; la morbidité n'en incombait pas encore à la pollution atmosphérique mais aux marécages sur lesquels Rome s'était édifiée et qui y entretenaient un paludisme latent. La Peste noire qui s'abattit sur l'Europe à partir de 1348 poussa hors des villes les riches patriciens qui avaient la chance de posséder des villas à la campagne : ils en mouraient à peine moins ; mais du fait d'une moins grande promiscuité, ils ne perdaient rien à se mettre à l'écart. Les conditions détestables d'hygiène qui furent longtemps celles des villes européennes, propices à l'incubation et à la divulgation des épidémies, furent tout aussi profitables à la plaisance ; et lorsque la tuberculose se répandit dans les quartiers populaires trop rapidement gonflés par l'industrialisation, les riches bourgeois qui commençaient à se retirer dans leurs spacieux pavillons construits à la périphérie semblaient y échapper plus facilement. On peut parier qu'une bonne moitié des villégiatures sont encore achetées sur cette supposition.

Le bon air s'accompagne naturellement d'appétit. Aujourd'hui encore, la visite à la ferme, évidemment biologique, les marchés de Noël, les foires locales demeurent parmi les occupations névrotiques des vacanciers. Déjà, dans Les Vacances, l'un des personnages de la comtesse de Ségur invite les enfants à une promenade *écologique* avant l'heure : *Je propose une grande promenade au moulin, par les bois, dit M. de Rugès [...] Nous irons voir la nouvelle mécanique établie par ma sœur de Fleurville, et, pendant que nous examinerons les machines, vous autres enfants vous jouerez sur l'herbe, où on vous préparera un bon goûter de campagne : pain bis, crème fraîche, lait caillé, fromage, beurre et galette de ménage. Que ceux qui m'aiment me suivent !* Avec aussi peu de bon sens, nous nous imaginons bénéficier des apports régénérateurs d'une alimentation où les produits de l'agriculture et de l'élevage n'auraient rien des aspects dénaturés de la conserve et du surgelé[22]. Nous ne nous lassons pas de voir les poules et les

---

22. Indépendamment des éléments objectifs sur lesquels s'appuie la défense de l'environnement, il est difficile de ne pas la rapprocher d'une urbanisation désormais planétaire. L'idéalisation de la nature et l'amour naïf de la campagne apparaissent toujours au cours de l'histoire au sein de milieux citadins, plutôt aisés, sophistiqués, hostiles aux autorités politiques. Les pastorales de Théocrite en sont un des premiers manifestes et leur stylisation de la vie champêtre trahit leur origine urbaine. C'est à la fin du dix-huitième siècle et durant une large part du dix-neuvième, alors que les villes croissaient comme des champignons, que

pintades courir à perte de vue et le broutage paisible des vaches nous rassure. Mais les aliments artificiels garnissent leurs mangeoires comme celles de vulgaires animaux de batterie ; et on est bien forcé d'admettre que, sans un minimum d'engrais, de pesticides et de technologies, la pomme de terre est immangeable, le petit pois farineux, la poire tavelée, le poulet plus dur que du bois et le vin aigre. Rien n'agace plus les agriculteurs que cette naïveté affectée envers la nature. Déjà le jardinier de Boileau se moquait de son maître qui se prétendait savant dans l'art du sarclage et de l'arrosage, et lui remontrait à quel point en ce domaine ceux qui triment savent mieux que ceux qui riment :

J'aime mieux mettre encor cent arpents au niveau,
Que d'aller follement, égaré dans les nues,
Me laisser à chercher des visions cornues ;
Et, pour lier des mots si mal s'entr'accordants,
Prendre dans ce jardin la lune avec les dents.

Cette onzième épître renferme par parenthèse un des plus beaux vers de la langue française

On voit sous les lauriers haleter les Orphées

que Valéry avait déjà recueilli. On doit encore à Boileau ce vers fuyant de la troisième épître

---

cet engouement prit des proportions démentielles. Sans polémique excessive, l'urbanisation planétaire et le bouleversement des conditions de vie qui l'accompagnent ont hypertrophié en nous un romantisme caricatural. Il ne faut pas s'étonner que ceux pour qui la ruralité est encore synonyme de misère observent cette réaction avec colère.

Le moment où je parle est déjà loin de moi.

Et voilà pour rendre à ce grand méconnu la gloire poétique que des écrivains et des critiques, incapables d'en reconnaître nulle part un seul de cette qualité, n'ont eu de cesse que de lui ôter.

Les sons de la campagne ne sont pas célébrés avec moins d'exagération. Le calme, le silence y acquièrent des vertus délirantes. Les vacarmes urbains n'en sont que de plus faciles sujets de réprobation. On leur fait moins reproche de troubler les âmes que d'exténuer les corps en cassant les oreilles et troublant le sommeil. Il est au contraire à la campagne des sons épurés qui enchantent l'ouïe et ravissent les âmes. Le tintement des cloches est devenu à l'époque romantique la signature sonore de toute thébaïde champêtre. Les adorateurs du nouveau mouvement comme ses détracteurs les plus sarcastiques ne se démarquent pas sur ce point : la frénésie campanaire affecte Stendhal aussi bien que Lamartine. *J'entendis tout à coup*, se souvient le premier dans la *Vie de Henry Brulard*, *sonner en grande volée la cloche majestueuse d'une église située dans la colline à un quart de lieue de Rolle ou de Nyon, j'y montai. Je voyais ce beau lac s'étendre sous mes yeux, le son de la cloche était une ravissante musique qui accompagnait mes idées et leur donnait une physionomie sublime. Là, ce me semble, a été mon approche la plus voisine du bonheur parfait. Pour un tel moment il vaut la peine d'avoir vécu*[23]. Lamartine, qu'un homme aussi peu sentimental que Talleyrand découvre avec délices dans les *Méditations poétiques* dont lui fait présent la comtesse de Talmont, plane sur les

---

23. *Œuvres intimes*, [éd. par] H. Martineau, « Bibliothèque de la Pléiade », Paris, Gallimard, 1955, p. 373.

mêmes crêtes sonores dès le premier poème de son recueil :

> *Souvent sur la montagne, à l'ombre du vieux chêne,*
> *Au coucher du soleil, tristement je m'assieds ;*
> *Je promène au hasard mes regards sur la plaine,*
> *Dont le tableau changeant se déroule à mes pieds [...]*
>
> *Au sommet de ces monts couronnés de bois sombres,*
> *Le crépuscule encor jette un dernier rayon,*
> *Et le char vaporeux de la reine des ombres*
> *Monte, et blanchit déjà les bords de l'horizon.*
>
> *Cependant, s'élançant de la flèche gothique,*
> *Un son religieux se répand dans les airs ;*
> *Le voyageur s'arrête, et la cloche rustique*
> *Aux derniers bruits du jour mêle de saints concerts.*

Puis-je m'arrêter un instant ? Certaines des répartitions de l'histoire littéraire sont vraiment trop absurdes. Il faut être insensible à la littérature de la fin du dix-huitième et du début du dix-neuvième siècle pour flanquer Lamartine et ces vers au beau milieu du romantisme : ils viennent en droite ligne de Chénier, Delille et des exquises élégies de Parny. Contre le premier romantisme et, en réalité, tout contre lui, le néo-classicisme semble artificiel si l'on en relit les œuvres à la lumière du dix-huitième siècle finissant, et attardé à la lumière du siècle qui commence. Mais si on le replace au centre d'un tableau dont les figures comprennent les romans de Chateaubriand (qui sous cet éclairage redeviennent lisibles), les poèmes de Chénier, Delille, Parny, ou, à l'étranger, les œuvres de Goethe ou d'Alfieri aussi bien que les toiles de David ou Girodet, les sculptures de Canova, les architectures de Percier et Fontaine, les décorations de Thomire ou les musiques de Gluck, Spontini, Cherubini, Bellini et même de Beethoven, on les voit s'animer de nouveau : nous percevons combien, héritières de la plus haute culture des deux siècles précédents, elles poussent en direction des horizons les plus avancés et, plus hardiment que le romantisme, nouent des liens prophétiques avec la dernière modernité, Mallarmé, Valéry, Ponge. Baroque et néo-classicisme sont, depuis le seizième siècle, les pôles concertants du destin culturel de l'Europe : il est bien possible que le romantisme ne soit que l'une des métamorphoses du premier des deux. Je vous réserve plus loin tout un chapitre sur cette controverse.

Le temps *ne suspend pas son vol* trop longtemps sans danger. Une vie qui ne serait que champêtre est un rêve contemporain savamment illusoire. Celui de nos ancêtres épousait plutôt le mouvement inverse, et à la différence du nôtre qui reste fantasmatique, ils ont réalisé le leur. Nous ne sommes plus faits pour le contact direct avec les éléments : nous avons trop longuement pris l'habitude de ne les aborder que par toutes sortes de techniques interposées. Le chauffage central a presque aboli la précarité de la vie rurale où, la cheminée ou la cuisinière à bois s'étant éteintes durant la nuit, on mettait le pied hors du lit dans un froid glacial qui se concrétisait douloureusement dans l'eau figée des bassines. Nous ne connaissons presque plus le sens de mots comme *engelure* ou *onglet*.

C'est au dix-neuvième siècle, au moment où les premiers rudiments du confort faisaient leur apparition, que les écrivains ont peut-être décrit de la manière la plus évocatrice les rigueurs de l'hiver. Celles-ci étaient auparavant si pénibles qu'il aurait semblé littérairement choquant de s'y complaire : il fallait qu'elles s'atténuent pour se rendre sensibles. Jamais elles ne l'ont été autant qu'aujourd'hui où elles ont presque entièrement disparu. Nous nous exagérons les moindres variations de température dans le chaud comme dans le froid : une averse violente est qualifiée d'ouragan ; la moindre inondation devient l'objet d'une rhétorique ampoulée. Une bourrasque de neige suffit presque à mériter le titre de *catastrophe naturelle*. Du reste, les conditions moyennes de vie dans lesquelles nous nous sommes installés nous font communément apparaître la nature sous un mode catastrophique.

C'est pour la contempler sous un jour plus serein que nous adorons jouir de la campagne avec tout le confort de la ville. Nous sommes confusément conscients de son expulsion progressive hors de nos existences : elle nous manque, comme nous manquerait, dans une maison dont le temps aurait toujours été ponctué par une horloge qu'on en aurait enlevée, la sonnerie régulière des heures. Cette nostalgie est absurde : nous ne nous sommes réfugiés en ville que pour lui échapper ; maintenant que nous voilà hors de ses griffes, nous serions pressés de nous y remettre ! La villa romaine ne se dissociait pas de la culture des terres dont leur propriétaire tirait les revenus qui lui permettaient de l'embellir ; la villa italienne ou le château français n'étaient que le prolongement d'une architecture dont la majesté proclamait la gloire de son détenteur. Le manoir anglais dont les jardins sont autant de *paysages choisis* formait peut-être le premier exemple d'une maison à la campagne : comme les toiles de Ruysdael ou de Salvatore Rosa en avaient lancé la mode, ce n'était pas l'homme mais la nature qui occupait le centre du tableau. La villégiature contemporaine s'efforce de mettre un terme à cette schizophrénie, et c'est ce qui la différencie de celle d'hier.

Nous n'en restons pas moins tributaires de l'esthétique antérieure. Nos maisons de campagne prétendent se fondre dans le paysage au lieu de s'en dégager comme celles d'autrefois[24]. Elles n'ont pourtant plus rien à voir avec les châteaux, pavillons et *folies* dont elles ont renié avec dédain les majestueuses proportions : l'homme y paraissait avec trop d'arrogance et sa présence ne laissait pas assez de liberté à la nature pour s'épanouir. Une architecture plus modeste parvient mieux à s'incorporer les formes, même sauvages, de son environnement. Il a fallu pour cela que les beautés abruptes de la nature fussent reconnues égales aux beautés régulières de l'art, et, dans certains cas, supérieures. Nous avons évoqué naguère les conditions dans lesquelles la redécouverte de Shakespeare permit à des splendeurs barbares de s'affirmer à nouveau en public, non sans péril pour la civilisation. C'est avec de semblables limites que s'impose le goût d'une nature plus farouche, où, comme le notait Edmund Burke dans son *Enquête*

---

24. Les mots ont ici leur importance. Les Anciens et les Italiens parlent de *villa* qui, malgré la grâce du mot, ne veut pas dire autre chose que *ferme*. L'Europe française préfère l'appellation de *maison des champs* ; *maison de plaisance* s'impose un peu plus tard ; nous parlons, nous, de *résidence secondaire* pour bien marquer que nous y jouissons des mêmes commodités qu'en ville et que nous y pratiquons un tourisme sédentaire. Le terme de *villégiature*, qui désignait il y a peu le lieu de cette résidence en même temps que les activités ou plutôt l'absence d'activités auxquelles on s'y abandonnait, serait de nature à réconcilier tout le monde, s'il ne s'accompagnait d'une préférence pour le bord de mer plutôt que pour l'intérieur des terres – autre différence avec la tradition ancienne. Dans cet ordre d'idées, le séjour à la montagne est, avec les plaisirs de la neige, une nouveauté résolue. Il partage avec le séjour à la mer une autre particularité de la villégiature moderne : la pratique du sport, qui se réduit à un peu de culture physique, prudente, ludique, volontiers colorée d'un surcroît d'enthousiasme pour la nature, d'une sentimentalité à vous en dégoûter.

philosophique sur l'origine de nos idées du Sublime et du Beau, l'impression de solitude que font naître forêts, abîmes, déserts, intempéries pouvait s'exprimer sans réserve dans la contemplation des vues qu'offrait un manoir perdu dans la végétation ou le relief. Peut-être aussi la découverte éblouie de l'art chinois, où de minuscules asiles abritent le solitaire au sein d'un univers disproportionné, a-t-elle joué son rôle dans cette évolution. La démocratisation des loisirs et la contraction des patrimoines privés n'ont pas moins activé cette fonte progressive de la maison de campagne dans son environnement.

La nature, qui était notre enfer, est devenue notre paradis. Paradis follement imaginaire. Dino Buzzati, dans une de ses nouvelles les plus désabusées, a marqué au fer l'épouvantable carnage que dissimulait le jardin en apparence le plus charmant et le plus pacifique : *Partout ce n'était que massacre, supplice, tuerie. Des scalpels défonçaient des crânes, des crochets brisaient des jambes, fouillaient dans les viscères, des tenailles soulevaient les écailles, des poinçons s'enfonçaient, des dents trituraient, des aiguilles inoculaient des poisons et des anesthésiques, des filets emprisonnaient, des sucs érosifs liquéfiaient des esclaves encore vivants*[25]. Les oiseaux surtout, qui nous semblent en être les hôtes lyriques, sont des créatures spectrales dont le bec ne cesse de massacrer, déchiqueter, engloutir. Les papillons, si délicats, ne sont acharnés qu'à de viles besognes. Le moindre brin d'herbe baigne dans le mal jusqu'au cou.

Le monde ancien, qui ne s'est jamais fait d'illusions sur la nature parce qu'il en était assailli de partout, s'est toujours employé à la dompter : ses villas, ses jardins ne se

---

25. Dino Buzzati, « Douce nuit » dans *Œuvres II*, trad. par Jacqueline Remillet, « Bouquins », Paris, R. Laffont, 2006.

lassent pas de chanter cette victoire. C'est par une sorte de luxe que nous, qui n'avons plus grand-chose à en craindre, avons pris sa défense et ne rêvons plus que de nous séjourner au centre de ses plus monstrueux désastres. La diabolisation des villes ne vaut pas mieux que celle des champs. Leur antithèse est commode et même éloquente quoique leur proximité nous rappelle à l'équivocité qui les guette. L'enfer et le paradis sont contigus : il s'agit du même lieu dont le changement d'être dépend surtout de nous.

Car si j'aime la nature, je me refuse à en être idolâtre. J'en goûte l'harmonie d'apparence, le calme, l'immuable mouvement plutôt que l'indétermination grandiloquente. Au Grand Canyon toujours je préférerai le Grand Canal. Une maison de plaisance élevée sur un promontoire ou face à un volcan me sidère : je n'y vivrais pas. Là où l'humain s'estompe mon intérêt vacille. Le joli mot de Louis Jouvet me va comme un gant. Des amis l'avaient invité dans leur villa d'où l'on jouissait d'un splendide coucher de soleil sur la mer. Alors que tout le monde s'extasiait sur la beauté du spectacle : « C'est beau, concéda-t-il, c'est très beau ; mais nous faisons tellement mieux au théâtre ! »

Je reste pourtant réticent à l'égard des maisons de campagne dont l'architecture tourne le dos à la nature ou qui, ostensiblement, refusent de s'y enter. La *maison d'architecte* en est la version canonique. Elle semble conçue pour capter à son profit les composantes naturelles de son milieu : lumière par l'ample usage du verre, chaleur par les panneaux solaires, grand air par de larges et nombreuses ouvertures, eau par des piscines intérieures et extérieures, terre même par la dimension des espaces de plain-pied. Son artificialité se trahit néanmoins par la technicité géométrique de ses formes, laquelle contraste durement avec l'anarchie du monde vivant alentour. Je devrais être ravi de cette indifférence qui remet l'homme et ses formes au centre : comment se fait-il qu'elle me gêne, me trouble, m'indispose ?

Suite plus personnelle
du chapitre précédent

> Le bec d'un sécateur claque au long des allées de rosiers. Un autre lui répond, dans le verger. Il y aura tout à l'heure sous la roseraie une jonchée de surgeons tendres, rouges d'aurore au sommet, verts et juteux à la base.
>
> Colette, *La maison de Claudine*, « Printemps passé ».

On n'a jamais raison de devenir propriétaire : on croit détenir pour toujours ce que l'on ne détient que pour un temps et qui demain passera en d'autres mains. Il est salutaire de s'imaginer la vie future de ces objets pour lesquels nous ne distinguons plus aujourd'hui en nous amour et possession et qui pourtant se poursuivra demain sans nous lorsque nous serons morts ou que nous nous en serons dessaisis. La remémoration des biens que nous avons autrefois possédés fait partie de nos sentiments les plus spéculaires : le souvenir des appartements en ville ne suscite qu'une sèche remémoration ; la nostalgie, qui, en dépit de son étymologie, n'est pas toujours douloureuse, entoure au contraire le souvenir de nos maisons d'une flottille d'évocations secondaires, minuscules jalons auxquels chacun d'entre nous, jusqu'aux moindres recoins d'un intérieur ou d'un jardin, reste charnellement uni.

Le ressouvenir de nos années d'enfance, où le nombre et la vivacité de nos impressions d'antan lutte sans espoir contre le poids du temps qui s'interpose entre elles et nous, s'enveloppe d'un brouillard qui crève par endroits et nous découvre, encore luisants, des objets que rien ne relie plus entre eux que le fil hasardeux et biaisé de notre conscience actuelle. Le récit qu'il nous arrive d'en faire peut s'autoriser de cet éparpillement pour procéder à la vive agrégation de faits qui n'ont de cohérence entre eux que dans l'arbitraire de nos rapprochements. Il en va ainsi de tous nos souvenirs, quoique de façon déclinante à mesure que le vague de l'enfance cède à la fermeté de l'âge et que nous savons mieux les dates, identifions mieux les lieux et les personnages, prenons goût aux vérifications.

Nous gardons pourtant nos distances avec une reconstitution trop minutieuse. Ce n'est pas un mystère : il n'est guère conseillé de retourner sur les emplacements de son passé. Lorsque rien n'en reste, nous souffrons de ce que le monde a changé ; lorsque c'est le contraire, nous souffrons de ce que c'est nous qui avons changé. C'est pourquoi sa reconstitution a toujours formé l'un des moments électifs du loisir littéraire : nous y regardons comme dans un verre mais ce verre est opaque, comme celui dont saint Paul disait que nous voyons Dieu à travers[26]. Jusqu'au romantisme, elle est relativement stylisée et se confond avec le souvenir d'un Eden perdu ou avec l'espérance d'un Eden à venir. Elle s'exprime depuis lors au travers d'une extrême méticulosité. Les deux réussites françaises qu'en sont *Du côté de chez Swann* et *La Maison de Claudine* n'ont l'air composées que d'un nuage de poussières qui ne se serait formé ni sous

---

26. *Première épître aux Corinthiens*, 13, 12 : saint Paul pense naturellement au verre antique, plus souvent trouble que limpide.

l'effet du regret ni sous celui de l'espérance mais d'un désir passionné d'actualisation. Colette l'a d'ailleurs mieux réalisé que Proust : elle ne se réfugie que par à-coups dans l'imparfait et arrive miraculeusement à évoquer le passé au présent par toutes sortes d'artifices ; Proust ne se détache pas des temps grammaticaux traditionnellement dévolus à la remémoration et dont la tyrannie contribue à la monotonie de la plupart des romans, qui se noient au sein des prétérits. Les temps du présent auraient le même effet sur l'essai si un récit ne venait subitement en rompre le rythme.

Je possède aujourd'hui une sorte de *cottage* en Normandie, au pied d'une abbaye médiévale en ruines, à une bonne demi-heure de l'océan. Il m'est de plus en plus pénible de vivre loin de la mer : il me la faut à proximité, comme si elle m'offrait, en cas de danger — est-ce l'effet de la mort qui se profile ou du souvenir des persécutions dont ceux de mon nom ont été victimes tant de fois ? — la promesse du salut. La maison est typique : colombages aux murs, fenêtres à carreaux biseautés, escalier extérieur conduisant à l'étage, jardinet, portail en bois. Des barrières servent de clôture sur un côté ; les autres sont fermés par un pan de la maison et trois murets en charpie grossièrement crépis. Dans la tradition des jardins de curé viennent s'enchevêtrer rosiers grimpants, dahlias, pieds-d'alouette, lupins, fougères, pivoines, phlox et iris de rivière, arrangés de part et d'autre d'un énorme hortensia dont l'eau qui, les jours de pluie, s'écoule du muret couvert d'ardoises en tire le rose vers le violet.

Le parterre gazonné est cintré d'une rangée de buis taillés court, qui met à ce fouillis la touche nécessaire de rigueur : en avril, des tulipes de toutes les couleurs s'y élancent en bouquets. Un sentier latéral court jusqu'à un bûcher de bois sec Un alisier, dont les fleurs blanches tombent en juin comme des flocons et qui se couvre à Noël de baies rouges que les oiseaux transis viennent picorer, partage son ombre avec celle d'un lilas pour protéger du soleil la table de jardin et les chaises longues où, autour d'un thé ou d'un verre de blanc, s'engagent les conversations, ponctuées par les carillons rivaux du monastère et de l'église paroissiale. Les nuages passent en courant au-dessus des têtes.

L'été, la maison reste grande ouverte, si bien qu'on ne sait plus si l'on est dedans quand on est dehors ou l'inverse. L'hiver, toutes portes closes, la vie se concentre autour d'une énorme cheminée où des troncs d'un bon mètre font un sabbat de l'autre monde et où le feu ne s'assoupit qu'autour de minuit pour repartir le lendemain au premier fagot. Les maisons de campagne vont bien avec l'amitié. La liberté n'y est pas pour rien : on déjeune un peu à toute heure ; on dîne à plus d'heure du tout. On ne sort que pour de courtes trottes et il faut se forcer pour filer en voiture jusqu'à la côte. On traîne. On discute, on se retrouve d'accord, de petits groupes se forment puis se défont, le silence gagne, la maison est comme vide. Un bruit se lève puis un autre ; et de nouveau la vie. Un coup de fil, une visite imprévue, quelqu'un part, un autre arrive. Le calme succède à tout, ou un peu de musique.

Mais l'heure du dîner se pointe. Tout revit. On remet du bois dans la cheminée : on approche les côtes de bœuf et l'on monte une hollandaise. On brasse deux pieds de salade dans une profonde grésale. La table est dressée à la hâte : chacun prend sa place où il veut. On ouvre les bouteilles de bourgogne pour que le vin s'aère. On fait sauter à part de grosses frites dans de la graisse d'oie. Des sarments de vigne sont jetés sur les braises et, dès qu'elles sont réduites, les côtes par-dessus. En attendant, on grignote, saucisson sec, radis, olives, cornichons. On tire du feu la viande, on la découpe et la sert en tranches fines. On parle, on chante, on rit. On croit voir Puck bondir entre les chaises et raconter comment

Suite plus personnelle du chapitre précédent 105

Niché parfois au fond du bol d'une commère,
Sous l'aspect ressemblant d'une pomme rôtie,
Lorsqu'elle boit, soudain à ses lèvres je colle
Et sur son sein flétri je déverse la bière.
Il arrive parfois au plus grave bas-bleu
Occupée à conter la plus lugubre histoire,
De me prendre indûment pour un siège à trois pieds ;
Je glisse sous son cul, elle choit de son haut
S'écriant « Le tailleur ! » et se met à tousser ;
Et tout le monde alors de se tenir les côtes,
Et de rire et de fondre de joie, et de pouffer,
Jurant qu'on n'a jamais passé si bon moment[27].

    La promenade en forêt, surtout en automne, fait partie des plus vifs plaisirs de la résidence secondaire. Il ne peut s'agir d'une sortie d'un quart d'heure. Une heure et demie, deux heures sont de rigueur pour s'imprégner de la nature et, comme avec le drame wagnérien, pour acquérir dans la durée l'impression que le temps passé à son contact a métamorphosé celui que nous étions au départ en un être nouveau, comme rincé des souillures de la ville. J'emploie la comparaison à dessein parce que la pureté de la vie naturelle et l'impureté de la vie en ville relèvent de distinctions mythologiques et qu'il n'est pas moins nécessaire de démythologiser la nature que la culture[28]. Quant à la cause de cette impression, elle nous vient de ce que le contact direct

---

    27. Shakespeare, *Le Songe d'une nuit d'été*, II, 1. Traduction de l'auteur.
    28. Je préfère le mot de démythologisation à celui de désenchantement quoiqu'il soit infiniment moins beau, parce qu'on peut plus raisonnablement définir ce qu'est un mythe qu'un enchantement. Que persiste-t-il du mythe après la démythologi-

avec la réalité que la vie en ville nous épargne, la vie à la campagne nous y rappelle et, en particulier, dans l'activité élémentaire de la marche en forêt.

Elle se distingue foncièrement de la marche en ville. Toutes les métropoles sont des lieux où les pieds sont à la peine et l'une des premières impressions de New York, ce sont ces foules parallèlement lancées en avant : on est d'en haut comme happé par la vue de ces courants humains dont ce qui frappe n'est pas le désordre mais la cohérence docile de leurs déplacements. La marche en forêt est par définition errante : certes, on part de la maison pour y revenir ; mais que d'écarts entre-temps ! En ville, on sait où l'on va et il n'est pas question de perdre son temps : le plus simple est le mieux. Mais en forêt, on a son temps, le temps même de la plaisance et de la villégiature.

Que les divagations de nos promenades se conforment naturellement à celles de nos pensées, qui en a mieux parlé que Rousseau ? *Toutes les idées étrangères qui me passent par la tête en me promenant,* confesse-t-il dans la première des *Rêveries du promeneur solitaire, trouveront [ici] leur place. Je dirai ce que j'ai pensé tout comme il m'est venu et avec aussi peu de liaison que les idées de la veille en ont d'ordinaire avec celles du lendemain.* Il entreprend ses pérégrinations dans l'état de loisir où le laisse le *désœuvrement de son corps,* état qui correspond assez bien à l'un des plus pal-

---

sation ? Extrait de la gangue où il s'est formé, elle ne le détruit pas : son reliquat peut non seulement continuer à orienter notre vie mais prendre place dans nos discours les plus réfléchis. Il me semble que le mythe ne conserve de valeur positive que dans ce nouvel état hors duquel il nous retient prisonniers des stades les plus confus de nos mentalités.

pables de la villégiature. Il s'en plaint d'ailleurs : son âme est toujours active, et voilà qui fait un contraste pénible ! Son corps et le monde extérieur qu'il en ressentait comme inséparable ne l'intéressent plus : c'est vers lui-même qu'il se tourne, s'offrant en passant le luxe d'un contresens sur Montaigne qui, assure-t-il, *n'écrivait ses Essais que pour les autres, et je n'écris mes rêveries que pour moi*[29].

Aussi, par une de ces contradictions qu'il ne délie que par les sophismes les plus féconds, ne lui reste-t-il plus qu'à partir en promenade – comme si ses pieds ne dépendaient plus de son corps et que les lieux où il dirigeait ses pas l'entraînassent hors du monde ! Il s'en défend en raffinant sur l'idée de promenade dont il prétend, dès le début de la seconde rêverie, qu'elle se déroulerait dans un pays intermédiaire entre le monde et soi, où la liberté des pensées découlerait de la solitude et de la rêverie. Je ne suis pas sûr que la solitude soit essentielle à la promenade si je m'en rapporte à celles que je fais avec mes amis ; mais il est vrai que, même en compagnie, le mouvement propre de nos membres et la négociation personnelle du corps de chacun avec les obstacles qu'il

---

29. L'avis placé en tête des *Essais* semble anodin à un lecteur pressé. *Ainsi*, prévient-il, *je suis moi-même la matière de mon livre : ce n'est pas raison, [lecteur], que tu emploies ton loisir en un sujet si frivole et si vain. Adieu donc.* Et nous voilà congédiés sauf de cet avis, que l'auteur n'a rédigé que pour nous dire de nous en aller ! Le livre qui suit ne s'adresse d'ailleurs qu'à ceux qui l'ont aimé et qui auront plaisir à l'y retrouver après qu'il sera mort. Son projet, « domestique et privé », n'aurait même d'intérêt que dans la mesure où il en exclut tout regard extérieur. Pascal en a dégagé le secret avec son scalpel habituel : *Ce n'est pas dans Montaigne mais dans moi que je trouve tout ce que j'y vois* (*Pensées et opuscules*, éd. Brunschvicg, II, 64).

rencontre sur le chemin, à plus forte raison à travers bois, nous rappellent sans cesse à notre identité, et, concédons-le, à une forme de solitude plus essentielle que celle que nous éprouverions soudain dans un salon. Mais cette solitude reste mitigée, et c'est pourquoi je consens à l'idée d'un pays intermédiaire.

Ces pérégrinations n'ont pas pour autant la circularité irréelle de celles du cloître. Elles vont et viennent sur une aire sédentaire : la terre ferme sous les pas. « Ferme » est d'ailleurs beaucoup dire, car nous ne cessons de nous prendre dans un branchage, de nous enfoncer dans un creux, de buter sur une pierre ou de sauter par-dessus un fourré. Cette élasticité est pour beaucoup dans la détente que nous procure cet exercice. Nous retrouvons des réflexes qui s'étaient engourdis en nous. Les deux que je préfère sont ceux de l'affût et de l'aguet. Nous percevons l'effroi que nous causons aux autres animaux par tous ces bruits de fuite qui précèdent le moindre de nos pas : même les feuilles semblent tomber de peur devant nous. Notre étrangeté d'humain nous saute aux yeux. Nous retrouvons d'instinct, surtout lorsque nous sortons du sentier pour entrer dans le taillis, les gestes du chasseur que nous étions et par lesquels nous cherchons moins à nous avancer qu'à éviter qu'un autre recule. C'est à ce prix insolite que nous observons les animaux sans les déranger, c'est-à-dire sans apporter avec nous le trouble que nous semblons destinés à introduire dans la nature dès que nous y pénétrons.

Il nous revient aussi que nous ne sommes pas moins chassés que chasseurs dès que nous abordons ce monde sans loi que celle du plus fort. Nous sentons se réveiller un sens qui, sans nous avoir quittés tout à fait, s'était singulièrement affadi et qui ne nous était réapparu par éclair que lors

Suite plus personnelle du chapitre précédent 109

de l'une ou l'autre de nos maladies[30] : l'instinct de survie. Ce n'est pas que nous redoutions vraiment de nous retrouver tête à tête avec un ours ou quelque bête sauvage : nous savons bien que nous avons pacifié la nature, ou, pour mieux dire, que nous en avons exterminé nos prédateurs. L'Europe est, à ma connaissance, la seule partie du monde où cette entreprise se soit achevée, et rien n'en dit aussi long sur le gouffre qui continue de la séparer du reste du monde. On pourrait même s'amuser quelque temps avec l'idée qu'elle commence là où le fauve disparaît et s'arrête là où il revient. Quoi qu'il en soit, nous éprouvons physiquement la proximité d'un milieu qui conserve encore une sauvagerie résiduelle. Nous ne voudrions pour rien au monde que celle-ci disparaisse : tout l'intérêt de la promenade en forêt en serait aboli.

Aussi nous enfonçons-nous avec une prudence de chat hors des sentiers battus : des sensations excitées en nous par des sens dont nous avions oublié jusqu'à l'existence – la

---

30. Nous sentons d'instinct, et avec certitude depuis que nos connaissances scientifiques se sont précisées, que toute maladie résulte d'une agression extérieure. D'où le vocabulaire guerrier dont le langage médical et plus encore la psychologie très particulière du malade s'entourent pour la combattre. De ce point de vue, la maladie reste le dernier terrain de notre confrontation directe avec la nature et les microbes les derniers animaux dont nous ne soyons pas venus à bout. Il est vraisemblable que ce combat sera sans fin ou, plus probablement, perdu. La raison en revient à la mutabilité extrême de l'adversaire : il existe un génie des maladies en comparaison duquel le nôtre est lent et maladroit. Même lorsque certaines pathologies semblent venir non de l'extérieur mais de l'intérieur de nous-mêmes, nous avons besoin de les extérioriser, ne serait-ce qu'en leur cherchant des causes, et rien ne stimule mieux les recherches que nous menons pour les vaincre.

capacité de voir dans l'obscurité, celle d'entendre distinctement les bruits, de discerner plusieurs odeurs mêlées et, de nouveau, la progressive substitution de notre instinct à notre raison – modifient peu à peu notre comportement, même si le fantôme de la ville toute proche ne nous abandonne que très paisiblement à ces impressions. Mais que nous soyons surpris par de subites intempéries ou un quelconque accident, elles nous submergent avec toute leur violence mais aussi toute leur expertise. Si la pleine mer et la haute montagne continuent à nous fasciner et qu'il reste si séduisant d'y détenir à leur abord une résidence secondaire, c'est parce qu'on peut encore y expérimenter ces effondrements subits dans la nature la plus torrentielle.

Nous avons entre-temps retrouvé la linéarité rassurante du chemin forestier. Tandis qu'un mutisme progressif s'était installé à mesure que nous nous coulions dans la futaie, les causeries reprennent dès que nous retrouvons la familiarité du sentier. Etions-nous seuls, ce sont nos méditations, lesquelles s'étaient progressivement taries, qui reprennent leur cours ordonné. Le recul de la nature demeure la condition nécessaire à la pensée comme à la sociabilité. Et comme les disgressions ne vous font pas peur, surtout en promenade, je vous confesserai que la naïveté ou plutôt l'aveuglement avec lesquels Heidegger se croit dans la « Nature » parce qu'il se balade en Forêt-Noire m'a toujours beaucoup diverti. S'imaginer que l'être, la notion la plus citadine de la philosophie, puisse apparaître dans une clairière ! Il est un des rares philosophes dont l'emprise n'ait pas été moins littéraire que philosophique. A partir de traductions qui prétendaient reproduire les effets que sa langue était censée avoir en allemand, où elle semblait elle-même traduite d'une langue originelle que les Grecs auraient parlée avant Socrate, il a exercé une influence désastreuse sur la poésie française, dont l'abstraction a toujours été le serpent. Parmi les stéréotypes de ce langage contrefait, il faut déplorer la manie des termes concrets dans un sens abstrait et des termes abstraits dans un sens concret sur la foi de leur étymologie, grecque si possible ; la suppression des articles ou leur contraction sibylline ; l'ontologie burlesque des moindres états d'âme et des faits les plus anodins ; enfin un ton oraculaire proprement insupportable. Un poète n'est plus un poète : il habite en poésie. Henri Meschonnic a joliment fustigé cette brachylogie grandiloquente dont même Mallarmé se serait tordu de rire.

La conversation qu'on tient en musardant ne ressemble pas aux autres. Elle ne ressemble surtout pas à celle qu'on tiendrait en flânant dans la rue : le bruit, le risque d'être renversé, que sais-je encore ? l'hostilité du bitume, lui sont fatals. Les cafés ne semblent d'ailleurs être apparus que lorsque les *embarras* de la rue commençaient à y compromettre les plaisirs de l'entretien. Il en va autrement de ces lieux conçus pour deviser en ville sans cesser de marcher que sont les mails, les allées et les parcs dont nous avons déjà chantonné les vertus littéraires et civilisatrices. La conversation en forêt s'en distingue par les confins, qui font la différence : en forêt, c'est la nature qui les occupe ; en ville, ce sont les hommes. Dans la mesure où ils servent d'arrière-fond et comme de décor à la promenade, ils orientent et, selon leurs modifications, colorent diversement le ton général des propos.

Je ne voudrais pas terminer sans un mot réparateur sur la consolation que nous devons à la marche solitaire en ville, lorsque nous sommes tristes – quoique la marche en bord de mer puisse aussi nous l'accorder : c'est là peut-être la raison ultime pour laquelle nos maisons de campagne ne seront jamais que secondaires et pourquoi, au bout de quelque temps, nous sommes si nostalgiques de la ville que nous serions prêts à tout pour en retrouver le boucan, les néons, la foule. Il faut, pour que la magie opère, une ville suffisamment grande pour ne repasser jamais deux fois par le même endroit, comme sur une plage dont on a l'impression qu'elle peut se prolonger sans jamais se finir.

Le rêve d'une marche à l'infini est la seule consolation et, mieux que la consolation, la seule guérison à l'extrême détresse que nous causent l'amour, la maladie, le deuil. Les villes modernes où toujours un quartier succède à un autre sont en cela des amies attentives. On peut des heures durant y endurer la solitude où nous enferme la douleur sans pour autant nous sentir abandonnés. Au fur et à mesure de notre errance, le poids des sentiments et des pensées qui nous bouleversaient s'allège. Nous retrouvons l'équilibre, non seulement grâce au mouvement régulier de nos pas mais au divertissement sous-jacent que la vie urbaine apporte à notre peine. On blâme volontiers l'anonymat des villes : il y en a pourtant une forme bienveillante où se condense l'un de leurs plus puissants attraits. Mourir seul au fond de la nature sans nulle présence urbaine est pour chacun de nous le cauchemar absolu.

Où j'aime écrire ces essais

> Commençons par dissiper la vieille confusion entre l'amoureux du savoir et l'amoureux de la lecture [...] Un lecteur [...] doit dès le début mettre un frein à son désir d'apprendre [... au] risque d'anéantir cette passion toute lettrée pour la lecture pure et désintéressée.
>
> Viginia Woolf, *L'écrivain et la vie et autres essais* [extraits de *Collected essays*], trad. et préfacé par E. Argaud, « Rivages Poche. Petite bibliothèque », Paris, Payot et Rivages, 2008, p. 71 s.

J'AURAIS PU intituler ces volumes d'essais « Mes songes que voicy » si André Maurois, qu'on ne lit hélas ! plus guère, n'avait déjà pris ce titre à Montaigne (*Essais*, III, 3) pour un charmant recueil de réflexions désordonnées, me soufflant, il y a maintenant bien longtemps, l'idée d'un genre littéraire que j'essaie de réacclimater dans notre langue[31]. Comme le Bordelais à la vue des membres de sa maison, ce n'est pas lorsque je suis totalement seul que j'écris le mieux. Je ne le peux pas non plus, et même pas du tout, s'il y a quelqu'un dans la pièce. Ecrire en public m'est une chose impensable. La présence d'autrui ne nuit pas seulement à ma concentration : elle nuit à cette intimité dont nous avons déjà caressé l'idée que son invention

---

31. André Maurois, *Mes songes que voici*, Paris, Grasset, 1933.

pouvait coïncider avec celle de la sensibilité littéraire. Mais l'intimité n'est pas la solitude : elle vit de l'amour des êtres qui nous sont chers et qui la peuplent, l'animent, l'ennoblissent, la justifient. Leur proximité, par de menus signes qui s'insinuent à travers l'ouïe, l'odorat et la simple conscience de leur présence, crée les conditions idéales du loisir studieux. On ne se retire au fond de soi que depuis un cercle amical où l'on sait que l'on rentrera dès qu'on en aura fini ou dès qu'on en aura assez, comme si on ne l'avait jamais quitté.

On a trop oublié à quel point la littérature était, dans son origine comme dans sa destination, indivisible de l'amitié. N'écrire que pour soi est, à mon sentiment, une imposture ou un échec. Les rédacteurs de journaux intimes ont été démasqués : ils n'écartent jamais de leur esprit l'éventualité d'une publication, comme si le peuple des lecteurs était inséparable de celui des écrivains. Certes, leur commerce est plus ou moins étroit suivant les époques. Les écrivains d'aujourd'hui communiquent peu entre eux ; plus rarement encore se donnent-ils des conseils, je ne dis rien des corrections. Les éditeurs, sous le prétexte stérile de l'autonomie du créateur et de la spontanéité de la création, ne retouchent rien à leurs auteurs quand ils ont du talent, quitte à louer les services d'un nègre quand ils n'en ont point. Les lettres ne sont plus une ouverture mais une prison.

La sociabilité de l'activité littéraire se manifeste encore en moi par les lieux où je la pratique avec plaisir et facilité. Ce n'est pas à la campagne que je suis le mieux pour cela : mon attention est trop continûment distraite par le spectacle de la nature, la succession des tâches domestiques ou horticoles, les visites. La lecture est plutôt pour la campagne, l'écriture pour la ville où je profite mieux des équipements grâce auxquels je peux consacrer le meilleur de mon temps au superflu littéraire, ne cédant au nécessaire que le reste. Car contrairement à l'opinion des gens qui ne connaissent la campagne que par ouï-dire, il n'est pas facile d'y mener une vie studieuse. Il y a toujours une chose urgente à faire : consolider une gouttière, arracher de mauvaises herbes, arroser une plate-bande, s'en aller, souvent loin, pour une course insignifiante, commander du bois, appeler un plombier, remettre une bûche, repeindre un portail. Le loisir des champs était indissociable d'une domesticité nombreuse. Les appareils ménagers qui mettent tous les jours une vingtaine d'esclaves électriques à notre service ne comblent nos besoins que dans l'enceinte resserrée d'un appartement citadin, soutenus par une vingtaine d'auxiliaires déguisés en équipements collectifs.

Ecrire exige trop d'attention et dispense trop de joies pour se voir sans cesse interrompu. Seule la vie en ville nous promet trois ou quatre heures d'affilée sans être dérangé. Même dans ces conditions idéales, il n'est pas facile de s'assurer la continuité d'esprit nécessaire à l'élaboration d'un texte à peu près suivi. Les reprises lui sont presque toujours fatales : on ne retrouve jamais entièrement le fil qu'on avait laissé ; on ne le renoue qu'à peu près. Quant à l'ambition d'une cohérence globale, la vie moderne l'a rendue tellement illusoire que tout nouveau système de pensée est devenu hautement improbable. Du bout de ma lunette, je ne crois plus qu'aux cohérences régionales, et voilà qui élucide un peu la forme de ces essais. Je garde la conviction qu'on peut les relier ensemble et que ceux qui paraissent se contredire peuvent se concilier. Mais cet acte de foi, pour être vérifié, demanderait des soins dont ni moi ni plus grand monde n'a le temps ou l'opportunité.

L'attention que je leur consens est bien assez comme cela. Ils se forment dans ma tête sur un jour, quelquefois sur plusieurs, quelquefois sur des mois : je peux être des heures à y vaquer en faisant autre chose mais une chose assez machinale pour ne pas déranger ma rêverie. C'est l'un des deux moyens dont je me sers pour leur donner une texture dont les coutures ne soient pas trop apparentes ; l'autre est de les lire à haute voix. Une mémoire exercée facilite beaucoup ces efforts de récollection. Tant pis pour moi : j'ai quelquefois l'air distrait ou de marmonner dans mon coin.

Je ne consacre vraiment le temps de l'écriture qu'à la mise en forme. Il serait éreintant d'effectuer de tête ce travail de style. Ce serait, pour le coup, un exercice trop abstrait : le ton que l'on adopte, la sélection des mots, leur assortiment dans la phrase, et de celle-ci les contours, les sonorités, sa place parmi les autres ont besoin du contact direct de la matière, que ce soit le papier, l'encre, l'écran, le clavier ou tout autre réceptacle de nos pensées et de nos sentiments. Ils ne prennent corps que dans l'improvisation : toute préparation excessive les fige. Je relis néanmoins beaucoup : je vérifie moins le sens que le son parce que, si le sens est fixé de longue date, le son définitif ne l'est qu'au dernier moment. La stabilité du premier ne doit pas se laisser distordre par la plasticité de l'autre. Je ne touche au sens que pour le desserrer ou pour le clarifier : les essais, où il faut raisonner un peu, ne doivent être démonstratifs qu'à la manière d'un jeu.

La suppression des conjonctions et des mots de liaison est pour beaucoup dans cet allègement. Dire successivement la même chose de deux façons différentes n'est pas non plus un mauvais procédé : je ne m'adresse pas à ceux qui ont des montres mais à ceux qui ont du temps. Je démonte aussi quantité de petits échafaudages, adverbes, adjectifs, ponctuation dont j'ai besoin pour donner vie ou tenue au propos mais qui s'avèrent à la relecture n'être nécessaires que pour moi et parfaitement inutiles pour autrui. Rien ne me remplit de confusion comme de m'apercevoir d'une imprécision là où j'avais cru énoncer une évidence. J'exige la même chose des livres que je lis et souffre pour leur auteur lorsque je constate que, par négligence, il énonce plusieurs choses dont il n'avait aucunement l'intention. Je n'ai pas grande opinion de qui fait une esthétique de ces défaillances. L'impropriété n'est tolérable que dans la poésie, à condition d'y produire l'effet d'une bombe ou d'une aurore.

On se lasse de tout, même d'écrire. Gide annonçait qu'il mourrait si on l'en empêchait, Valéry qu'il se tuerait si on l'y forçait : un article de plus où je le suis sans hésiter. Je plains les écrivains pour qui c'est un *travail*. Gare à qui croirait m'adresser un compliment en appliquant ce mot à ce livre même adouci d'une épithète flatteuse ! Je n'y ai pris que du plaisir, et celui-ci se compte en heures et en heures. Qui consentirait à en passer autant à n'avoir que de la peine ou du dégoût ? La contention n'en génère pas moins la fatigue dans l'esprit le mieux disposé en faveur des lettres : leur assemblage finit par générer l'ennui ; la solitude sécrète une sourde anxiété dont nous savons par la proximité de notre entourage que nous pouvons la chasser par un brin de causette au bord d'une tasse de thé. Cinq minutes dans le square en compagnie des oiseaux font le même effet. On peut enfin passer dans la bibliothèque, où un autre entourage nous attend pour nous distraire et nous rasséréner : quand je suis las d'écrire je lis, et la lecture me redonne l'envie d'écrire.

Louanges pondérées
du roman policier

> Le grand veneur s'adressa à Zadig, et lui demanda s'il n'avait point vu le cheval du roi. « C'est, répondit Zadig, le cheval qui galope le mieux ; il a cinq pieds de haut, le sabot fort petit ; il porte une queue de trois pieds et demi de long ; les bossettes de son mors sont d'or à vingt-trois carats ; ses fers sont d'argent à onze deniers. — Quel chemin a-t-il pris ? Où est-il ? demanda le grand veneur. — Je ne l'ai point vu, répondit Zadig, et je n'en ai jamais entendu parler. »
>
> Voltaire, *Zadig*, « Le chien et le cheval ».

De toutes les métamorphoses du roman contemporain, le roman policier est l'une des moins repoussantes. Ses règles sont encore plus impitoyables que celles de la tragédie racinienne. S'inspirant de Chesterton, Borges en a relevé six dans un essai aussi complet que lapidaire[32]. On peut sans l'offenser les réduire à quatre : limiter sévèrement le nombre des suspects sous peine d'inextricables combinaisons ; exposer au plus vite tous les éléments de l'intrigue ; la dérouler dans le plus profond mystère et

---

32. *Œuvres complètes I*, « Chesterton et les labyrinthes policiers », éd. et trad. par J.-P. Bernès, « Bibliothèque de la Pléiade », Paris, Gallimard, 1993, p. 936 s.

la dénouer dans la clarté la plus cristalline ; donner la primauté au comment sur le qui. Les barbes postiches ou les accents italiens, les sosies, les vagabonds de dernière heure, les indices recueillis dans le dos du lecteur, l'hypnose et la télépathie tout comme les magnétophones retrouvés qui trahissent les confessions de l'assassin et autres stratagèmes technico-scientifiques sont absolument proscrits. Règle ultime : situer l'histoire dans un milieu sans histoire, qui contraste agréablement avec la monstruosité du forfait. Rien d'étonnant à ce que l'Angleterre victorienne ait vu s'épanouir le genre avec une perfection déroutante.

Roger Caillois a bien essayé, aux termes d'une argumentation cocardière, d'en situer l'origine en France. Borges tord le cou à cette hypothèse bizarre. *Caillois*, écrit-il, *essaie de faire dériver le roman policier d'une circonstance concrète, à savoir les espions anonymes de Fouché, cette horrible idée de mouchards déguisés ayant le don d'ubiquité. Il mentionne le roman de Balzac,* Une ténébreuse affaire, *et les feuilletons de Gaboriau. Il ajoute :* « *Peu importe la chronologie exacte.* » *Si la chronologie exacte importait, il ne serait pas illégitime de rappeler qu*'Une ténébreuse affaire *[...] date de 1841, c'est-à-dire de l'année où parut* The Murders in the Rue Morgue, *parfait spécimen du genre. Pour ce qui est du « précurseur » Gaboriau, son premier roman,* L'affaire Lerouge, *est de 1863...* Et Borges de conclure sur ce lancer de fléchettes : *La conjecture de Caillois n'est pas erronée, je prétends tout simplement qu'elle est inepte et invérifiable.*

Le goût alors nouveau pour le confort doit plus vraisemblablement en être tenu pour responsable. La sécurisation progressive des villes, conséquence automatique d'un meilleur éclairage, a compliqué le travail des criminels mais l'a aussi rendu plus galvanisant. Le désarmement progressif des individus et l'éradication de la justice privée sont deux autres facteurs de la fascination exercée par le roman policier sur des lecteurs, retraités paisibles ou vieilles demoiselles inoffensives, qui, chaudement calés sous l'aile de la société, s'émerveillent des pouvoirs et de la variété des instruments du crime, un peu comme de ces curiosités dénichées dans un magasin d'antiquités dont on se demande à quoi diantre elles pouvaient bien servir. Il prospère en Grande-Bretagne, un peu moins en France, deux des nations pourtant les plus sûres du monde. Ce frisson est redoublé par le succès grandissant de l'homicide, fatidiquement corrélé à une urbanisation galopante[33].

Parmi ses victimes, non pas plus nombreuses mais plus vulnérables, les femmes, qui, dans la Grande-Bretagne du dix-neuvième siècle, accèdent en masse à l'éducation scolaire, font peu à peu du genre une de leurs confiseries préférées. Qui pourrait d'ailleurs imaginer le roman policier en dehors de sociétés instruites où les individus ont, dès l'enfance, été dressés à la logique occidentale ? Ils n'en ont pas pour autant perdu le goût du surnaturel et sont enchantés de le retrouver sous la forme sécularisée du mystère policier, dont ils n'attendent qu'avec plus de rigueur que son éclaircissement suive les plus élémentaires conséquences du principe d'identité. C'est pour cette raison que les poisons de toute sorte y connaissent une fortune brillante : la mort dont ils sont cause s'entoure des apparences les plus inexplicables ; une fois élucidées, celles-ci se réduisent aux données irréfutables d'une formule chimique.

---

33. Adolphe Quételet, l'un des fondateurs de la statistique sociale, recense, en 1829, 231 meurtres en France pour trente millions d'habitants (*Recherches sur le penchant au crime aux différens âges*, 2ᵉ éd., Bruxelles, M. Hayez, 1833, p. 79) : il s'en est commis 980 en 2006 pour soixante-deux millions.

Ni dans la réalité ni dans la fiction, les détectives professionnels ou amateurs chargés de conduire l'intrigue et de la dénouer ne sont des scientifiques. Leur méthode est critique. C'est celle dont le philologue se sert pour tenter de reconstituer, à partir des lettres fragmentaires d'un manuscrit, le mot ou la phrase qui lui manquent. C'est en suivant les règles de l'historien dont l'établissement d'une fine chronologie est l'avant-poste incontournable qu'ils organisent les indices apportés par l'enquête. Confrontés à de multiples falsifications, ils mobilisent, cette fois-ci comme un conservateur ou un expert en art, toutes les techniques aptes à les leur dévoiler. Enfin, les phénomènes qu'ils rencontrent s'insèrent dans des systèmes logiques dont la consécution des faits n'est pas dominée par la causalité mais par la finalité, que leurs collègues scientifiques ont renoncé depuis beau temps à chercher dans la nature mais qui sont indissociables des affaires humaines.

Les fausses pistes sont évidemment l'une des épices les plus relevées du genre. La raison en revient en partie à ce que l'enquête policière est un reliquat du plaisir de la chasse, dont la pratique en ville eût été laborieuse et qui s'y trouve ainsi subrepticement ranimée. Les rues, les places, les voies souterraines, les gares, les carrefours, les terrains vagues entretiennent des analogies criantes avec les complications topographiques des champs, des halliers, des guérets, des buissons, des taillis et des friches. La ville n'est pas le cadre exclusif du roman policier. La bourgade, si accueillante aux rumeurs et aux cachotteries, lui convient presque mieux. Dans un cas comme dans l'autre, l'étau peut lentement se resserrer autour des quelques suspects avant de se refermer sur l'un d'eux non sans que l'attention du lecteur se soit, entre-temps, délicieusement égarée.

Ce confinement donne lieu, dans les instants qui précèdent le meurtre et tout au long de l'enquête, à des descriptions d'intérieur dignes des meilleurs peintres de genre. Les auteurs de roman policier ne sont, comme les réalisateurs de ces tableautins, que des artistes mineurs, parfois schématiques, mais supérieurement *évocateurs*. Agatha Christie et Georges Simenon ne nous font grâce d'aucune minutie dans la dissection du cadre de leur intrigue : on les en excuse d'abord par crainte que ne s'y cache un indice majeur ; on finit par se laisser prendre à l'atmosphère qui s'en dégage, de sorte que, lorsque l'intrigue se résout, nous sommes devenus plus indulgents sur les moyens, parfois décevants, dont les criminels se sont servis pour parvenir à leurs fins. Simenon en vient même à faire du roman policier l'évocation exclusive d'un milieu et en oublie presque la recherche du coupable.

Les dialogues occupent dans ce dispositif des emplacements calculés. Le moindre mot sert à orienter les soupçons dans un sens équivoque. L'ironie est ici d'une efficacité décourageante parce que, sous chacun d'eux, elle est capable d'en glisser trois ou quatre. Le style littéraire britannique s'y roule comme dans l'herbe. Sa finalité esthétique dépendant presque entièrement de l'argumentation, l'usage presque exclusif de celle-ci dans les dialogues ne risque pas de donner aux personnages une consistance psychologique disproportionnée par rapport au reste de l'histoire. C'est sans doute pourquoi les Français ou les Belges, dont la dialectique ne tarde jamais à se retourner contre le cœur humain, ne sont pas tout à fait parvenus à laisser émerger cette indifférence glacée pour toute autre chose que l'intrigue à laquelle se reconnaissent les chefs-d'œuvre du genre.

L'enquête policière est, disions-nous, volontiers cynégétique. Traces, traque, piège, souricière, coup de filet, proie, prédateur, sans oublier la « chasse à l'homme » où l'orgueilleuse espèce est ravalée à ses arcanes animales, y sont chose commune. Le suspens policier doit beaucoup à l'affût : le même battement de cœur y tient le chasseur et le lecteur en haleine. Mais contrairement à la chasse, ses diverses formes ne se tirent pas de la nature du gibier mais des coordonnées de sa position. Agatha Christie les a exploitées à peu près toutes avec une maîtrise retorse : cas où tous les suspects sont les assassins, cas où ce n'en est aucun, cas où c'est le narrateur, cas où c'est l'enquêteur, cas où les victimes sont les suspects sauf le dernier, nécessairement coupable. Par tempérament, je goûte avec un plaisir glouton les romans policiers qui m'offrent une intrigue et un dénouement à la cruauté logique implacable mais dont les péripéties se déroulent dans un milieu d'une affabilité au-dessus de tout soupçon.

Ce qui me gâte ce genre de littérature, comme les romans d'aventure et, en général, toute littérature dont le but n'est que de me désœuvrer, c'est sa charmante, sa pernicieuse inanité. Celle-ci prend bien soin de ne pas se montrer lors d'une première lecture. Elle se révèle pour ce qu'elle est dans les circonstances majeures de la vie, où, ne nous étant ni complice ni secourable, elle nous abandonne en rase campagne – comme ces chansonnettes qui, après la perte d'un être cher, nous laissent les yeux secs tandis que *Tristan* nous chavire le cœur.

Stevenson, le meilleur avocat de cette littérature, en attend une seule chose : qu'elle nous redonne dans l'âge adulte le plaisir que les livres d'enfant nous donnaient lorsque nous nous demandions palpitants si le loup allait croquer le petit Poucet, si d'Artagnan allait sauver Constance Bonacieux et même si Jim et ses amis découvriraient le trésor du capitaine Flint. J'aime aussi *qu'une histoire commence dans une vieille auberge en bord de route, où vers la fin de l'an*

17... *plusieurs gentilshommes coiffés de tricornes jouent aux boules*[34]. Mais je lui préfère cent fois : [*Le peuple*] *gronda sur l'édit du tarif ; et aussitôt qu'il eût seulement murmuré, tout le monde s'éveilla. L'on chercha en s'éveillant, comme à tâtons, les lois : on ne les trouva plus, l'on s'effara, l'on cria, on se les demanda ; et dans cette agitation les questions que leurs explications firent naître, d'obscures qu'elles étaient et vénérables par leurs obscurités, devinrent problématiques ; et, de là, à l'égard de la moitié du monde, odieuses. Le peuple entra dans le sanctuaire : il leva le voile qui doit toujours couvrir tout ce que l'on peut dire, tout ce que l'on peut croire du droit des peuples et de celui des rois, qui ne s'accordent jamais si bien ensemble que dans le silence. La salle du Palais profana ces mystères. Venons aux faits*[35]...

La relecture me semble bien le seul révélateur de ces substances frelatées : il faut que vienne un moment où nous éprouvions le besoin vital de reprendre ce que nous avons aimé. Evidemment, elle n'a de sens que pour ceux qui, même dans les pires conditions, éprouvent toujours le besoin de lire. Quant aux autres, pour lesquels les livres n'ont jamais été grand-chose, ils peuvent s'en tenir à cette sorte de littérature qui, le reste du temps, ne leur sert qu'à le tuer.

---

34 Robert Louis Stevenson, *Essais sur l'art de la fiction*, éd. par M. Le Bris, trad. de F.-M. Watkins et M. Le Bris, « Petite bibliothèque Payot », Paris, Payot, 1992, p. 205.
35. Cardinal de Retz, *Mémoires*, deuxième partie.

Deux ou trois choses sur la peinture et une ou deux sur l'art contemporain

> Dites au roi : la belle demeure a croulé, Phoibos a perdu son foyer, son laurier prophétique et sa source chantante.
>
> Dernier oracle de la Pythie de Delphes à Julien l'Apostat.

Il est beaucoup plus malaisé de dire ce qui nous touche dans une toile que dans un poème ou une *aria*. Nous sommes admiratifs, plus rarement émus. Il nous est, pour cette raison, plus facile d'universaliser ce que nous ressentons. Voilà peut-être pourquoi la peinture est de tous les arts le plus populaire : on suppose d'ordinaire que c'est parce que la vue est le premier des sens ; c'est à mon avis parce que l'admiration est un sentiment et que nos sentiments sont plus objectifs que nos émotions, lesquelles dépendent tellement de chacun d'entre nous que ce qui émeut l'un peut parfaitement laisser l'autre indifférent.

Il n'est pas vain de distinguer entre les deux. Dans les sentiments, la réalité des objets qui font impression sur nous dépasse les effets qu'ils y produisent. C'est par là qu'ils ont quelque chose d'objectif et il ne nous est pas trop difficile de les partager avec autrui, à condition de parler le même langage et qu'il s'agisse des mêmes objets. En ce sens, le critère de Kant selon lequel notre sentiment du beau doit être désintéressé pour être authentique, même s'il ne constitue qu'un des moments de son analyse, est terriblement abstrait[36] : pourquoi cet objet de notre désintérêt ne pourrait-il être *aussi* celui de notre intérêt ? Et l'existence séculaire des marchés d'art ne dément-elle pas cette conclusion trop générale ?

Nos émotions n'ont pas ce caractère : leurs effets en nous submergent rapidement les objets extérieurs qui les suscitent et qui, plutôt que d'en être les causes, en deviennent les occasions. Elles sont, pour le coup, désintéressées ou plutôt rien ne les intéresse qu'elles-mêmes. Notre histoire personnelle entre pour beaucoup dans cette particularité. Ce qui à tel moment nous émeut pour la première fois dans une œuvre d'art ne nous aurait pas ému à tel autre, non de son fait mais du nôtre. Aussi l'impression qu'elle laisse en nous, si elle n'est pas plus intense que lorsque nous nous contentions de l'admirer, de la comprendre ou de nous y complaire, est-elle ineffaçable : les œuvres qui nous ont émus un jour, reproduisent en nous la même émotion tous les autres.

Je sais deux circonstances où la peinture m'émeut au point d'en avoir les larmes aux yeux. Dans la première, elle agit sur moi comme un choc. Un séisme intérieur m'ébranle des talons jusqu'à la racine des cheveux à l'apparition de la grande *Crucifixion* du Tintoret qu'on peut voir à la Scuola grande di San Rocco à Venise. On y accède déjà profondément perturbé par deux niveaux de toiles plus intenses et plus spectaculaires les unes que les autres, les nerfs assez éprouvés pour se trouver sans défense lorsque la

---

36. *Critique de la faculté de juger*, traduction [de l'allemand] par A. Philonenko, « Bibliothèque des textes philosophiques », Paris, Vrin, 1968, p. 50 s.

vision surgit. L'emplacement du tableau, qui occupe l'immense panneau central d'une salle pourtant un peu moins imposante que les autres, contribue majestueusement à cet effet de foudre, lequel n'a pourtant rien d'*artificiel* tant le sérieux du sujet comme de sa réalisation s'impose instantanément.

Chaque fois que j'ai analysé la nature de telles impressions, il m'a fallu constater qu'elles ne provenaient pas d'un effet causé par la couleur ni par telle ou telle forme mais par la composition, et, dans la composition, par un effet de mouvement issu de masses intrinsèquement inertes. Il me semble, peut-être à tort, que le principal défi de la peinture occidentale fut toujours de conjurer l'inertie de la représentation par l'illusion du déplacement[37]. Les moyens imaginés par le Tintoret pour la produire dans cette *Crucifixion* sont tout à fait prodigieux parce qu'on reçoit le choc de la toile comme un tout immobile et, simultanément, comme une multiplicité en mouvement : aucun personnage, aucun groupe de personnages, presque aucun objet n'y sont captés au repos mais dans le cours de quelque action. Le Christ lui-même bascule vers le spectateur comme si, dans un embrassement vertigineux, il

---

37. La *nature morte* y fait exception. Non pas celles du seizième ni surtout du dix-septième siècle autour desquelles l'idée de vanité qui rôde leur insuffle un mouvement au moins spirituel, mais celles de Chardin, qui, pour la première fois séculières, ne bougent plus. L'art abstrait du vingtième siècle, art souvent immobile, lui doit beaucoup. L'art d'aujourd'hui, celui de Tinguely par exemple, mais aussi la plupart des installations contemporaines, peuvent se regarder comme des natures mortes qui tentent de reconquérir le mouvement. *La Fontaine* de Duchamp est elle-même une nature morte, c'est-à-dire un objet dont c'est la mort à sa vie antérieure qui lui en donne une nouvelle dans l'art.

s'apprêtait à refermer sur lui le monde entier. La stupéfaction naît autant de la réussite de l'ensemble que de ce qu'elle soit possible.

Il n'est pas indispensable de croire en Dieu pour être sensible à la sacralité du tableau. J'ai plusieurs fois soutenu dans la suite de ces essais que les croyants étaient souvent ceux qui se faisaient de Dieu l'idée la plus inexacte, et c'est peut-être le moment de soutenir que ce ne sont pas non plus toujours ceux dont le cœur en est le plus proche. Aussi chacun est-il libre de se laisser emporter par le dynamisme contemplatif du tableau et, surtout s'il n'est pas croyant, de saisir à la source l'énergie spirituelle qui traverse les artistes vénitiens du temps : il ne vous est pas impossible d'en recevoir quelques éclats ni de vous y réchauffer même si le foyer n'en est plus le vôtre. Si le spectateur est croyant, les choses n'en seront pas simplifiées pour autant : la sensibilité religieuse de la Venise d'alors, spécialement du Tintoret est tellement empreinte de la grandeur de Dieu que ceux qui aujourd'hui s'en sont presque fait un copain, risquent fort de ne pas le reconnaître dans cette représentation démesurée.

Je sais à quelle esthétique, à quelles techniques aussi, un peintre recourt pour produire cet effet. D'autres œuvres du même artiste ou d'autres artistes du même courant pictural nous les ont souvent rendues familières, tandis que de merveilleux historiens nous les ont déchiffrées. Le choc vient de ce que, le sachant, on en soit encore frappé comme d'un spectacle surnaturel dont nous ne puissions repousser la réalité. Une fois l'émotion surmontée, il sera temps de revenir à l'examen des moyens. Un amour de l'art qui s'arrêterait à l'émotion en percevrait peut-être assez pour ce qu'on est en droit d'attendre de l'art : il n'en percevrait pas assez pour ce qu'on est en droit d'attendre de l'humanité. Mais ce moment unique mérite de rester un peu en suspens : c'est dans cet état qui, pour ma part, me laisse tout à fait vulnérable que mes yeux se mouillent de larmes.

L'autre circonstance se produit moins souvent dans la peinture que dans la musique ou la littérature, et dans le reste de la littérature que dans la poésie – comme si la poésie était à la littérature ce que la littérature est à la réalité. Dans la circonstance dont il s'agit, c'est la lente imprégnation de la toile dans ma mémoire qui, à l'occasion d'une nouvelle visite, réveille mon émotion. Si celle-ci est presque toujours plus vive que lors du premier choc, c'est parce qu'elle ne se contente pas de le renouveler en revenant à sa source : elle jaillit de la source commune de la toile et de ma propre existence dont les liens se sont tissés tout le temps où je ne la voyais pas et où elle participait confusément à ma propre transformation. Ce n'est d'ailleurs pas uniquement lors d'un nouveau contact que cette émotion me saisit : un événement de ma vie lié à l'œuvre ou à la toile, que ce lien soit conscient ou qu'il se soit établi en moi de manière souterraine, peut tout aussi bien la faire apparaître et m'inspirer le désir impérieux de la revoir. Je ressens alors le besoin violent de me rendre sur le lieu où elle m'attend. Si j'en suis dans l'impossibilité, je me jette sur une bonne reproduction, enrichie, s'il se peut, de commentaires infinis. C'est un peu la façon dont Stendhal a relié quelques-uns des épisodes les plus émouvants de sa vie amoureuse et de celle de ses personnages à des toiles du Corrège longuement vues et rêvées. Proust a condensé, dans la mort de Bergotte, les impressions qu'il devait lui-même à de telles expériences et que la *Vue de Delft* de Vermeer, admirée jadis lors d'un voyage en Hollande et revue récemment dans une exposition parisienne, venait de ranimer en lui.

L'émotion produite alors épouse tous les aspects de l'émotion musicale. Seule en effet la musique porte à ce degré l'expérience fusionnelle de l'œuvre et de l'existence. Les lieds de Schubert, Schumann, Wolf, Richard Strauss, Berg, quelques rares mélodies de Duparc, Chausson, Moussorgsky, Tchaikovsky, Poulenc sont investis de cet étrange pouvoir. Je ne peux entendre *Auf dem Wasser zu singen* sans que ma gorge se serre : je sais pourquoi et ne le dirai pas. Le *Voyage d'hiver* m'est plus intérieur que le plus intérieur de moi-même par tout ce qui s'y trouve de ce que j'ai vécu comme de ce que je ne vivrai heureusement jamais. Il m'ouvre l'immense univers des émotions qui n'attendent qu'un signe pour s'exprimer et dont l'art nous épargne la douleur de les vivre ou de les revivre. L'idée que de telles œuvres puissent n'être qu'un objet de savoir, une impression passagère ou l'occasion d'une manifestation de snobisme suffirait à me rendre misanthrope : elles sont la vie – l'essence de la vie.

Une telle intensité rend moins surprenante l'existence des émotions factices. Dans le moment où l'objet réel de notre émotion est submergé par celle qu'il nous cause, il est presque banal que nous nous trompions sur lui. Il a existé, de tout temps, des œuvres sans nulle valeur qui produisaient sur le public des émotions esthétiques égales en intensité à celles dont seuls les plus grands chefs-d'œuvre sont dignes. C'est là peut-être la définition la plus exacte du *kitsch*, cette forme singulière d'esthétique où la complaisance de l'artiste pour son œuvre et du public pour les émotions que celle-ci lui cause forment un monde en soi, qui est sans conteste un des contraires de l'art : c'est en tout cas le seul goût que l'humour empire. Que le *kitsch* ait envahi la presque totalité de l'esthétique actuelle, qu'il soit même le point principal de contact entre l'art contemporain et la culture populaire, démontre à quel point nous avons définitivement quitté les rivages anciens.

Comme vous vous en êtes aperçue, je suis très réticent à condamner les œuvres ou les courants dont, en leur temps, le succès n'a pas fait l'ombre d'un doute et que la postérité ravale avec mépris. Les œuvres sont faites pour les vivants, non pour les morts ou ces morts très particuliers que sont les gens à venir. C'est pourquoi je serais tenté de conclure, avec Proust, que la plupart de ces nullités captieuses, dont la culture contemporaine est exceptionnellement riche, relèvent davantage de *l'histoire sentimentale des sociétés* que de l'histoire de l'art et de la littérature. A ce stade, l'émotion n'a plus besoin d'aucun support : elle devient à elle-même son seul et unique objet. Elle ne peut même plus être qualifiée d'émotion puisque plus rien d'extérieur ne la meut.

Elle n'en est pas moins excessivement émotive : comme rien ne la retient, elle se dilate sans limites. Elle est curieusement beaucoup plus collective, ce qui n'est pas non plus sans explication : ne subissant nulle contrainte, elle est fermée à la critique et béante au consensus. Deux penseurs du romantisme avaient prophétisé cette calamité de *l'art à venir*, Schiller en opposant poésie naïve et sentimentale, Hegel en se moquant des « belles âmes » qui s'en éprennent ; et quoique Nietzsche se soit scandaleusement trompé de cible, il en avait décrit les symptômes dans la musique de Wagner telle qu'elle avait fini par lui apparaître. Theodor Adorno en a encore durci la satire. Dans son style impossible[38], il a fort bien circonscrit les *deux pôles de désesthétisation* en cours : *On considère d'une part l'œuvre d'art comme le véhicule de la psychologie du spectateur, d'autre part elle devient*

---

38. *Théorie esthétique*, trad. de l'allemand par M. Jimenez, « Esthétique », Paris, Klincksieck, 1995. La version française n'arrange rien. Où est le temps où l'on traduisait en français les philosophes allemands pour que le reste de l'Europe, à commencer par les Allemands, puisse les lire ?

chose parmi les choses[39]. En un mot, elle est en même temps fantasme et marchandise : elle l'a toujours été ; mais elle n'est plus que cela. Les beaux objets étant plus rares que les bons sentiments, la massification des émotions nous conduit tranquillement au point où l'irréalité de l'émotion fait disparaître la réalité même de l'art.

Je ne suis pourtant pas de ceux qui dirigent l'art contemporain vers l'abattoir et versent du poison dans le café des plasticiens. Comme tous les criminels, il a de terribles circonstances atténuantes. On le juge d'abord sur des critères qui ne sont plus les siens. L'art contemporain apparaît et disparaît hors de l'histoire de l'art. Il ne s'inscrit dans aucune continuité. L'industrie de la nouveauté est son seul et ultime horizon. Sa radicalité serait ternie par le soupçon d'une tradition comme d'une postérité. Carl Schorske, historien explosif et nostalgique de l'admirable Vienne fin de siècle, a conclu là-dessus en deux mots : *Architecture moderne, musique moderne, philosophie moderne, science moderne se définissent non pas hors du passé ni contre lui, mais simplement indépendamment de lui*[40]. Hegel avait correctement prédit la mort de l'art ; il n'avait jamais dit qu'elle ne serait pas suivie d'autre chose.

Les tentatives pour découvrir dans le passé les origines de ce cataclysme sont condamnées à l'absurdité et à l'échec. Le cadre conceptuel de l'art d'autrefois est si cruellement inapte à justifier l'art contemporain que c'est dans le cadre conceptuel de l'art contemporain qu'on en vient à justifier l'art d'autrefois. Ce stratagème pour sauver la fiction d'une histoire unifiée est non seulement impuissant à nous rapprocher du premier : il nous éloigne du

---

39. *Ibid.*, p. 37.
40. Carl Schorske, *Vienne fin de siècle : politique et culture*, traduit de l'américain par Y. Thoraval, Paris, Seuil, 1983, p. 9.

second. Une autre tentative, beaucoup plus amusante, recourt à un vieux procédé mathématique : on change les prémisses du problème dont on n'arrive pas à trouver la solution. La meilleure expression s'en trouve dans l'assertion selon laquelle *le concept d'un art sans définition est devenu le point central de sa définition*[41]. Je n'ai même pas la force de contredire ce nihilisme méthodique qui débouche naturellement sur un relativisme irréfutable. Je le pourrais pourtant si je n'étais pas plus sûr de vous ennuyer que de la force de ses arguments !

Le débat sur l'art contemporain se concentre plus sérieusement sur sa valeur, laquelle ne dépend plus que de cette forme très singulière de mode que sanctionne le verdict d'une spéculation méthodique[42]. Comme pour n'importe quel produit financier, l'augmentation des prix est à l'origine d'une création de richesse qui attire les spéculateurs sur son marché. Il n'y malheureusement aucune raison de supposer la moindre corrélation entre la valeur spéculative et la valeur artistique des œuvres. Une telle situation conduit naturellement à des absurdités manifestes. Il n'est pas vraisemblable que la cote de Cy Twombly ou de Jeff Koons ravale celle de Mantegna ou du Caravage. Cette prééminence

---

41. Yves Michaud, *Critères esthétiques et jugement de goût*, « Pluriel », Paris, Hachette littératures, [2005] (1999), p. 28 s.

42. La mode, qui partage son étymologie avec la modernité, en est à la fois l'essence et le moteur. Il est probablement plus judicieux de dater le début des temps modernes par son apparition que par l'invention de l'imprimerie, la chute de Constantinople ou la découverte des Amériques, c'est-à-dire du moment où chaque génération voit apparaître un nouveau costume. On ne prit que tardivement conscience de cette révolution : Molière, en tout cas, s'en fait une idée parfaitement claire lorsqu'il représente Harpagon habillé à l'ancienne, et, la chose va déjà de soi, imbu de vieilles idées.

ne pourrait se justifier que si leurs œuvres produisaient des satisfactions esthétiques supérieures à celles que procurent les plus grands chefs-d'œuvre d'autrefois – ce qui, chez leurs acquéreurs, ne se manifeste par aucun signe probant.

L'évaluation de l'art contemporain n'en est pas pour autant dénuée de considérations esthétiques – et c'est peut-être là sa chance de salut ou de damnation. Les prix initiaux des œuvres s'établissent en effet à la rencontre d'une expertise, d'une offre et d'une demande. Cette expertise se constitue elle-même suivant les critères habituels des communautés savantes, même si, une fois sur le marché, l'évaluation initiale échappe à toute réévaluation éclairée. Si celle-ci doit se produire un jour non selon le marché mais selon les critères ordinaires de l'art, un ajustement est inévitable. Dans ce cas, il est à craindre qu'il ne reste rien, en tant qu'art, de l'art contemporain. C'est seulement en tant qu'il n'en est pas qu'il lui reste une chance de survivre.

Voilà pour sa damnation. Venons maintenant à son salut. Il recourt, en dépit de tout, à l'un des plus puissants moteurs de l'art : l'exploitation hyperbolique des *effets de surprise*. On ne reconnaît pas suffisamment combien le désir de surprendre et d'émerveiller y fut toujours capital. Un grand commanditaire en attendait de quoi ébranler son entourage et le persuader du caractère extraordinaire de sa position sociale. L'artiste lui-même n'apportait-il pas la preuve de sa supériorité en produisant des effets dont il était seul à posséder les secrets ? La légende antique de Zeuxis, peintre d'un *Enfant aux raisins* dont les fruits étaient si bien représentés que les oiseaux venaient les picorer, ne fait pas tant porter la pointe sur la ressemblance des raisins que sur le leurre des oiseaux et l'émerveillement de l'assemblée : le talent de l'artiste n'éclate pas tant dans l'art des formes et des couleurs que dans celui de l'artifice du trompe-l'œil, de la feinte ; quant à la peinture, elle est moins d'imitation que de surprise et le peintre moins un ouvrier qu'un illusionniste et un contrefacteur. On ne comprend pas autrement les censures de Platon : car si elle était capable d'imiter l'être aussi bien que l'apparence, en quoi l'imitation ne serait-elle pas un art irréprochable ? Mais elle n'imite que l'apparence et renvoie les oiseaux affamés en même temps que les spectateurs trompés, non par l'art, inaccompli, du peintre mais par sa ruse victorieuse : un sophiste !

La peinture occidentale n'a jamais démordu de ce désir d'émerveillement. De quoi d'autre résulte l'invention de la perspective, sinon du désir de stupéfier le spectateur en lui faisant voir une scène ou un paysage comme s'ils étaient dans la nature alors qu'ils ne sont que dans le tableau – ou comme s'il était lui-même dans le tableau alors qu'il est resté dans la nature ? La perspective est une *illusion* conçue pour le tromper ou plutôt pour le placer dans l'état délicieux où, sachant qu'il est trompé, il se complaît pour un temps dans l'utopie qu'il ne l'est pas[43]. On quitte un peu l'idée antique de ruse pour la motivation plus moderne de *jeu*, mieux à même de nous justifier du temps que nous passons avec des histoires que ni ceux qui les racontent ni ceux qui les écoutent ne croient. Mais le jeu non moins que la tromperie n'est-il pas une interminable occasion d'émerveillement ?

---

43. C'est par exemple le point de vue adopté par Vasari : la perspective, tout comme les raccourcis, *font sans doute possible que l'œil est trompé, la peinture semblant vivante et en relief* (*Le Vite dei più eccelenti pittore, scultori e architetti...*, a cura L. Collobi Ragghianti, Milano, 1943-1949, I, p. 535, cité dans Erwin Panofsky, *La perspective comme forme symbolique*, préf. de M. Dalai Emiliani, trad. sous la dir. de G. Ballangé, « Le sens commun », Paris, Minuit, 2002, p. 18).

Aucune œuvre ne révèle mieux cette finalité secrète que celle d'Arcimboldo, peintre à mon goût médiocre mais qui en a divulgué le mécanisme avec une candeur explosive. Alors qu'il n'est aucune toile importante qui n'ait rempli cette condition de l'art et cette attente du public, les peintres ont peu à peu détourné ces dernières vers d'autres fins. Arcimboldo, quant à lui, s'y tient. Le rapport du tableau à son modèle ne ressortit pas de l'imitation puisque le peintre le compose à partir de formes – fruits, fleurs, légumes, animaux, ustensiles – qui lui sont d'abord les moins ressemblantes : il résulte de la surprise d'une ressemblance paradoxale – la surprise que l'autre puisse à ce point être semblable au même, définition simultanée du miracle et de l'erreur. C'est pourquoi les tableaux d'Arcimboldo ne sont à leur place que dans un cabinet de curiosités, une *Wunderkammer*, à côté d'insectes desséchés, de médailles rongées, de bustes antiques, de tessons, de coquilles, d'animaux empaillés, d'un clou de la vraie croix et autres *merveilles* dont on tient tellement à démontrer l'authenticité qu'on en vient finalement à en découvrir la supercherie.

L'art le plus récent renoue brillamment avec cette composante structurelle de l'art, et il est curieux qu'au moment où il s'affranchit de ce dernier de la façon la plus transgresssive, il s'y rattache aussi de la façon la plus traditionnelle. Il faut dire que l'art précédent était devenu épouvantablement sinistre : l'*art pour l'art* s'était même tourné en religion. Picasso, un des premiers, y introduisit un peu de recul et le seul mérite des surréalistes fut d'y avoir mis fin par la fantaisie. Heureusement, il n'y a pas un artiste actuel dont le but de surprendre ne submerge les intentions, fussent-elles esthétiques.

Les principales manifestations d'art contemporain offrent en panorama toutes les formes de ce paroxysme – par le scandale, l'horreur, le bizarre, l'insane, le dérisoire, l'infantile mais aussi l'artifice, le subterfuge, l'automate – d'où cet art s'est rué vers des confins ignorés. Dans cette entreprise de stupéfaction, le statisme de l'imitation traditionnelle, dont la peinture avec ses deux chétives dimensions était devenue l'« art majeur », s'est avéré piteusement défaillant. De par son dynamisme, la *dramaturgie* s'y est substituée comme un insurpassable modèle, avec ses supports textuels et scénographiques.

Les installations comme les performances, la photographie, la vidéo, enfin les arts de la lumière, surtout artificielle, en sont des applications sensationnelles. L'art contemporain se transforme en spectacle, et même en une forme paroxystique du spectacle : l'événement, dont la perpétuelle nouveauté est l'éternel sujet. Il coïncide avec un des attributs les plus ostentatoires des sociétés actuelles dont il capte comme à la source les représentations. Ce nouvel émerveillement le projette dans des directions inédites : quoique de même origine que l'art antérieur, il forme avec lui comme deux lignes qui, parties du même point, s'écartent l'une de l'autre sur deux axes divergents. Il est évident que le contresens et le dénigrement lui sont fatidiques dès qu'on s'obstine à l'évaluer selon les autres catégories de l'ancien paradigme comme si celles-ci n'avaient pas fait long feu.

C'est une imposture que de nommer avec les mêmes mots des choses qui n'ont plus rien de commun et, en l'occurrence, de hausser par les prestiges de formes passées la valeur souvent indécise de formes plus récentes. C'est enfin la marque d'un conservatisme retors. L'avenir de l'art ne passe probablement pas par l'art. Pourquoi malgré tout douterions-nous que ce nouvel être ne donne le jour à des objets aussi passionnants que les formes les plus accomplies de l'art d'autrefois ? Il n'est même pas exclu qu'il ne surpasse ces réalisations glorieuses. Il peut encore sombrer dans une désolante inanité et disparaître comme il est apparu. Libre à nous ce jour-là de le remplacer à son tour par autre chose ou, pour faire plaisir à Platon, de vivre enfin sans art. Libre à ceux qui ne le pourraient pas de reprendre l'art antérieur au point où il s'est arrêté : comme le disait Arnold Schönberg, il reste beaucoup de bonne musique à composer en *ut* majeur.

Sur des impressions d'autrefois qui n'ont plus grande signification

> J'aimais les peintures idiotes, dessus de portes, décors, toiles de saltimbanques, enseignes, enluminures populaires ; la littérature démodée, latin d'église, livres érotiques sans orthographe, romans de nos aïeules, contes de fées, petits livres de l'enfance, opéras vieux, refrains niais, rhythmes naïfs.
>
> Arthur Rimbaud, *Une Saison en Enfer*, « Délires II, Alchimie du verbe ».

Je me tourne volontiers vers les impressions d'autrefois qui ont perdu à peu près toute signification, non pour les regretter – la nostalgie a beau être un sentiment agréable, sa prolongation est toujours déplaisante – mais pour scruter dans ce qu'elles sont encore tout ce qu'elles ne sont plus et qu'il est émouvant de voir soudain ressusciter. Ce recueil comporte peu de sujets aussi volatils : nul ne mérite mieux le nom d'*archéologie* par l'ampleur des trésors qu'il exhume et l'insignifiance trompeuse de ses objets.

Les mots et les expressions désuètes font partie des plus émouvants de ces trésors engloutis. Ils sont parfaitement déplacés lorsqu'ils font irruption dans la conversation courante alors qu'ils en avaient depuis longtemps disparu. Proust a stigmatisé ce ridicule dans les propos du duc de Guermantes, *qui n'était vieille France que lorsqu'il n'y tâchait pas*. Le duc affecte d'ailleurs, par un renversement dont l'explication n'est pas difficile, un parler faubourien qui ne lui convient pas davantage : la langue de l'ancienne aristocratie était souvent populaire, non pas du peuple des villes mais de celui des campagnes, sans doute à cause de la longue familiarité que les deux mondes avaient entretenue, l'un en maître, l'autre en fermier ou en domestique. De là peut-être aussi la singularité du meilleur de l'esprit aristocratique, symbolisé par celui des Mortemart sur lequel nous nous sommes naguère entendus et qui enrôlait le bestiaire rural dans l'air de feinte naïveté des meilleures conversations. En affectant le ton *canaille*, le duc s'efforce d'adapter son habitude de classe à un monde industriel dont le langage lui apparaît comme un nouveau gisement de gouaillerie.

Il est très étrange que ces expressions datées, d'une vigueur souvent supérieure aux équivalents d'aujourd'hui parce que plus directement imagées, soient si rebelles à toute résurrection. Il est d'ailleurs excessif de dire qu'elles sont totalement mortes. Elles survivent à la façon mathématique, de manière discrète. Dans le monde rural d'abord, où, si l'on dresse l'oreille, on en accroche encore quelques sonorités, affaiblies mais reconnaissables ; au théâtre ensuite, où des traditions de jeu les ont conservées dans l'artifice telles qu'elles étaient dans la réalité. On ne se représente plus très bien, par exemple, le jeu de physionomie auquel correspondait le verbe *se composer* au sens où Retz l'emploie lorsqu'il rapporte qu'Anne d'Autriche, sous le coup d'une violente colère, se composa incontinent après que le cardinal Mazarin lui eût murmuré quelques mots à l'oreille : on peut en dérober le vestige dans les traits de Maria Callas lorsque, au deuxième acte de sa *Tosca* parisienne de 1958, il lui suffit d'un éclair pour se reprendre après avoir traité Scarpia d'assassin.

Quoi qu'il en soit, elles dépendaient d'un contexte culturel qui a, lui, entièrement disparu et ne nous sont encore sensibles qu'à travers une certaine race d'écrivains dont le génie est de conserver en vie ce qui est totalement mort. Saint-Simon en est, bien entendu, l'un des plus saisissants ; mais son actuelle réputation littéraire nous dissimule que c'est souvent chez les écrivains qui n'ont presque aucune conscience de l'être que ce talent perce avec le plus de grâce. Du reste, le petit péroreur n'est considéré comme un écrivain que depuis 1830 et plus récemment encore comme un grand écrivain : on le lisait pour le fond, non pour la forme. Nous faisons exactement l'inverse.

C'est chez ces auteurs, restés pour la plupart mineurs voire minimes, que ces expressions d'autrefois se retrouvent le mieux. Alphonse Daudet qu'il est bien vu de citer avec pitié en a recueilli d'exquises. Toutes dérivent de l'extension du ton de la conversation familière au domaine de la littérature. L'exercice est périlleux : l'affectation du *naturel* devient le comble de l'artifice lorsqu'on le manque ; mais lorsqu'on l'attrape, nul effet n'est plus enchanteur. Les écueils en sont multiples : l'abus du vocabulaire pittoresque, l'inflation des négligences orales, un style court, essoufflé, la pléthore des interjections et des points de toute sorte. Mais que de merveilles en retour, dont celles que je préfère se voilent d'un ton humoristique, celui d'un homme qui goûte la vie comme un fruit sans jamais douter de son inconsistance. Le premier exemplaire des *Lettres de mon moulin* que j'ai tenu entre mes mains était relié en toile mauve et les mots du titre gravés en lettres d'or sur la couverture. De jolies vignettes en en-tête de chacun des contes illustraient les sujets très simples qui les occupent. Les personnages étaient croqués plutôt que détaillés, à la plume, sans couleur. Les beaux caractères d'imprimerie ne me faisaient pas moins rêver, leur noirceur intensifiant l'éclat solaire du papier.

Les lettres de Madame de Graffigny, quoique dans un autre genre, fourmillent de ces tournures de bonne prise. C'était une femme charmante, marquise, un peu évaporée. Des *Lettres péruviennes* et une pièce reçue au Théâtre-Français la rendirent un moment célèbre. Sa correspondance, bien plus vivante que celle de Madame Du Deffand, fait partie des perles méconnues de la littérature du dix-huitième siècle. Passant quelque temps à Cirey auprès de Voltaire et de sa belle Emilie, elle y rédigea pour ses amis une chronique de son séjour adorablement désinvolte[44]. Les correspondances féminines sont une mine de *locutions éphémères* : on s'en aperçut très tôt ; on en faisait honneur aux dames sans que cela suffit à les tirer de l'obscurité littéraire où les maintenaient, sous le prétexte inepte de leur sexe, tant de méchants auteurs que nous ne lisons plus parce qu'ils ne sont même pas capables d'un seul de ces bonheurs de plume.

Il y a d'abord les mots que nous n'employons plus et qui n'ont plus pour nous que le charme de *bibelots abolis* : ce sont des notes qu'on ne saurait extraire de la partition dont elles font partie sans qu'elles s'évanouissent. Tels sont les jurements et les interjections dont l'emploi familier contraste avec leur actuelle désuétude. Madame de Graffigny dit

---

44. *Vie privée de Voltaire et de Madame du Châtelet pendant un séjour de six mois à Cirey*, par l'auteur des *Lettres péruviennes*, Paris, [chez divers libraires], 1820. Cette édition est toilettée : les lettres de la marquise sont d'ordinaire bourrées de fautes, et je tiens compte de l'orthographe incertaine du temps ; mais les bons écrivains sont rarement de bons correcteurs, et ceux dont la leur est absolument impeccable ont du talent pour l'orthographe : ils n'en ont souvent point pour la littérature.

« Dame ! » là où nous ne dirions d'ailleurs pas grand-chose parce que nul ne fait plus précéder ses phrases de ces petites formules qui servaient à les introduire en faisant dresser les oreilles. « Sapristi ! » ou « Saperlipopette ! », plus tardifs, étaient parmi les plus lestes. Elles frisaient parfois le juron ; mais là où nous ne leur substituons souvent qu'une grossièreté, elles marquaient la politesse et même l'amabilité en émaillant la conversation d'une touche complice, détendue, qui invitait tout le monde à y prendre part. Ce n'est pas que leur origine ait toujours été bien honorable : il y avait dans leur arbre étymologique des ascendants dont il n'était pas facile de dire s'ils comportaient toute la décence requise. « Saperlipopette », diminutif de « Sapristi » qui vient de « sacristie », n'est pas d'un anticléricalisme bien virulent. « Morbleu », de « Mort de Dieu », est déjà plus scabreux. « Fichtre », tout à fait charmant, passe de peu à côté du *gros mot*.

Elle met également à profit quelques petits mots de liaison qui ne sont plus les nôtres. D'ailleurs, nous ne lions plus : nous avons abusé du modèle de Voltaire dont Jean Prévost disait dans son livre craquant d'idées sur Stendhal qu'il avait jeté les liaisons par la fenêtre et que le français n'était élégant que de ce temps-là[45]. Assurément, il faut supprimer celles que n'importe quel lecteur peut faire à

---

45. Jean Prévost ne croyait peut-être pas si bien dire. Servandoni, dans l'avertissement dont il fait précéder l'édition de 1775 de ses *Observations sur l'art du comédien* (Paris, chez la Vve Duchesne, 1775, p. 3), se recommande même de *L'Année littéraire*, feuille dont Fréron, ennemi juré de Voltaire, était le rédacteur, pour se justifier — il cite en italiques — [d'avoir lié] *les phrases l'une à l'autre un peu moins que [dans l'édition précédente]* afin d'améliorer son ouvrage. La leçon était passée jusque chez l'adversaire !

votre place ; mais quel bonheur de conserver celles qui ne servent à rien et ne sont que musicales ! « Or ça ! » s'écrie Madame de Graffigny pour changer de sujet sans le dire, « Allons donc ! » lorsqu'elle entre en matière et « Si fait ! » lorsqu'elle veut rajouter quelque chose qui lui était sorti de la tête. Elle place parfois à la fin d'une phrase des formules d'attente qui semblent guetter l'accord de l'interlocuteur. « N'est-ce pas ? » a longtemps été la plus courante et elle la glisse par-ci par-là. « *Non*, il n'y a rien de si joli ! » insiste-t-elle, en découvrant la *chambre de bains* de la maîtresse des lieux, afin de couper court à toute objection de son correspondant ; et, plus loin : « C'est assurément une jolie bonbonnière, *te dis-je* » pour avancer un jugement qu'elle veut sans réplique.

Rien qui se démode plus vite que ces minuscules chevilles mais rien non plus de si ravissant lorsqu'elles sont démodées dans les textes que nous aimons. Tout morts qu'ils sont, ce sont elles qui les rendent vivants, et ne me demandez pas pourquoi : nous y resterions jusqu'à demain. Les auteurs de théâtre et les romanciers capables de dialogues *enlevés* en font leur miel. Celles qui étaient en vogue à la Belle Epoque se retrouvent aussi bien dans les pièces de Feydeau que dans les dialogues de Proust. Le petit mot à la mode était alors un « Mais » qui de conjonction se transformait en adverbe avec le sens de « vraiment, assurément » et venait se fourrer partout en début de phrase. Feydeau en fait un usage compulsif mais les modèles sur lesquels il se réglait pour imiter la conversation bourgeoise de son temps n'en abusaient pas moins. Ainsi dans cette scène farfelue du *Système Ribadier*, où Ribadier se justifie à Angèle, sa femme, de l'avoir fait passer pour folle lors d'une séance du conseil d'administration de la Société des chemins de fer du Nord, après le scandale qu'elle y était venue faire en étant persuadée qu'il y participait à une partie fine :

Ribadier

Dame ! Qu'est-ce que tu aurais dit à ma place ?

Angèle, *descendant à gauche*

Ce que j'aurais dit ? Mais j'aurais dit que si j'étais venue, c'est que j'étais une femme payée pour savoir ce que vaut la fidélité des hommes. Voilà ce que j'aurais dit.

Ribadier, *haussant les épaules*

Allons !

Angèle

Mais *parfaitement*... parce que je n'y ai jamais cru un instant, vous savez, à votre Conseil d'Administration.

Ribadier

Mais *enfin*, voyons,... tu nous as bien vus, cependant.

Angèle

Ah ! je vous ai vus... je vous ai vus là, entre hommes, c'est évident... mais qu'est-ce que ça prouve ?... Ces salles d'assemblées, c'est si bien agencé, on doit être organisé pour éviter les surprises.

Ribadier

Oh !

Angèle

Qu'est-ce qui me dit que vous n'avez pas eu le temps de faire filer les femmes ?

Ribadier

Ma chère amie, je t'assure vraiment que le Conseil d'Administration du Chemin de fer du Nord a autre chose à faire que de se réunir pour folichonner avec des demoiselles.

Angèle, *haussant les épaules*

On vient pour causer du chemin de fer ?... vous allez me faire croire ça ?

Ribadier

Mais *dame* !

Angèle

Allons donc ! Il est fait, votre chemin de fer, il n'y a plus besoin d'en parler !

Ribadier

Non ! discuter avec une femme... elles ont de ces raisonnements !

Ces dialogues, comme ceux de Molière, de Marivaux, de Beaumarchais, plus tard de Musset, sont des répertoires complets des *tons à la mode* à leur époque, lesquels ne se forment et ne se conservent que par la répétition presque maniaque de certains mots et de certaines tournures. Proust a parfaitement utilisé cette circonstance pour caractériser le style par lequel un personnage se distingue des autres dans la fiction comme chacun de nous dans la vie par le timbre de sa voix. Le « Mais » des Ribadier se retrouve dans la bouche de la duchesse de Guermantes — dont le caractère n'est presque composé que de ces tics — lors d'une après-midi chez Madame de Villeparisis où le narrateur est convié : *Profitant de ce qu'il [Legrandin] s'était éloigné, Mme de*

Guermantes le désigna à sa tante d'un regard ironique et interrogateur. « C'est M. Legrandin, dit à mi-voix Mme de Villeparisis ; il a une sœur qui s'appelle Mme de Cambremer, ce qui ne doit pas, du reste, te dire plus qu'à moi.

— Comment, mais je la connais parfaitement, s'écria en mettant sa main devant sa bouche Mme de Guermantes. Ou plutôt je ne la connais pas, mais je ne sais pas ce qui a pris à Basin, qui rencontre Dieu sait où le mari, de dire à cette grosse femme de venir me voir [...] Mais bien entendu, voyons, c'est un monstre, dit Mme de Guermantes à un regard interrogatif de sa tante. C'est une personne impossible : elle dit "plumitif", enfin des choses comme ça.

— Qu'est-ce que ça veut dire "plumitif" ? demanda Mme de Villeparisis à sa nièce ?

— Mais je n'en sais rien ! s'écria la duchesse avec une indignation feinte. Je ne veux pas le savoir. Je ne parle pas ce français-là. » Et voyant que sa tante ne savait vraiment pas ce que voulait dire plumitif, pour avoir la satisfaction de montrer qu'elle était savante autant que puriste et pour se moquer de sa tante après s'être moquée de Mme de Cambremer : « Mais si, dit-elle avec un demi-rire, que les restes de la mauvaise humeur jouée réprimaient, tout le monde sait ça, un plumitif c'est un écrivain, c'est quelqu'un qui tient une plume. Mais c'est une horreur de mot. C'est à vous faire tomber vos dents de sagesse. Jamais on ne me ferait dire ça[46]. »

---

46. Ces dialogues de Proust ne sont vraiment littéraires que d'un point de vue *acoustique*. « C'est à vous faire tomber vos dents de sagesse » ! Mais où a-t-il été chiper une expression pareille ? L'image appliquée à la situation en cause n'est même pas appropriée. D'ailleurs, « plumitif » n'a rien d'un mot rare : Voltaire l'emploie, c'est dire. Mais Proust veut absolument placer sa petite phrase : peu importe où et dans quelle bouche. Feydeau est plus scrupuleux : on sait toujours chez lui quand c'est une cocotte et quand c'est une bourgeoise qui parle, surtout quand celle-ci a d'abord été l'autre.

Il n'en va pas autrement des *petits mots* à la mode. Les grammairiens n'en pipent souvent mot. Ils s'emparent pourtant de toute une génération et on les retrouve sur toutes les bouches pour ne presque rien dire mais afin d'instaurer une complicité entre ceux qui les emploient : « épatant » a joui d'une faveur incroyable dans l'entre-deux-guerres. *Avoue que je suis bien* jolie *de t'écrire* s'exclame Madame de Graffigny, ou, plus loin : *Panpan* [c'est son ami Devaux], *ta paresse est bien* jolie *de te permettre de m'écrire*, là où nous aurions écrit « gentille », quoique « gentille » soit aussi impropre pour dire qu'on est obligeant : il ne fait aucun doute que lorsque la mode en sera passée, ceux qui liront nos lettres et nos romans riront gentiment de l'épithète comme nous rions du « jolie » de la chère Graffigny. « Gentil » est d'ailleurs, dans ce sens, en pleine décadence : on ne l'emploie plus que pour qualifier un être animé ; il n'y a pas si longtemps, il servait aussi bien à louer un repas, une promenade, une expression et truffe une bonne part des dialogues du cinéma français d'avant-guerre. Ces mots sont précieux : on peut dater un texte rien que par leur emploi.

Les *petits noms* ou surnoms relèvent du même compartiment. Ils étaient très en vogue dans l'aristocratie française et, par extension, dans la bonne société qui s'escrimait à l'imiter. Madame de Montespan en donnait à tout le monde. A Versailles, sous Louis XV, Maurepas était « la chèvre », l'abbé de Bernis « Babet la bouquetière ». Madame de Graffigny donne du « Panpan » ou du « Panpichon » à son ami Devaux auquel elle fait ses confidences, et du « Maroquin » à Desmarets qui est un peu plus que son ami ; mais elle lui colle aussi à l'occasion du « Docteur » ou du « Gros chien ». Hofmannsthal a déterré cet innocent usage pour le *Chevalier à la rose*, dont il situe l'action dans la Vienne de l'impératrice Marie-Thérèse et dont le héros,

Sur des impressions d'autrefois... 149

Oktavian, porte en privé le petit nom de « Quinquin » et sa Maréchale d'amante celui de « Bichette ». Proust, toujours lui, prête cette tradition à l'aristocratie imaginaire de la *Recherche* : Charlus est « Mémé », M. de Bréauté « Babal », le prince d'Agrigente « Gri-Gri ». La coterie qui gravitait autour de Louise de Vilmorin perpétuait l'habitude : elle était elle-même « Loulou », Madeleine de Montgomery « Minou », Duff Cooper « Bijou bleu » et sa femme Diana « Bijou rose », et tout ce monde fréquentait assidûment « Poupoul » (Francis Poulenc) et « Bébé » (Christian Bérard). Il faut reconnaître que l'inspiration avait un peu dégénéré : les surnoms de la grande époque étaient de petits portraits ; les derniers déchoient dans le diminutif et gargouillent parfois dans le charabia.

Les mots vieillis de la visiteuse de Cirey sont comme la plupart de ceux du dix-huitième siècle. On en connaît encore le sens mais on n'y touche plus : pour ceux du seizième et du dix-septième, il vaut mieux un lexique quoique des mémorialistes comme Léon Daudet soient parvenus à les ragaillardir assez spontanément dans leur style. Elle parle de « caquet », de « parure », de « livrée », de « sensibilité », de « fluxion » là où nous userions de tout autres termes. Elle conjugue le verbe « seoir », au simple et au composé, et, comme tout le monde alors, utilise « mander » en un sens qui nous est devenu muet : celui de « faire savoir ». Elle « baise » à tout bout de champ là où nous nous contentons d'embrasser. La chose la plus humiliante pour nous qui en sommes ignares, c'est qu'elle fait grand usage des termes de métier : elle connaît les mots de la couture, de l'architecture et de la décoration, de la librairie, de la joaillerie, de la coiffure, de la religion. Je dis *humiliante* parce qu'une littérature qui préfère la généralité de termes abstraits à la vitalité de termes spécialisés pour désigner la diversité des choses dont son rôle est tout de même de parler s'expose à mouliner du vent. Comme la plupart de ses contemporains, elle n'emploie que le terme propre, même dans les abstractions. Brûle-t-on une demi-corde de bois par jour dans sa chambre, c'est en vain, dit-elle, *l'air de la chambre n'en est pas moins* cru.

Ses expressions sont souvent saisissantes et redonnent vie à cette épithète : elles enlèvent. Elle les reprend de la langue à la mode ou les invente sur le modèle des précédentes, de là le cliquetis harmonieux de l'ensemble. Contentons-nous des premières puisque nous ne reniflons que de vieilles tournures. Elle *chante pouilles* dès qu'elle est mécontente, comme Saint-Simon ou plutôt comme la princesse d'Harcourt à laquelle il a, pour l'éternité, agrafé ces deux mots sur le dos. Les vents *se divertissent* dans sa chambre et elle la fera *étouper* si Dieu lui prête vie. De sa cheminée, elle prétend qu'elle est si étroite que *tout le sabbat y passerait de front* mais que Madame Du Châtelet en a fait installer une dans sa salle de bains qui *est un bijou à mettre en poche*. Lorsqu'elle va bien, elle *se porte comme le Pont-Neuf* et se sent *éveillée comme une souris* : retour chez les Mortemart. Elle a sans cesse à Cirey les oreilles *battues* de bonnes choses et surtout d'épîtres car Voltaire en écrit jour et nuit. Prenant la route de bon matin, elle assiste à la *toilette du soleil* : l'expression, venue de Voiture et de Sarrazin, est un peu attendue mais, vu le badinage revendiqué, passe comme une lettre à la poste. Lorsqu'elle a un souci, il faut qu'elle en parle et *ne voudrait pas en rabattre un soupir*. Pourquoi diantre ces lieux communs ne produisaient-ils pas l'effet de cliché que nos expressions rabâchées font aujourd'hui ? C'est qu'ils restaient vifs et truculents : ce sont des conventions mais dont tous les termes sont des reflets de choses vues. Elle en joue pour les prolonger mais en les déjouant, comme lorsqu'elle dit de Madame Du

Châtelet qu'*elle parle si bien que l'ennui n'a pas le temps de prendre audience.*

Il n'est pas facile de trier entre ce qu'elle tire de son fonds et ce qu'elle pique aux épistoliers, surtout épistolières, de son entourage. Est-ce d'ailleurs bien grave ? On ne trouvait pas de bon goût les initiatives personnelles en la matière : il valait mieux varier légèrement un thème ou une expression qui n'étaient pas à soi que d'entasser les *traits de génie*. On se plaisait à répéter les meilleurs mots du temps ou du siècle précédent pour se les approprier par cette citation plutôt que d'en risquer de nouveaux, surtout dans une lettre où il fallait fuir comme la grêle le moindre soupçon d'intention littéraire. Quelques-uns étaient passés en proverbe. Ninon de Lenclos en avait fait plusieurs qu'on ne se lassait pas de redire comme le « bon billet qu'à La Châtre ! », exclamation par laquelle elle s'était moquée de la crédulité d'un de ses amants, le marquis de La Châtre, qui, partant à la guerre, lui avait extorqué par écrit un serment de fidélité. On répétait aussi le mot de Des Barreaux qui, rompant le carême avec des amis, fut troublé dans le dîner par un coup de tonnerre et alla fermer la fenêtre en bougonnant : « Voilà bien du bruit pour une omelette au lard ! » Elle aime ces expressions toutes faites et les entortille à celles qu'elle invente. Certaines ne veulent plus rien dire pour nous, comme lorsqu'elle s'en va dîner *à la provision pour demain*.

Elle use encore en virtuose des tournures par lesquelles un épistolier peut donner à son correspondant l'impression qu'il ne l'a pas quitté. Elle décrit ce qu'elle voit dehors mais s'interrompt : *Rentrons, il fait vilain à la fenêtre*, sur le ton dont elle dira plus tard : *Les jardins m'ont paru beaux par la fenêtre. Sauve-toi par là.* Voltaire et ses amis font du ponche : *Tu t'en lèches les doigts !* souffle-t-elle, *attends, je vais t'en verser*. Il y a dans cette *prestesse* quelque chose du style pictural de Watteau dont Madame de Graffigny consigne que ses hôtes l'aimaient jusqu'à en posséder plusieurs toiles. Que de personnages y adressent au spectateur des clins d'œil complices qui le laissent sans savoir si lui aussi ne ferait pas partie du tableau ! C'est l'effet qu'elle recherche ; et, ma foi, elle le trouve.

Fin du chapitre précédent

> L'église et la vieille maison pastorale, gardées intactes, sont là pour témoigner de ce que fut, si près de nous par le voisinage des années, si loin de nous par la différence des mœurs, l'ancienne modestie des vies.
>
> Daniel Halévy, *Nietzsche*, avant-propos et notes de G.-A. Goldschmidt et G. Liébert, nouv. éd., « Le Livre de poche ; Biblio essais », Paris, Librairie générale française, 2000 (1944).

L E LANGAGE n'est pas seul à se perdre ; les objets aussi. Je pourrais dérouler la liste désopilante de ceux que j'ai vus disparaître et, avec eux, maintes façons de vivre, ou délicieuses ou détestables, parfois les deux : le carillon des hôtels de ville, les canaux fluviaux avec leurs péniches, leurs écluses et leurs appareils portuaires, les chevaux de trait et les charrettes à bras, les kiosques à musique, les sorties de messe dominicales, la cueillette des grenouilles, les deux passages quotidiens du facteur, les cheminées d'usine, le beau français des acteurs de la salle Richelieu, le déclenchement des sirènes, les processions religieuses, la pénombre des maisons d'autrefois, la voix haut placée des cantatrices, les volées de sauterelles dans les champs, le poisson du vendredi, les plats du dimanche avec leur cascade de vol-au-vent et de bouchées à la reine, de poulets aux écrevisses ou aux morilles, d'asperges sauvages, de truites au bleu, de lièvres faisandés, de rôtis de veau coquillettes, de petits gardons frits, de cardons à la moelle, de viande de cabri, de brochets à la crème, d'andouillettes à la beaujolaise, de croquettes de pomme de terre, de Paris-Brest et de soufflés au Grand Marnier.

La disparition de la traction animale et même mécanique — car nos instruments de transport ne se meuvent plus par le contact direct avec la vie — est un des phénomènes qui ont le plus radicalement changé nos relations avec la nature. Il n'y avait nul mouvement qui ne mît en œuvre une machinerie complexe de pressions, de tensions, de torsions dont le travail ne fût apparent. On voyait l'action nouer les muscles des bœufs et les naseaux des chevaux souffler en hiver un tonnerre de buées et de ronflements. Les bateaux qui descendaient les canaux craquaient de tous leurs membres ; la moindre carriole grinçait à chaque tour de roue ; les locomotives à vapeur arrivaient à quai dans un tremblement de tôles et de freins aussi rugissant que le décollage du plus titanesque des *jets*. Les rues offraient partout le spectacle de l'effort : il n'était pas rare de voir un homme seul tirer des masses considérables comme la carcasse, gigantesque par rapport à sa taille, d'une longue péniche, glissant sur l'eau telle une princesse indifférente aux souffrances inhérentes à son luxe. Aussi les corps n'avaient-ils guère la nonchalance longiligne et soignée ou, au contraire, bouffie et affaissée de ceux d'aujourd'hui. Les uns étaient secs et noueux ; les autres râblés, puissants, congestionnés. Tous étaient presque sans arrêt accaparés par une confrontation hostile avec les éléments, confrontation dont nous n'avons plus souvenance mais à laquelle nous devons l'inavouable dégoût du travail manuel et la passion des loisirs que cette libération nous laisse pour l'exaltation candide d'une nature idéalisée.

Les compensations apportées à une vie perpétuellement rude n'en étaient que plus allègres et répétées. Je n'ai pas directement connu la gaieté qui était celle du monde. Il me faut remonter aux souvenirs de mes parents et surtout grands-parents pour en retrouver les lueurs. Les enregistrements phonographiques et cinématographiques de la première moitié du siècle dernier en apportent un témoignage multiforme. Le voyage dans l'espace est souvent aussi un voyage dans le temps : les bourlingueurs qui, loin des traversées touristiques, s'immergent en profondeur dans le quotidien des pays pauvres, dont les conditions de vie ressemblent à celles qui étaient autrefois les nôtres, sont semblablement frappés par l'incroyable énergie, l'allégresse communicative des populations, les enfants surtout : Nicolas Bouvier[47] ou Jean Clausel[48], qui ont sillonné le monde à pied durant les trente dernières années, s'en émerveillent à longueur de pages. Il serait tout de même tragique que le gain de la prospérité dût se payer par la perte de toute insouciance.

De ces vieilleries délicieuses, les *buffets de la gare* sont de celles dont il m'est le plus doux de réveiller la nostalgie. Littré donne du buffet une définition romanesque : *Lieu où un repas tout dressé attend les voyageurs*. Repas tout dressé comme dans un conte, attente mystérieuse, voyage lointain : tout incitait au départ. Le chemin de fer était en soi un monde parallèle au monde réel et dans lequel on pénétrait comme dans un conte de fées. La magie était celle du transport d'un lieu connu vers un autre qui ne l'était pas. L'enchantement émanait de la locomotive et de son infernale chenille, dont les douceurs ne se révélaient qu'après

---

47. Nicolas Bouvier, *L'usage du monde*, dessins de T. Vernet « Petite bibliothèque Payot ; Voyageurs », Paris, Payot et Rivages, 2001.
48. Jean Clausel, *Indes*, « Voyageurs Payot », Paris, Payot, 1994.

avoir pénétré dans le confort moelleux de ses compartiments. Le rythme saccadé de la chaudière à charbon se répercutait sur l'ensemble du train qui semblait n'avancer que par d'infimes à-coups, de sorte que, sans savoir si l'on était dans un train à vapeur ou dans un train électrique, on pouvait le deviner à cette imperceptible sensation. Le voile de suie qui poudrait tout dès qu'une fenêtre était ouverte adhérait au visage des hommes et parvenait à se faufiler jusque sur ceux des dames dont jamais les voilettes ne furent si hermétiques. On plongeait les enfants dans la baignoire à peine rentrés à la maison et l'on comptait chaque année le nombre des lignes enfin électrifiées.

Les longues listes de correspondances que l'indicateur Chaix avait collationnées à l'intention des voyageurs longtemps avant le départ étaient les occasions préméditées de ces pauses gourmandes. La table en était souvent excellente, variée, plantureuse, régionale, cossue. Les repas se prenaient dans des salles qui avaient l'air de grands halls que l'omniprésence de miroirs et de vitres faisait ressembler un peu à des salles de jeux et qui se resserraient plus douillettement autour de banquettes en moleskine et de tables rapprochées dont la blancheur amidonnée des nappes sentait bon la province. La face ronde mais austère de grandes horloges en hauteur rappelait à tous non seulement que le train n'attend pas mais qu'on était là pour lui, pas l'inverse. Tandis qu'une partie du buffet se tournait vers la gare et son système enchevêtré de rails, de signaux, d'affiches, de chariots, de chocs et de bruits métalliques, l'autre montrait un aperçu de la ville, souvent central, d'où pointait, derrière une façade de boutiques proprettes et de maisons grises, vaguement animée par une circulation encore hésitante, le clocher d'une église ou le beffroi d'un hôtel de ville faussement Renaissance.

L'assiette des voyageurs se remplissait entre-temps des magnificences culinaires du terroir et de la saison. Les plats de ménage disparus que j'évoquais à l'instant s'y retrouvaient à l'aise comme nulle part. On n'était pourtant plus dans la cuisine d'auberge : le train conférait au moindre accessoire un *standing* un peu comparable au vent de luxe, même fictif, que tout aéroport souffle encore aujourd'hui. Les *industriels* au sens encore actif de Stendhal et du comte de Saint-Simon, occupant le haut du pavé des transports nationaux et internationaux, prisaient la bonne chère et se piquaient de *nouvelle cuisine*. C'est pour eux qu'on accommodait les premiers saumons à l'oseille et qu'on se lançait dans le foie gras mi-cuit, qu'on aérait les sauces, que le poisson se présentait rose à l'arête ou les haricots verts croquants et qu'on s'enhardissait à servir des vins jeunes. Ces excentricités ne touchaient pas tous les buffets ; mais il y soufflait un air de modernité culinaire, et si l'on y commandait souvent les plats les plus conventionnels, on pouvait presque toujours être sûr qu'ils apparaîtraient d'une façon qui ne le serait pas.

L'extravagance — toute nouveauté indubitable est extravagante — prenait un essor d'autant plus libre qu'elle était mieux encadrée entre les solides piliers de la cuisine que Carême avait imposée sur les tables et dont Escoffier avait rédigé le code civil. Qui oserait aujourd'hui la défendre ? Dommage ! Elle subit le sort de la tragédie déclamée : ceux qui n'en connaissent rien la décrient ; ceux qui la connaissent ne veulent point en entendre d'autre. Qu'y avait-il de plus savoureux qu'un vol-au-vent brûlant dont la pâte croustillante était cuite à la minute et les morilles fraîches, les ris de veau de premier choix, la quenelle de bonne volaille, les rognons de coq friands et la béchamel aérienne ? Je me souviens d'une petite gare de l'Ain où l'on servait sous l'auvent un poulet aux écrevisses pour lequel il ne fallait pas que le train soit arrivé en retard (le *lieu où un repas tout dressé attend les voyageurs* n'attendait guère !) parce qu'il n'y en avait que pour le client de midi. Les écrevisses sentaient la cressonnière avec ce grain de poivre qui n'est qu'à elles. Le poulet avait couru mais sans perdre haleine : ses derniers jours s'étaient finis à l'épinette. La sauce qui liait la volaille et le crustacé prenait un rouge cuivré, une robe de cardinal. Un formidable chariot de desserts décorés à l'ancienne fermait la marche. Repu, l'estomac calé, on allait sur un banc attendre la micheline ou l'express, abrité du soleil sous une branche de lilas dont les arbres bordaient le quai. Une sonnerie égrillarde coupait court à un léger assoupissement tandis qu'un doigt levé à l'approche du train déclenchait à grandes enjambées la venue du porteur qui vous déposait, vous et vos bagages, au pied de votre compartiment, juste au moment où le chef de gare, brandissant son inexplicable sémaphore, provoquait l'ébranlement du train dans un nuage de fumées et de vapeur d'eau.

Ces délices nationales ne se dégustaient pas qu'en France. De la cuisine d'outre-Manche, j'ai aussi d'onctueux souvenirs qui doivent beaucoup à l'institution des *pen friends* et m'ont, dès quinze ans, solidement brouillé avec le nationalisme. Je rêve encore de cette majestueuse pièce de bœuf que Mrs Bone[49] plongeait dans un chaudron dont les hauts bords ressemblaient assez à ceux d'une caravelle. Le fond était garni de saindoux dans lequel barbotaient tour à tour les six faces de ce qui, sous d'autres

---

49. On se plaint de l'orthographe du français ; mais toutes les langues ont leurs monstres. On ne marque pas le signe de l'abréviation par un point dans « Mr » et « Mrs » au Royaume-Uni et dans les pays du Commonwealth, sauf au Canada où, comme aux Etats-Unis, l'usage est d'écrire « Mr. » et « Mrs. ».

cieux, se serait transformé en un enviable rôti mais qui, soumis à ce traitement, brunissait à grand-peine durant deux ou trois heures, à petit feu et à couvert. Mrs Bone avait tout son temps pour faire pleuvoir dans l'eau grouillante d'une casserole une grêle de petits pois d'une grosseur digne de Brobdingnag. Des pommes de terre vapeur dont il n'y a rien à dire venaient rouler dans cet attirail printanier qu'on gardait chaud dans un plat sous plusieurs torchons. Le temps restant se passait à la préparation de *gravy*, sorte de roux brun où l'eau semblait tout de même surnager, mystérieusement assaisonné, allégé, soyeux et qu'on versait au dernier moment dans une saucière préchauffée à l'eau bouillante.

Il était temps de passer à table. Mr Bone officiait comme si, à ce que je suppose, ce méthodiste eût servi l'office divin. Le bouilli se dressait devant lui comme un défi : armé d'une fourchette à gigot et d'un coutelas, il entamait la découpe, en minces tranches de viande, pas plus épaisses que des feuilles de cigare, deux par assiette. Prenant le relais, Mrs Bone les nappait d'un long filet de *gravy* fumante. Chacun pouvait flanquer cet appareil d'une cuillerée de petits pois et d'une pomme de terre. Il ne restait, selon une étrange manière de table, qu'à étager ces divers composants sur le dos de sa fourchette en priant pour que la consistance gélifiante de la *gravy* les tienne assez longtemps en suspens pour qu'ils puissent gagner la bouche sans retomber à plat dans l'assiette. Quand ils y parvenaient, la délicieuse sensation de leur mixture enrobait le palais d'une saveur inédite et, j'avoue, délicieuse, à la façon dont l'alliage wagnérien des timbres de certains instruments produit un son nouveau qui n'existe dans aucun d'eux. Mr Bone, dont un ami anglais me demandait à quoi il ressemblait : « A son nom ! – Exemple typique d'esprit français. »

Je reconnais une vertu au communisme soviétique : en hibernant cinquante ans durant les civilisations d'une douzaine de pays européens, il en a, sans le vouloir, préservé quelques-unes des meilleures traditions. Quand la glace a fondu, elles en sont ressorties telles qu'elles y étaient entrées. Paradoxe ironique, c'était toutes des vertus aristocratiques : culture savante, élitisme, goût de l'art et de la littérature, cosmopolitisme. On vit rejaillir du néant des orchestres détenteurs du *grand style*, des virtuoses à l'ancienne, des chanteurs à la voix naturelle, des danseurs formés à la baguette et même des slaves d'autrefois possédant encore un des plus beaux français qu'on ait parlés. Les desserts à l'ancienne, où la pâte, cuite à l'instant, ne servait pas de garniture à des mousses insipides mais se gonflait d'une crème pâtissière toute fraîche ou d'une vraie chantilly montée au fouet, mettaient le comble à la surprise.

La cuisine française s'est quelque peu déshumanisée du jour où elle a été moins faite pour les gourmands que pour les cuisiniers. Elle ressemble à la musique des chefs d'orchestre, pensum en général exécrable. L'art qui se renferme se mue en secte et l'œuvre en performance : il ouvre la voie au snobisme où ce qui a du prix n'est presque jamais ce qui a de la valeur. Jamais le grand art, quoique celui de quelques-uns, ne gagne à renoncer à être celui de tous : ses portes sont grandes ouvertes et ses amoureux ne se consolent pas de voir si peu les franchir. Les lettres sont heureusement protégées de ce fléau et l'on peut même interpréter comme une renonciation tacite à la littérature la seule résolution d'en faire son métier.

Mais reprenons notre fil. Le carillon des hôtels de ville — mais tous les sons de cloche, ceux des églises, des couvents, des cours d'école, des autobus et du métro, des portes d'entrée, des troupeaux — qu'il est doux de les avoir connus dans leur sonorité d'autrefois ! Peut-être sont-ils plus attachants dans notre remémoration qu'ils l'étaient dans la réalité. Le péché serait de disjoindre en nous les deux sentiments. Nous ne ressentons rien dans le présent dont nous ne pressentions la disparition et dont nous n'anticipions la nostalgie. Pour cette raison, nous ne pouvons rien ignorer des embellissements dont les objets que nous avons aimés sont rehaussés par notre mémoire. Cette atmosphère campanaire, imperceptiblement sacrée, se mêlait au tintement laïc des multiples bruits de ferraille qui fendaient l'air par intervalle et venaient s'inscrire, même en centre-ville, sur le grand fond de silence monté de la campagne toute proche sans avoir été assourdi par le vacarme de l'hypermodernité déjà menaçante : son déclenchement ne brisait pas le calme ultime dont il semblait émaner, contribuant à la quiétude, peut-être à l'ankylose, de ce monde ancien.

Cette lenteur était celle de la navigation fluviale d'où en émergeaient quelques-unes des effigies les plus imposantes. La gracile apparition d'un bateau de plaisance n'était que sporadique : il fallait endurer une lourde succession de péniches avant de voir le museau blanc d'un yacht pointer derrière les mufles charbonneux et grossiers. Le passage des écluses proposait comme en raccourci l'incarnation de ce temps suspendu dont le cycle immuable des saisons, auxquelles la précarité des conditions de vie donnait un air plus tranché, accréditait la toute-puissance. Le lent emprisonnement du bateau entre les portes à vantaux dont la première s'était écartée pour accueillir le long corps dans l'intérieur du sas était d'autant plus cyclopéen que le franchissement se faisait vers l'amont : on voyait en contrebas le lourd bâtiment piétiner dans un vacarme d'acier, de cris, de grincements, de cataractes que l'écho amplifiait, puis le niveau s'élever petit à petit dans le bassin et, par un miracle progressif et ascendant, amener son énorme chargement au niveau du bief où, le calme s'étant fait avec la montée des eaux, la porte avant laissait couler entre ses flancs sa proie tout aussi nonchalante à reprendre sa liberté.

La civilisation du cheval s'en est allée avec. L'omniprésence de toutes les variétés d'équidés, cheval, hongre, âne, mule, mulet, bardot ne façonnait pas simplement le rapport que nous avions au transport mais à la nature, dont ils étaient les médiateurs par excellence. Je suis persuadé que la beauté stupéfiante de l'animal, en comparaison de laquelle l'homme encourt l'apostrophe de La Fontaine

Va-t-en, chétif insecte, excrément de la terre,

a joué pour beaucoup dans le développement de nos idéaux d'harmonie et de perfection. De noblesse et de puissance aussi : rien d'égalait en tenue le port des alezans à la parade et il ne semblait pas que rien pût rivaliser en grandeur avec une charge de cavalerie. Même le trait laissait éclater la puissance de la bête : les muscles tendus jouaient sous la robe comme un automate dont les rouages eussent été réglés par les dieux. Les civilisations qui leur en offraient le sacrifice étaient reléguées dans les bas-fonds de la barbarie.

L'autorité, la majesté, l'élévation des églises et des cérémonies religieuses s'épanchaient dans les rues tout au long de l'année. Elles procédaient jusque sur les chemins par d'incessantes rogations où la poésie naïve des rites était dévolue à une culpabilisation machinale. Les livres, rares, faisaient l'objet d'un respect craintif. Les kiosques à musique, dont la disparition revient moins à l'invention du microphone qu'à la découverte ravie de l'illettrisme musical, résonnaient un peu partout, jouant faux avec un entrain communicatif. Peu de maisons où, dans un coin, ne luisaient pas un piano, un violon, un clairon. Même le déclenchement des sirènes qui crevaient l'air le mercredi matin entrait dans cet univers musicalisé où cloches, grincements, cris, musique, ferraillerie, chorales, aboiements s'épuisaient en vain à troubler l'unanimité qui unifiait en secret la pénombre silencieuse des antichambres et l'assourdissante clarté des champs où, sous les pas, sautait de part et d'autre un peuple silencieux de minuscules papillons bleus.

Sur l'extrême beauté
de quelques objets actuels

> Soirs de Paris ivres de gin
> Flambant de l'électricité
> Les tramways feux verts sur l'échine
> Musiquent au long des portées
> De rails leur folie de machine
>
> Guillaume Apollinaire, *Alcools*, « La chanson du mal-aimé », Paris, Gallimard, 1944, p. 34.

Le 777 descend lentement sur Paris. Il va être minuit. Les gouttes de pluie glissent sur le hublot. Le réseau d'autoroutes qui, en bas, sillonne les champs se resserre peu à peu. On voit bien qu'il converge vers la métropole ; on ne le voit même que de là. L'urbanisme, qui paraît aberrant lorsqu'on est à terre, révèle sa rigueur dès qu'on s'élève ; il se brouille à mesure qu'on se rapproche du sol. Il saute aux yeux que les chefs-d'œuvre architecturaux d'aujourd'hui ne sont ni des églises ni des palais ni des toiles ni peut-être des livres : ce sont des routes, des ponts, des aéroports, des complexes urbains, des véhicules, des enseignes.

Le centre commercial de Toronto : un prodigieux envol d'oiseaux métalliques barre la vue des allées couvertes qu'illumine une verrière faramineuse, excroissance tout américaine du *Crystal palace* de Londres qui, au milieu du XIXe siècle, sidéra l'Europe entière. On pense en un éclair à la maison de glace qu'édifia l'impératrice Anna Ivanovna à Saint-Pétersbourg durant le terrible hiver de 1740. Georg Wolfgang Kraft, membre de l'Académie de Berlin, l'a décrite dans un opuscule dont Mario Praz signale la traduction française de 1741[50] et s'inspire pour une de ses plus jolies pages[51].

Alexei Danielovitch Tatistschev ou Tatischev fut l'architecte de cette étrange construction. Tout y était de glace, les murs mais aussi le décor et le mobilier : des bûches sculptées dans la matière translucide et enduites de naphte brûlaient à volonté. Par le même artifice, des candélabres illuminaient les chambres. On voyait en transparence un lit de glace avec sa literie, une pendule avec ses rouages, une console de jeu avec cartes et jetons, une table dressée avec son service à thé, assiettes, verres, gobelets et aliments ciselés dans une glace teinte de leurs couleurs naturelles. Une balustrade agrémentée d'orangers, feuilles et branches de glace, et six canons de même matière qu'on tira plusieurs fois, deux dauphins, un éléphant qui jetait de l'eau par la trompe en barrissant, des pyramides latérales à frontispice, ornaient l'extérieur du bâtiment, qui se mit à fondre en mars avec tous ses accessoires : les blocs rescapés

---

50. *Description et représentation exacte de la* MAISON DE GLACE *construite à St. Petersbourg au mois de janvier 1740, et de tous les meubles qui s'y trouvoient...*, par George Wolffgang Krafft, trad. de l'allemand par Pierre Louis Le Roy, à St. Petersbourg, de l'imprimerie de l'Académie des sciences, 1741. L'opuscule est une rareté bibliographique. L'exemplaire de la Bibliothèque universitaire de Gand est librement consultable en version numérisée. La Bibliothèque nationale de France en conserve un autre. Il vaudrait la peine de rechercher si le récit de Kraft, ou plutôt la traduction de Le Roy, n'est pas inventé ou amplifié.

51. *La Maison de la vie*, trad. de l'italien par M. Baccelli, « L'Arpenteur », Paris, Gallimard, 1993, p. 33 s.

allèrent grossir les glacières de la tsarine. Il revint à Ivan Ivanovitch Lazechnikov, écrivain mineur mais inspiré, d'y mettre en scène la nuit nuptiale d'un couple de nains qu'on retrouve au matin dans l'engourdissement précurseur de la mort et qu'on frotte de neige pour les réchauffer[52].

Surprenante installation, la première dans l'histoire de l'art. Tout dans les grands centres commerciaux concourt à une stupéfaction comparable. L'éphémère de la glace en répondait. Le verre qui triomphe dans les galeries marchandes et les plus beaux gratte-ciel en forme la réplique troublante. Sa transparence est le but secret de nos architectures et de nos sociétés, si claire qu'elle vacille au bord de la disparition. Par chance, un obstacle matériel s'y oppose toujours, comme lorsqu'un architecte, il y a quelques années, prétendit enfermer tous les livres d'une immense bibliothèque dans quatre tours de verre à travers lesquelles pourrait se refléter tout le savoir du monde : il oubliait que le papier est, plus que de raison, sensible aux bombardements aériens et que, curieusement, la lumière le brûle. Un obstacle moral aussi : la transparence inclut l'abolition de toute intimité, comme l'avait bien compris Lazechnikov en imaginant la nuit nuptiale de ses Lilliputiens. Tandis que la maison de Saint-Pétersbourg laissait tout voir du dedans depuis le dehors, nos immeubles de verre, renvoyant la clarté qui les frappe, nous opposent un reflet impénétrable ; et ils ne fondent pas. Les architectures informatiques, dont une des lois mathématiques énonce qu'il existe toujours une formule par laquelle on peut en forcer l'accès, sont celles qui réalisent le mieux ce rêve terrifiant.

L'architecture contemporaine accomplit ses plus ahurissantes prouesses au moyen d'une virtuosité arachnéenne.

---

52. *La Maison de glace : nouvelle*, Moscou, 1835.

Sur l'extrême beauté de quelques objets actuels 167

Les ponts suspendus, qui s'appliquent à franchir le plus d'espace avec le moins de matière, tirent de là leur légèreté. Toutes les structures de communication ou de transport me ravissent par leur élégance. Comme il en allait de l'art ancien, leurs bâtisseurs recherchent rarement la beauté mais la trouvent sans la chercher. L'utilité, l'efficacité, la difficulté, la gravité, la résistance en déterminent les contraintes et les buts ; le beau n'est que la résultante imprévue d'une victoire sur eux. Les échangeurs autoroutiers redessinent les courbes de l'art baroque. Comme la plupart des constructions contemporaines, ils ne tiennent dans l'espace que par notre crédulité : les ingénieurs ont soigneusement fait disparaître toutes les apparences de leur soutènement et il ne faut pas désespérer de les voir un jour, comme l'île volante du dieu Eole, tenir en l'air sans explication. Les aérogares comptent parmi les réussites les plus époustouflantes : on en oublierait de monter dans l'avion tellement leurs beautés nous arrêtent.

L'architecture hydraulique rivalise avec les constructions les plus titanesques de tous les temps. Là encore, l'extrême adaptation technique de l'édifice aux contraintes qui pèsent sur lui le dote d'une aisance aérienne : on voit la voûte en arc de grands barrages, dominant un à-pic vertigineux, résister par un miracle désinvolte à l'énorme poussée des eaux qui s'accumulent contre leur mince paroi. Ils symbolisent le combat prométhéen de la modernité contre la nature et ce n'est pas sans raison si c'est après avoir édifié l'une de ces formidables digues que le Faust de Goethe se sent parvenu au sommet de son ambition.

Si l'architecture est, avec la musique, l'art le plus fidèle à l'*esprit du temps*, l'individualisme contemporain est alors une notion surfaite : aussi l'architecture privée me semble-t-elle devenue presque sans intérêt tandis que l'architecture publique, ou plutôt collective, est en pleine efflorescence.

Les deux phénomènes ne sont pas si antagonistes : c'est pour rapprocher des millions d'hommes que leur *individualisme* aurait conduits à se disperser que tant d'efforts sont déployés dans ces grands complexes dont la richesse de la signalétique attise encore notre soupçon contre cette prétendue philosophie de notre temps. Point de civilisation où la part laissée au chaos soit plus mince ; mais comme dans l'architecture actuelle, les règles infinies qui nous dirigent ne se voient plus : nous les avons intériorisées. Il y a au moins dix commandements silencieux auxquels nous obéissons pour traverser une rue. Nous le faisons de bonne grâce parce que les raisons en sont aussi les nôtres. Rien n'est moins spoliateur de cette liberté que Rousseau ne voulait pas distinguer de l'obéissance à la loi qu'on s'était donnée. Il est certain que si l'on veut ne suivre que son caprice, il vaut mieux éviter les sociétés contemporaines !

Non moins que leurs bâtiments, les hommes ont, dès l'origine, embelli leurs véhicules, objets pourtant les plus transitoires de leur activité. Comme il en va du reste, ce sont nos véhicules collectifs qui sont aujourd'hui les plus beaux, avions, trains, navires, camions dont les sans pareils ne se voient qu'en Amérique. Les plus collectifs, parce qu'ils sont planétaires, sont encore plus extraordinaires : les satellites, dont Stanley Kubrick a merveilleusement capté la grâce, dansent, bras déployés, une lente pyrrhique dont la splendeur ne vient pas seulement de leurs évolutions mais de la beauté des formes et des matériaux qui les habillent : de fines couches d'or ou de platine qui scintillent entre le soleil blanc et le noir infini.

L'adaptation réciproque du désir et de la contrainte forme la clé de ce système esthétique. Ce fut toujours la définition fondamentale de l'art, dont on oublie volontiers qu'il n'est que le vieux nom de la technique : les beaux-arts n'étaient que l'ensemble de celles qui cherchaient aussi à produire quelque chose de beau. La combinaison, assez inattendue, de la technique et de la science repousse jusqu'à des limites inconnues la résolution des contraintes découlant de nos désirs croissants.

Le design contemporain en est une forme accomplie parce qu'il parvient à remplir ces conditions extrêmes avec une tension minimale où la complexité des problèmes résolus se dissimule sous la simplicité des formes. Je ne suis pas loin de le penser : il est l'expression actuelle qui remplit le mieux les conditions classiques de l'art. Il ne recherche pas la beauté mais la trouve parce que les règles qu'il s'impose ne peuvent pas ne pas la lui faire rencontrer. Celles-ci renouent d'ailleurs avec les conditions générales de l'art, qui doit plus à la recherche de l'utile que du beau : c'est de la découverte qu'ils n'étaient pas antipathiques mais complices que vint la première lueur. Que l'utile ait fini par en paraître l'ennemi, c'est un destin que les objets du design devront probablement attendre pour que leur beauté devienne évidente à tout le monde.

Il est faux de croire qu'il ne s'épanouit que dans des objets mobiliers jadis abandonnés aux arts décoratifs, lampes, fauteuils, consoles d'ordinateur, mobilier urbain, vaisselle, véhicules, livres, stylos. Il s'est emparé de toutes les formes d'expression plastique, sauf des deux qui sont à l'origine de l'art contemporain : la peinture et la sculpture. Même l'architecture, jadis la reine des beaux-arts, est toute pénétrée de son esprit et de ses procédés. Par l'extraordinaire ambition de ses finalités et l'extrême économie de ses moyens, le livre était idéalement voué à tomber sous sa coupe. Il lui doit aujourd'hui quelques-unes des plus belles formes de son histoire quoique, dans sa version courante, il soit trop souvent devenu l'un des plus vilains objets du monde actuel.

Intermède

Comme il était entré dans Capharnaüm, un centurion s'approcha de lui en le suppliant : « Seigneur, dit-il, j'ai un jeune esclave qui gît dans ma maison, atteint de paralysie et souffrant atrocement. » Il lui dit : « Je vais aller le guérir. — Seigneur, reprit le centurion, je ne mérite pas que tu entres sous mon toit ; mais dis seulement un mot, et mon jeune esclave sera guéri. Car moi, qui ne suis qu'un subalterne, j'ai sous moi des soldats, et je dis à l'un : Va ! et il va, et à un autre : Viens ! et il vient, et à l'un de mes serviteurs : Fais ceci ! et il le fait. » Entendant cela, Jésus fut dans l'admiration et dit à ceux qui le suivaient : « En vérité, je vous le dis, chez personne je n'ai trouvé une telle foi en Israël. Eh bien ! je vous dis que beaucoup viendront du levant et du couchant prendre place au festin avec Abraham, Isaac et Jacob dans le Royaume des Cieux, tandis que les fils du Royaume seront jetés dans les ténèbres extérieures : là seront les pleurs et les grincements de dents. » Puis il dit : « Va ! Qu'il t'advienne selon ta foi ! » Et le jeune esclave fut guéri sur l'heure.

Evangile selon Matthieu, VIII, 5-13.

Sur la fin de sa vie, Georges Dumézil a risqué un petit volume obscurément titré « ... *Le moyne noir en gris dedans Varennes...* » : *sotie nostradamique, suivie d'un Divertissement sur les dernières paroles de Socrate* (Paris, Gallimard, 1984).

Il y examine assez favorablement la prophétie de Nostradamus sur l'arrestation de Louis XVI à Varennes ; passons. Il y propose plus timidement une hypothèse brillante sur la signification des ultimes paroles de Socrate, rappelant à ses disciples le vœu du sacrifice d'un coq à Esculape, dieu des malades ; mais depuis plus de deux mille ans, les érudits se cassent la tête pour savoir ce qu'il a bien pu voulu dire par là. L'interprétation dominante selon laquelle Socrate remercie Esculape de l'avoir guéri de la vie comme si c'était une maladie est si révoltante qu'elle ne mérite même pas la contradiction.

Celle que suggère Dumézil est nouvelle et ne m'en semble pas plus fausse. C'est à Criton que Socrate dans sa prison adresse ces derniers mots, ce Criton qui, un peu plus tôt, avait voulu le convaincre de s'évader comme tous ses amis l'en abjuraient. Mais il s'y était refusé, jugeant plus juste de se soumettre aux Lois qui l'avaient condamné que de leur échapper par la fuite. Aussi Socrate, au moment de mourir, remercie-t-il Esculape de l'avoir guéri des opinions fausses qui, comme celle à laquelle il avait refusé de céder, font périr les âmes et sont complices des maladies qui font périr les corps.

Le ton que Dumézil donne à sa conjecture est non pas d'une démonstration mais d'un divertissement. J'ai une suggestion tout aussi curieuse sur le récit évangélique de la guérison par le Christ du jeune esclave d'un centurion romain. Il n'est pas vraisemblable, ni du point de vue de la philologie ni de celui des mœurs, que cet esclave n'ait été, comme il était alors d'usage et comme il est arrivé maintes fois aux officiers de l'armée des Indes avec leur *boy*, beaucoup plus pour son maître (*Matthieu*, VIII, 5-10, 13 ; *Luc*, VII, 1-9). Un des versets de *Luc* précise d'ailleurs qu'il était cher à son cœur, ou, plus littéralement, qu'il l'avait dans son cœur (*entimos*). Matthieu relate l'histoire dans les mêmes termes mais gaze sagement 'épithète érotique. Quant à Jean (IV, 46-53), il en fait froidement le fils d'un officier royal. Les deux petits récits qui suivent brodent sur le texte synoptique d'une manière plausible et raillent cruellement la correction johannique.

Histoire du centurion romain

Après qu'il eut fini de faire entendre au peuple toutes ces paroles, il entra dans Capharnaüm. Or, un centurion avait, malade et sur le point de mourir, un serviteur qui était cher à son cœur. Ayant entendu parler de Jésus, il envoya vers lui quelques-uns des anciens d'entre les Juifs, pour le prier de venir sauver son serviteur. Arrivés auprès de Jésus, ils le suppliaient instamment : « Il est digne, disaient-ils, que tu lui accordes cela ; il respecte en effet notre nation, et c'est lui qui nous a bâti la synagogue. » Jésus faisait route avec eux, et déjà il n'était plus loin de la maison, quand le centurion envoya des amis pour lui dire : « Seigneur, ne te dérange pas davantage, car je ne mérite pas que tu entres sous mon toit mais dis un mot et que mon jeune esclave soit guéri. » Jésus l'admira et, se retournant, il dit à la foule qui le suivait : « Je vous le dis : pas même en Israël je n'ai trouvé une telle foi. »

Evangile selon Luc, VII, 1-9.

QUAND les licteurs de César foulèrent l'autre rive du Rubicon, des aigles tournoyaient dans le ciel comme des tentures que le vent fait claquer le soir contre les portes. En un moment, l'Italie devint déserte. Les charrues gisaient culbutées dans les champs ; les chevaux galopaient en troupeau sur les routes effondrées ; les bœufs de labour traînaient leur joug inutile comme des gladiateurs affranchis. Le peuple se retrancha derrière les murailles de Rome : il trouva la ville plus vide que les campagnes qu'il avait fuies.

Rien n'était comparable en grandeur à l'armée vaincue qui se retirait à longues marches vers la mer. Pompée, revêtu des insignes consulaires, allait environné de légions et de sénateurs. César ne les poursuivit pas. Ramassant le pouvoir que son rival ne lui avait pas disputé, il leva l'impôt. Puis, quand le moment fut propice à la victoire, il la chercha près de Pharsale. Elle ne se déroba point. Couvert de gloire, soleil des morts, il usa de clémence.

Publius ne jouit pas longtemps de la félicité dont le sort avait accablé son protecteur. Il vit l'homme, presque un dieu, dérober son visage à ses meurtriers sous le pan de sa toge. Il se maria peu après. Un fils lui vint dans l'âge mûr alors que l'empereur Auguste ordonnait le recensement de toute la terre. Il reçut le nom de Caius. L'enfant devint un jeune homme de belle taille, exercé dès l'enfance aux jeux des Grecs. Il passa plusieurs années dans les écoles des rhéteurs. Ni le paradoxe du menteur ni le bateau de Thésée ni les subtilités du Portique ne lui restèrent durablement inconnus.

Publius fut envoyé aux limites de l'Asie que troublent des guerres incessantes. Ils passèrent jusqu'à Rhodes et de là gagnèrent Antioche où toutes les races de la terre se mêlent sans distinction. Le jeune homme vit les grands ports de l'Orient, Smyrne, Ephèse, Milet. Lassé des jeux de l'esprit qu'il avait trop étudiés, la guerre l'enivra comme un vin fort auquel on n'est pas habitué. Le sang caillé au poitrail des chevaux, les buccins, la mort, le fracas des essieux rivalisèrent dans son cœur avec les charmes captieux du syllogisme, du sorite et de l'épichérème. Il tua pour la gloire de Rome et déporta les peuples qui résistaient à l'Empire : la force lui semblait parée d'une magnificence que rien n'égale.

Il ne put se déprendre des jeux de la palestre. Paré des symboles intangibles de la puissance, il se dégoûta des hommes libres : tournant ses désirs vers les esclaves qu'on vend dans les grandes cités, il trouvait plus de plaisir dans celui qu'on prend par la force que dans celui qu'on obtient librement. Mais la jouissance efface les frontières entre le maître et l'esclave. Il lui parut que, dans la chair, tous les hommes sont citoyens de la même patrie. Il n'eut de cesse de la connaître et scruta tous les chemins qui peuvent y conduire.

Publius mourut à Antioche de Syrie. Le chant strident des cigales assourdissait le fracas de l'Oronte qui dévalait au pied du catafalque. On déposa le corps sur un bûcher dressé le long des berges. Caius prit la torche et, sans trembler, mit le feu à l'édifice. Une odeur âcre, mêlée aux amers venus de loin, infectait ses narines. Il vit le soir la chair paternelle se tordre dans les flammes ; au matin ne restaient que de pâles figures sur le sable.

Les Parthes cruels qui infestent les rives de l'Indus faisaient de nouvelles incursions. Jamais Rome n'avait fait montre de ses armes avec tant de morgue. Caius vit en vainqueur les villes qu'arrose l'Euphrate. Il achetait d'innombrables esclaves qu'il affranchissait après une nuit de plaisir. Il n'avait pas vu la pluie depuis deux ans quand sa légion dressa son camp devant Palmyre conquise. Le soleil avait raviné son visage d'où son regard, plus limpide que les eaux du Yémen, coulait comme un torrent.

L'aridité du désert, irritant sa concupiscence, la lui avait patiemment asséchée. La chair ne lui consentait plus que de rares vertiges qui n'étaient rien au prix de ceux que son imagination lui versait sans relâche. La forme du monde n'était presque plus visible à ses yeux. La beauté lui parut s'être exilée du visage des hommes. Il cessa de toucher son corps. Son ascétisme le rendait impitoyable aux soldats. Une fois, il décima une centurie parce que son alignement n'avait pas la rectitude qu'Euclide exige des parallèles. La haine qu'on lui portait devint son plus solide rempart. Il s'y retrancha dans l'espoir que celle d'un soldat lui ouvrirait les portes de la mort. Mais le courage ne brillait plus dans les yeux d'aucun : l'épuisement les avait gagnés sans retour.

Il fut envoyé en Palestine que les Romains ont divisée en quatre contrées. Le tétrarque de Galilée implorait l'aide des légions pour réprimer les révoltes incessantes qui agitent ces peuples. Titus transita par la Décapole qui s'étend au-delà du Jourdain. Il remarqua dans l'une des villes un jeune esclave dont les veines battaient lourdement sous les tempes. Sa peau claire attestait la grande île de Thulé que l'Empire venait de conquérir. Le marchand l'avait dépouillé de sa tunique et la honte tenait les yeux du jeune homme baissés. Un Syrien drapé d'une robe de soie le lui disputa longtemps. Caius était pauvre en or ; mais le nom romain excédait toutes les richesses. Il exigea ce qu'il ne pouvait payer. Puis, jetant au marchand une poignée de sesterces, il talonna sa monture, marcha sur le garçon et l'enleva.

Le piétinement de son cheval avait soulevé un épais nuage de poussière. Tout de suite, il sentit contre lui une chaleur inconnue. Il revoyait les flammes d'Antioche contre son visage. Les cieux s'ouvrirent : il était devenu l'un de ces monstres à deux corps dont parle Platon et qui, roulant comme les essieux d'un char, s'élancent à l'assaut de l'Olympe. La moitié de sa chair, maintenant barbare, était secouée de frissons. Ils chevauchèrent toute la nuit au milieu des éclairs jusqu'à ce que la foudre interrompît leur course. Au matin, Caius offrit au jeune homme de l'affranchir. Il refusa. Il portait un nom étrange qu'aucun romain ne porte : *Thor.* Caius crut à l'invocation d'un dieu que même Aristote n'avait pas connu. Le jeune homme parlait de son pays, de la neige qui en couvre le sol durant trois saisons, de faucons blancs qui hachurent le ciel, de grandes îles de glace qui flottent sur la mer comme des cygnes.

La légion de Caius fut mise en garnison à Capharnaüm, ville voisine de Béthsaïde et de Génésareth qui s'étend au nord du lac de Tibériade. La misère s'était abattue sur le peuple. Les enfants n'avaient rien à manger qu'un peu de poisson séché. Caius investit la plus belle maison de la ville et en chassa les occupants : c'étaient des Sadducéens, amis du grand prêtre qui règne sur le temple de Jérusalem, capitale insignifiante de ce minuscule état. Ils en appelèrent à Ponce Pilate, homme lâche, accablé d'affaires. Le préfet connaissait la famille de Caius pour puissante dans Rome et fidèle aux Césars : il les évinça de son tribunal. Et les Pharisiens qui haïssent les Sadducéens regardèrent Caius comme l'instrument que Dieu leur avait envoyé pour faire éclater Sa justice contre Ses ennemis.

Il vint un homme appelé Jean qui s'établit sur l'une des rives du Jourdain. Le jour, il demeurait au désert, endurant les piqûres des insectes. Mais dès que le soir tombait, il descendait vers le fleuve et purifiait les fidèles. La parole du prophète était telle qu'aucun mot ne saurait l'exprimer. Elle était véhémente, insoutenable, hardie, violente, grossière, parée d'une splendeur ridicule. Le Tétrarque ne put souffrir longtemps une telle arrogance. De nouveau, il en appela aux Romains contre le peuple qui se rendait en foule jusqu'au fleuve. Lorsque Caius s'empara du prophète, il en avait noirci de soldats les deux rives. Mais l'homme se laissa prendre sans résistance.

Les jours se suivaient comme l'eau du Nil qui coule immobile parce qu'elle vient du néant où elle retourne.

Les pas de Thor s'étaient alourdis sous le fléau du jour. Caius au contraire, que le désert n'avait pu dompter, fuyait l'ombre des portiques. Lorsque la tour de Siloé s'effondra, nombreux furent les femmes et les enfants qui périrent broyés. Les Pharisiens y virent le doigt de Dieu ; les Sadducéens ne dénombrèrent aucun des leurs parmi les morts, circonstance accablante pour leurs adversaires. Caius fit élever une synagogue sur l'emplacement des ruines. Ses soldats devinrent terrassiers et, n'osant le regarder en face quand le soleil brillait, le maudissaient quand les ténèbres tombaient sur Chorazin. Mais les Juifs continuaient de le regarder avec réprobation : ils étaient pleins d'horreur pour son genre d'amour. Seuls de tous les peuples, ils rangent au nombre des crimes un sentiment que même les dieux ont vénéré.

La tourbe des deux rives du lac s'enflamma de nouveau. Il faut toujours aux Juifs un roi ou un prophète. Un homme, un de plus, accomplissait des miracles, en Galilée, en Judée, à Jérusalem et jusque dans la Décapole. Caius vit un paralytique dont les jambes, autrefois débiles, avaient le galbe des statues. Une femme, flétrie avant l'âge, parut devant lui plus radieuse qu'Artémis. Il écouta les plaintes des Pharisiens : ils reprochaient à l'homme de chasser les démons au nom d'un dieu auquel ils ne croient pas mais qu'ils nomment Belzébuth. Les Sadducéens, plus adroits, l'accusèrent d'être l'ennemi des Romains.

Thor tomba malade alors que le soleil était à son zénith : la terre était craquelée comme la peau d'un éléphant pourri le long d'un fleuve. Les sources distillaient un maigre fil qui retombait dans des vasques plus sèches que le cœur des scribes. Caius le déposa sur des coussins où il dormit jusqu'à la nuit. Des suées trempaient sa tunique avec l'abondance d'une pluie d'été. Ses dents claquaient comme le bec des cigognes. Au matin, des taches noires couleur de suie apparurent sur le thorax. Caius les couvrit sous un drap de toile bleue volé aux peuples du désert.

Rien ne l'avait préparé à la perte du bonheur. Il rafraîchissait les tempes du jeune homme avec de la neige apportée des cimes du Liban et pressait de baisers les paupières arquées par la douleur. Il veilla sur lui comme une louve. Puis le corps s'altéra ; la peau devint terne ; sa blancheur prit une couleur de corne et les cheveux, qui retombaient autrefois comme des cataractes, ressemblaient à des cordes. Les paroles de Thor devenaient de plus en plus belles. Il parlait de pays qui ne se comparent à aucun de ceux que les hommes ont vus. C'étaient des plateaux balayés par les vents où les narcisses jaillissent de la glace comme les sources du sable. Il décrivait des couleurs que ne portent ni les fleurs ni les oiseaux. Caius voyait l'approche de la mort le diviser de son compagnon : bientôt il ne pourrait plus le suivre. Le regard de Thor était déjà si intense qu'il ne le soutenait qu'à la clarté des torches.

Il mendia le secours des hommes. Les médecins de Jérusalem étant impuissants, il en appela qui arrivaient d'Alexandrie, de Tyr, d'Epidaure. Mais ayant vu le malade, aucun ne revenait. Il se procura des onguents que les marchands rapportent de chez les Sères. Il promit des hécatombes à tous les dieux de l'Egypte dont les prêtres en honorent plus à eux seuls que tous les peuples de la terre. Il ne méprisa pas les avis des bergers qui font paître leurs troupeaux sur les pentes de l'Hébron et qui vivent jusqu'à cent ans. Il hantait l'obscurité des temples et la clarté des livres.

Il se souvint d'un homme, un Nazoréen. Il ne savait plus si c'était celui qu'il avait fait prendre le long du fleuve ou si c'en était un autre. Il y a tant de prophètes en Judée ! Il commanda aux soldats de le lui amener de force. Mais ils n'eurent pas à lui obéir : acclamé par la multitude, l'homme venait d'entrer dans Capharnaüm.

Caius interpréta le présage dans un sens favorable. En touchant le bas de son manteau, une femme hémorroïsse avait été guérie par le prophète. Il courut au lit où Thor était allongé mais le trouva trop faible pour marcher. Pourquoi n'irait-il pas lui-même à sa rencontre ? Thor et lui ne formaient-ils pas un seul être ? L'appétit ne se communiquait-il pas entre eux, et de même le dégoût, le plaisir, le sommeil et tous les sentiments ? Il descendit dans la rue. Elle était vide à cette heure. Tous les Juifs étaient accourus sur la place où le Nazoréen les enseignait. Le moindre bruit résonnait comme du creux d'une citerne. D'une fenêtre, une pièce chuta dans un bruit de cymbale.

Voyant paraître leur centurion, les soldats l'escortèrent le long des rues. On lui amena une cavale dont l'écume souillait la bouche. Il la repoussa et s'élança dans la ruelle qui menait au centre de la ville. Plus il avançait, plus il sentait l'incendie s'étendre sur son visage. La sueur coulait de son front ; son cou était gonflé comme celui d'un taureau qu'on traîne à l'abattoir ; ses paupières étaient plus lourdes que des écailles.

Le mal, sans doute contagieux, le gagnait à présent. L'idée de mourir le raffermit. N'ayant pas été séparés dans la vie, Thor et lui ne le seraient pas dans la mort. Un âne vint lui barrer le chemin. Comme la ruelle était étroite, il tenta de le tirer en arrière ; mais l'animal résistait. Sans qu'il en eût donné l'ordre, un soldat rompit les tendons de la bête, qui s'affaissa. La rumeur de la foule se rapprochait. A mesure qu'il avançait, tous s'étaient écartés : rejetés par les soldats contre les portiques, ils formaient un cercle où il pénétra comme dans une arène.

L'homme se tenait debout. Sa voix dominait pareille au vent au-dessus des eaux. Etourdi, Caius chuta une première fois sous les yeux de la multitude. L'homme se tourna : alors Caius le vit. Rien ne peut dire ce qu'était son regard. Caius se souvint d'un esclave dont il avait ordonné le supplice à Ctésiphon et qui appelait sur son bourreau la clémence des dieux, d'un cheval éventré qui raclait la poussière de ses sabots, du regard de sa mère qu'il n'avait pas connue. Les plis du manteau s'agitaient sous la brise. S'il ne s'était agi que de lui, Caius eut voulu succomber à cette heure ; mais Thor mourant comptait plus que sa propre vie. Il fit un effort pour se redresser. La foule aboyait comme une meute ; les soldats avaient de plus en plus de mal à la contenir.

Le Nazoréen s'était retourné vers les Anciens du peuple et leur parlait. Caius n'entendait la langue des Juifs que par lambeaux. Il vit les Pharisiens s'avancer. Ils contaient la synagogue bâtie à Siloé : ces hommes dont la bouche avait toujours été pleine de haine intercédaient pour lui. Les Sadducéens arguaient de l'infamie qui retomberait sur le Nazoréen s'il accédait à leur demande. Alors, puisant à cette source qui s'élançait de lui comme un torrent, il s'écria : *Seigneur, je ne suis pas digne de te recevoir, mais dis seulement une parole et le garçon que j'aime sera guéri.*

Un grand silence se fit. L'homme le fixait en silence : Caius s'effondra de nouveau. Il dit alors quelques mots à ceux qui le suivaient ; puis il s'éloigna. Lorsque Caius se releva, le peuple priait.

Bientôt la foule s'écoula le long des rues. Le soleil déclinait. Le vent faisait battre la tunique des soldats sur leurs cuisses. Caius rentra dans la ville et chercha son chemin Les feuilles des sycomores bruissaient comme des plumes ; d'innombrables oiseaux pépiaient. Enfin sa maison lui apparut. Entré dans le vestibule, il perçut la rumeur qui montait. Les esclaves couraient en tout sens. L'un d'eux venu à sa rencontre chantait. Les portes claquaient comme des volets. Des danseuses jouaient du sistre et de la flûte. L'intendant mêlait du vin vieux et de l'eau dans les cuves.

    Caius se rua dans la chambre où son ami dormait. Thor était assis : ses yeux avaient retrouvé leur éclat ; ses épaules se tenaient droites comme des pins. Il repoussa de la main les linges qui le couvraient : les taches en avaient disparu. Ses cheveux brillaient comme de l'or. Sans vaciller sur ses jambes, il bondit hors du lit et remit son corps intact entre les bras de Caius. Alors on ouvrit les deux battants de la porte, et ils purent goûter aux viandes du banquet.

    Le lendemain, Caius remit son commandement entre les mains du préfet. Le corps de Thor était plus pur que les lys de Salomon. Il put se tenir à cheval. A midi, presque sans bagage, ils sortirent de Capharnaüm et s'éloignèrent vers le Nord.

Fin de l'histoire
du centurion romain

> Il y avait un fonctionnaire royal dont le fils était malade à Capharnaüm. Apprenant que Jésus était arrivé de Judée en Galilée, il s'en vint le trouver et il le priait de guérir son fils, car il allait mourir. Jésus lui dit : « Si vous ne voyez des signes et des prodiges, vous ne croirez pas ! » Le fonctionnaire royal lui dit : « Seigneur, descends avant que mon garçon ne meure. » Jésus lui dit : « Va, ton fils vit. » L'homme crut à la parole que Jésus lui avait dite et il se mit en route. Déjà il descendait quand ses serviteurs, venant à sa rencontre, lui dirent que son garçon était vivant.
>
> *Evangile selon Jean*, IV, 46-51.

LE FEU ne cesse de brûler la terre depuis qu'Erostrate incendia le grand temple d'Ephèse. Les murs de la communauté, où Jean était entré dans la fleur de sa jeunesse, avaient été bâtis sur ses ruines encore calcinées. Il était à présent un ascète vieilli avant l'âge dans les lectures et dans les jeûnes. Il n'avait cessé de mépriser son corps que depuis qu'il était sûr de sa laideur. Tant qu'il le crut beau, il le regarda comme la porte du Malin.

L'obscurité des bibliothèques l'avait préservé des tentations du jour. Il était épouvanté de la multiplication des livres que les paroles du Christ ont suscitée sur la terre. Il n'avait pas recensé moins de vingt-quatre évangiles, chacun dans d'innombrables versions qu'il avait comparées durant de longues nuits sans sommeil. Les contradictions monstrueuses de la parole de Dieu lui avaient ôté le repos qui aurait dû succéder à ces veilles harassantes.

Longtemps, il crut qu'il ne comprenait pas ce qu'il lisait à cause de son péché. Puis il soupçonna que sa connaissance du grec était défectueuse : il ne parlait que celui des routes et des marchés. Il en rechercha les livres, certains d'avant le Christ, d'autres d'après. Il épuisait ses jours, quelquefois ses temps de prière, à collationner les textes pour en capter le sens des mots. Pourquoi Dieu avait-il cru bon de parler aux hommes dans une langue dont le sens se trouve dans des livres où il n'est pas question de Lui ? Les mœurs abominables des Grecs ne cessaient de souiller sa lecture. Les mots qui décrivent les parties et les actes les plus honteux y figurent en nombre infini. Sa foi en sortait affermie mais au prix d'un contact éprouvant avec le péché. Il revenait avec délices aux paroles évangéliques, où les pensées sont chastes et où les corps ne sont pas décrits. Tardant à rendre les volumes qu'on lui envoyait, il détruisait les plus impies, certain d'épargner la damnation à ceux qui, trompés par une foi vacillante, pouvaient y succomber.

Ce fut la troisième semaine après Pâques que Titus entra dans la communauté. Sa beauté fut à Jean tout de suite suspecte. Le hiérarque crut bon de le lui confier. Jean n'avait pas une grande expérience des novices. Titus était plein de l'ardeur des néophytes et cet excès irritait son maître, qui ne souffrait qu'avec peine une foi aussi grande que la sienne. Titus manifesta aussitôt d'éclatantes aptitudes à l'étude. Il entrait dans le sens des livres grecs avec une surprenante maîtrise. Il découvrit la collection des évangiles que son maître avait rassemblée : certainement, il n'y en avait point de telle ni en Orient ni en Occident. Jean constata bientôt que Titus le dépassait en savoir et consacrait presque tout son temps à l'étude.

Le jeune homme se plaisait avec Jean plus qu'avec tous les autres frères. Ils passaient les heures à dénombrer les acceptions d'une longue liste de mots. Les livres grecs, que Jean ne lisait jamais autrefois sans crainte, étaient devenus comme des amis. Même sa lecture de l'Ecriture en était transformée. Les phrases n'avaient plus le même sens : elles étaient plus multiples, plus sonores, souvent plus belles. Il était troublé de cette découverte et de la devoir à quelqu'un d'aussi récent dans la foi. Il décelait non sans effroi une évidente analogie entre la beauté du grec et celle de son compagnon. Bien que personne ne fût aussi prévenu que Jean contre les apparences, il ne pouvait s'empêcher de désirer sa présence. Il n'était pas le seul : tout le monde voulait être assis près de lui au moment des repas ou pendant les offices. Et Jean, qu'aucune pensée n'avait jamais détourné de la parole divine, suspendait sa prière quand, du rebord de sa manche, il effleurait la tunique de son compagnon.

En ce temps-là, les Barbares s'étaient rapprochés des frontières de l'Empire. Ils avançaient brutalement au centre des terres, prenaient un village et le pillaient avant de le brûler. Les Livres saints n'étaient pas épargnés. La foi des Barbares ne souffrait pas d'accommodements : les uns brûlaient les Livres saints parce qu'ils prêchaient la divinité du Christ, les autres parce qu'ils prêchaient son incarnation.

Titus vouait à Jean une admiration qui, dans son cœur, prit bientôt un autre nom. Tout de suite, il désira ce corps dont les privations n'avaient pu altérer la beauté : quoiqu'humiliée, elle n'en éclatait qu'avec plus de splendeur. Sa foi était profonde. Lorsqu'il avait entendu prêcher la parole de Dieu, tout son cœur avait été bouleversé. Elle était annoncée à tous, Juifs et païens, hommes et femmes, esclaves et citoyens. Dieu viendrait d'un seul coup : c'est la foi de chacun qui le jugerait ; sa foi, rien d'autre. Mais Jean avait la détestation de la chair, que les églises d'Asie communiquent à ceux qui les fréquentent et que Titus avait côtoyés dans la grande ville d'Antioche : leurs paroles avaient infecté son cœur, où l'amour de Dieu fleurissait comme dans un désert.

Jean prit d'abord l'amitié de Titus pour l'empressement d'un plus jeune à recevoir les conseils d'un plus vieux. Mais quand il fallut donner un nom à celle qu'il éprouvait, il n'en trouva aucun d'acceptable. Les nouvelles communautés s'étaient constituées avec une telle rapidité : il avait été impossible de réformer les mœurs de tant de peuples divers. Les Juifs persistaient à célébrer le sabbat ; les Romains continuaient de donner à César des noms divins ; les Grecs s'obstinaient dans l'amour des garçons. L'Apôtre n'avait-il pas proclamé que la foi seule sauve ? Jean se retirait de longues heures pour prier. Mais il avait hâte de les écourter. Lorsqu'il se tenait près de Titus, il était envahi d'un sentiment insolite, comme si son âme s'élevait. La foi de son compagnon l'étonnait au plus profond de lui. Les heures passées ensemble s'allongeaient maintenant tous les jours. Le jeune homme voyait Jean venir à lui plus vite que l'orage. L'amour qu'il lui portait était l'incarnation de celui qu'il portait au Christ, et, comme pour celui qu'il portait au Christ, il ne pouvait pas croire qu'il n'était pas réciproque.

Un jour de Tyr, où afflue ce que l'Empire a de plus rare, vinrent des livres que Jean avait cherchés en vain dans toutes les villes de l'Asie. C'était la collection des sept tragédies d'Eschyle, que les plus grandes bibliothèques ne conservent qu'en petit nombre. Entre *Les Choéphores* et le *Prométhée enchaîné*, ils eurent la surprise d'en découvrir une huitième qu'on croyait perdue depuis que les troupes de César avaient incendié la grande bibliothèque d'Alexandrie. Ils commencèrent à lire. Plus ils avançaient dans le texte, plus la honte envahissait le cœur de Jean. C'était une longue déploration d'Achille sur le corps transpercé de Patrocle. Mais cette honte était délicieuse ; et la fébrilité de Titus, dont les paroles déclamaient les vers du vieux poète avec une ferveur croissante, mit le désir dans le cœur de Jean. Il se dit que c'était peut-être cela, l'essence du péché : la honte et le désir mêlés.

Il céda un peu avant la dernière strophe du chœur.

Ce fut la fin de leur amitié. Jean croisant Titus baissait les yeux. Il craignait son regard comme celui du Justicier et n'opposait que le silence à toutes ses paroles. Le bien qu'ils avaient connu, jamais sa foi ne lui en avait apporté de semblable. Le corps de Titus était comme les vignes d'Engadi dont l'Ecriture dit que même les Séraphins ne boivent pas d'un vin aussi délectable. Il avait communié avec lui dans la chair comme jamais dans l'esprit avec le corps du Christ. Cette perfection lui fit horreur : elle était le signe évident du Malin. Les dieux des païens se disputaient toujours les âmes. Ils n'en avaient cédé que le simulacre au Rédempteur. Les livres grecs étaient la cause du mal : c'est eux qui retardaient la venue du Seigneur.

Titus abandonné, la douleur ne suffit pas à ébranler sa foi. Il ne demandait pas à Dieu le retour de son ami : le précieux manuscrit serré contre son cœur portait témoignage de leur union. Il en relisait les vers gravés dans sa mémoire pour que jamais rien ne puisse les lui arracher :

... Tu leur laissas traîner ton corps dans la poussière ;
Homme ingrat, oublieux de nos nombreux baisers...

... Le pieux croisement de nos cuisses brûlantes...

*... Plaignez le survivant bien plus que le défunt
Car moi j'ai tout perdu...*

Il endura de longs mois la présence de Jean qui le fuyait même dans la prière. Alors, il prit la route du Nord que les Barbares venaient d'occuper et où la langue grecque est partout ignorée.

Le départ de Titus fut pour Jean le moment de la révélation. Il connut les tortures de l'absence. Il sut enfin ce que celle de Dieu signifiait. Il Le chercha dans les livres avec plus de fièvre que jamais. Décidé à purger la terre de ceux qu'ils avaient lus ensemble, il mit la même rage à les détruire que jadis à les étudier. Il revint soulagé à la parole de Dieu. La langue des Evangiles coulait avec une innocence consolatrice. Sa lecture tomba sur le récit du centurion romain. Depuis quelque temps, il introduisait la fraction du pain dans les communautés : aucun passage de l'Ecriture ne lui était plus familier. Il buta sur le mot de *pais* qui résonna en lui d'une manière étrange. La sueur couvrit son front. Il se redisait les paroles du centurion : *Seigneur, je ne suis pas digne de te recevoir mais dis seulement une parole et mon garçon sera guéri.* Dans son esprit entraîné par l'étude, tous les sens du mot lui revinrent à la fois : il n'était associé qu'aux plus infâmes expressions. *Paidos erastès*, la plus précise de toutes, désignait brutalement ce qu'il n'avait jamais osé admettre. Sa panique fut à son paroxysme lorsque la vérité le foudroya : jamais sans son péché il n'aurait accédé à la parole de Dieu.

Il erra de longs jours le long des côtes qui s'étendent au-delà des faubourgs d'Ephèse. Dieu avait-il pu permettre une telle infamie ? Et le Christ avait-il guéri les amoureux des garçons comme il avait guéri les prostituées et les

Fin de l'histoire du centurion romain

publicains ? Mais non ! Tout était sauf si c'était pour son fils que le centurion avait imploré l'intercession. Et de nouveau, les sens du mot lui revenaient en foule : celui-ci en était désespérément absent. Il avait vu lui-même les Romains couvrir la terre de leurs armes. Jamais leurs femmes n'avaient suivi la cohorte des légions dans leur marche. Jamais aucun de leurs enfants n'avait essuyé les vents de sable de l'Arabie, franchi les rives glacées du Danube, dormi sous les campements dressés dans Bérénice. L'amour seul, celui qu'il avait partagé avec Titus, avait pu conduire un centurion romain à supplier pour un esclave un misérable Juif. Les paroles de Titus résonnaient en lui : le Seigneur était venu pour les justes et pour les pécheurs, pour les hommes et pour les femmes, pour les hommes libres et pour les esclaves, pour les Grecs qui aiment les garçons et pour les Juifs qui les exècrent. Les Grecs étaient appelés comme les autres peuples, comme les Romains qui autorisent le divorce, comme les Egyptiens qui épousent leur sœur, comme les Celtes qui mangent du porc et des aliments que les Juifs regardent comme impurs. Il pleura.

De longues années s'étaient écoulées. Depuis des mois, la communauté était soulevée par une grande espérance. Les temps étaient proches. De nouveaux témoignages ne cessaient d'affluer : des hommes qui avaient vu le Christ vivant le reconnaissaient sur les places et dans les marchés. On se passait des livres longtemps cachés qui n'étaient destinés à paraître qu'un peu avant la fin du monde. C'est Jean le Presbytre qui en avait divulgué le plus saint : l'Evangile du disciple que Jésus aimait. Jamais la parole de Dieu n'avait retenti avec une telle puissance. On en faisait des lectures dans les assemblées, et les foules se prosternaient comme si c'était la voix même du Ressuscité.

Jean était à présent le plus âgé de la communauté. Penché sur les tablettes, il recopiait l'exacte version du dernier évangile, celle qui allait servir d'exemplaire aux copies que les communautés de toute la terre ne cessaient de lui réclamer. Quand il reconnut les premiers mots de la péricope, son cœur se serra. Il leva son poinçon et le tint immobile. La bouche de Titus l'appelait depuis le plus lointain passé, cette bouche dont il avait aspiré le souffle et qui lui redisait maintenant les paroles d'autrefois. Tout le nouvel évangile était à son image : le disciple que Jésus aimait avait son visage ; l'amour qui en couvrait les pages, c'est Titus qui le lui avait appris. Dehors, les chants des néophytes s'élevaient pour la prière du soir. Jean ne croyait plus au retour imminent du Seigneur. Les fidèles allaient devoir s'organiser. Sur cela, au moins, Titus s'était trompé. Il faut des règles de vie à des hommes qui en ont pour si longtemps, des sociétés administrées, des principes, des lois, des commandements, des interdits.

Il reprit son travail. Quand il arriva au mot de *pais*, qui veut dire *garçon*, il mit en tremblant celui de *uios*, qui veut dire *fils*

Du silence

> Tes pas, enfants de mon silence,
> Saintement, lentement placés,
> Vers le lit de ma vigilance,
> Procèdent muets et glacés.
>
> Paul Valéry, *Charmes*, « Les pas », dans *Œuvres* t. 1, éd. par J. Hytier, « Bibliothèque de la Pléiade », Paris, Gallimard, 1957, p. 120.

De la photographie, j'aime le silence et l'immobilité, manière détournée de dire que j'en aime l'absence : de bruit, d'action, de couleur. Aussi je la préfère en noir et blanc. Elle fige le mouvement : contrairement à la peinture, elle échoue dès qu'elle essaie de le reproduire. Les effets de flou et de bougé par lesquels les photographes tentent de corriger cette impuissance native ne m'inspirent qu'une conviction médiocre. Le noir et blanc sauve la photographie de la distraction dont la couleur fait courir le risque à tous les arts où elle s'introduit : le silence dépend d'une étroite concentration et chacun comprendra que celle-ci ne souffre pas la dispersion.

Ce n'est pas la première fois que nous le réalisons : le silence est une figure de l'absence qui ne s'applique vraiment qu'à Dieu. Aussi le silence absolu dont il devrait seulement être question quand on parle de silence est-il un idéal indicible, et nous ne pouvons parler que de celui que traverse encore une faible rumeur : même celui des mystiques est toujours chargé d'une impalpable tension, sauf dans l'état le plus redouté du contemplatif : l'acédie. Il rencontre nos aspirations les plus hautes et les plus consolatrices : c'est lui qui fait le vide en nous, que nous nous vidions de tout pour être attentif à nous-mêmes ou de nous-mêmes pour être attentif au tout. Peut-être ne saurions-nous faire les deux sans mourir.

Cet évidement progressif est-il d'ailleurs autre chose que la métaphore d'un détachement imparfait ? Le vide de tout en nous, dans lequel il ne nous resterait plus à nous-mêmes que nous-mêmes, friserait la folie ; le vide de tout en nous, dans lequel il ne resterait plus rien de nous-mêmes à nous-mêmes, la mort. Aussi ne devons-nous pas trop nous désoler du caractère transitoire et partiel de semblables états : ce sont peut-être les conditions de leur bénéfice. Nous avons beau rentrer en nous-mêmes : quelque chose du tout continue de résonner en nous ; et sortir de nous-mêmes : quelque chose de nous continue de résonner dans le tout. Par un paradoxe aventureux, c'est lorsque nous lui sommes le plus attentif que nous le sommes le plus au tout comme lorsque nous le sommes le plus au tout que nous le sommes le plus à nous-mêmes. Je suis enclin à penser que la raison n'est que la pointe extrême de notre attention et suis on ne peut plus accueillant à ce spinozisme spontané.

La prière nocturne figure assez bien l'un des ultimes degrés du silence : malgré les apparences, elle correspond à un état d'extrême éveil. Je ne crois pas cet état différent de l'extrême attention de l'artiste ou du mathématicien. Dans les trois cas, il semble que l'on ne puisse atteindre la cible que du fond d'un horizon dont l'espace a été entièrement épuré durant l'acheminement vers le silence qui précède le bref instant où l'on s'y tient et dont il ne faudra pas moins de tout le temps qui le suit pour le développer. Saint

Bernard a intensément évoqué dans ses *Sermons sur le Cantique des cantiques* cet exceptionnel état ; et à condition de méditer ces textes comme, tout à l'heure, devant le tableau du Tintoret dont le croyant comme l'incroyant pouvaient tirer profit, la justesse de leur expression est parfaite. *Je vous en conjure, filles de Jérusalem*, commence-t-il en citant le verset 7 du deuxième *Cantique des cantiques, par les gazelles et par les biches des champs, ne réveillez pas du sommeil ma bien-aimée, avant l'heure qu'elle a choisie.* Mais quel est ce sommeil de l'Epouse ? C'est, dit-il, *un sommeil vigilant, vivace, qui rend plus lucide le sens intérieur et, chassant la mort, donne la vie éternelle. C'est un état qui en réalité n'atténue pas les sens, mais les détourne de leur objet habituel*[53]. Un « sommeil vigilant et vivace » qui éveille nos sens au « sens intérieur » et « donne la vie éternelle » : voilà bien les termes par lesquels nous tentions de nommer l'extrême attention que le silence faisait en nous peu à peu. Une certaine nuit de l'âme lui est nécessaire. Nos sens, qui nous reliaient au monde, ne s'en sont pas pour autant dépris. Le sentiment d'éternité qui couronne ce silence attentif est inséparable d'une extrême sensibilité au mouvement de la vie : non pas le sentiment d'un moteur immobile mais immuablement en mouvement.

Comme rien ne me plaît autant que de prendre une idée par une de ses faces puis par la face opposée, force m'est de reconnaître que les témoignages laissés aussi bien par les contemplatifs que par les mathématiciens ou les poètes sur les phases culminantes de leur activité ne correspondent pas toujours à un état d'extrême attention mais quelquefois d'extrême distraction. Saint Paul est aussi abruptement

---

53. *Sermons sur le cantique des cantiques* : sermon cinquante-deuxième, dans *Œuvres mystiques de saint Bernard*, préf. et trad. [du latin] d'A. Béguin, Paris, Seuil, 1987 (1953), p. 547 ; 549.

surpris sur le chemin de Damas qu'Archimède dans son bain ou Poincaré sautant de sa plate-forme d'autobus. Mais nous font-ils un récit bien fidèle ? et leur histoire n'est-elle pas plus composée qu'ils ne le disent ? Newton, à qui l'on demandait comment il avait découvert les lois de la gravitation universelle, répondait : « En y pensant toujours. » C'est par une attention, autant dire un silence intérieur de tous les instants que s'était offert à lui l'instant de la découverte. Voilà peut-être pourquoi celle-ci est aussi rare : un état qui ne serait pas loin d'une forme de folie est comme nécessaire à sa manifestation.

Les lettres, telles que nous les aimons, se refusent à ces extrémités : on ne s'en prendra jamais assez à ceux qui ont voulu ou veulent en faire une forme d'illuminisme. Leur médiocrité dorée explique peut-être pourquoi le silence y est si difficile : le roman en est tout bonnement incapable ; l'essai, quoique plus elliptique, est tout aussi bruissant. Le théâtre le peut mais dans le jeu des acteurs. Le texte lui-même ne l'autorise guère ; et je ne me souviens pas d'une didascalie qui ordonne : « Ici tel personnage se tait » ; en revanche, « Tous parlent ensemble » existe à profusion. La poésie était peut-être seule à pouvoir exprimer le silence ; mais depuis qu'on en a supprimé la ponctuation, on n'y entend que du brouhaha.

La musique est avec la peinture le seul art dont le langage indique le silence par des signes. C'est par là que l'ancienne ponctuation littéraire était avant tout musicale ; la nôtre n'est que sémantique et, lorsqu'elle disparaît, muette, c'est-à-dire contraire à tout silence, lequel reste chargé de sens : le mutisme en est dépourvu. La peinture l'indique sans recourir à aucun : toute toile est, par construction, silencieuse ; et si les arts se composent de l'ensemble des langages qui ne passent par aucune parole, elle en est sans doute le plus grand. Il est vrai qu'il est des toiles plus silencieuses que d'autres, comme si c'était la marque de leur plus grande perfection. L'œuvre de Poussin est l'une de celles dont la qualité du silence me touche le plus : rien d'étonnant à ce que son plus grand commentateur fut aussi l'un des espions les plus énigmatiques du vingtième siècle[54]. Je n'en aime pas moins les œuvres qui semblent crier, comme celle du Tintoret ou du Picasso des années trente : on pourrait d'ailleurs répartir ainsi la presque totalité des peintres. Mais même cette apparente clameur semble encore se dégager sur un fond de silence : le vacarme n'est, par contraste, que le moyen de le rendre plus dense.

Les grandes toiles funèbres de Poussin sont *naturellement* silencieuses : *La Mort de Germanicus* du musée de Minneapolis, *L'Extrême-onction*, surtout celle des *Sept sacrements* de Belvoir Castle à Grantham, *Le Testament d'Eudamidas* du Musée d'Etat de Copenhague. Le silence naît de la simplicité concertée de la composition en frise, de la noblesse morale des attitudes, de la liberté des espaces latéraux, de la répartition équilibrée de la lumière. Le silence emplit aussi les œuvres arcadiennes du peintre où la nature et l'homme semblent idéalement vivre dans l'harmonie, même si un détail secret en trahit la fragilité : les colonnes brisées du monde ancien dans le *Paysage avec saint Jean à Patmos* de l'Art Institute de Chicago, les cendres presque indistinctes de Phocion injustement mis à mort dans le *Paysage avec les cendres de Phocion* de la Walker Art Gallery de Liverpool, la piqûre impondérable du serpent dans le *Paysage avec Orphée et Eurydice* du Musée du Louvre, la fatale inscription des *Bergers d'Arcadie*. Même les compositions les plus dramatiques respirent le silence de la grandeur.

---

54. Anthony Blunt, *The Paintings of Nicolas Poussin : a critical catalogue*, London, Phaidon, [cop. 1966].

Le silence n'est un véritable mystère que dans la musique : comment l'art d'assembler les sons peut-il cesser d'en faire résonner un seul sans s'évanouir ? Avec raison, le langage musical ne comprend pas le silence autrement qu'un son parmi les autres : les pauses, demi-pauses, soupirs servent à le marquer parmi les notes et, par le nombre comme par la durée, il entre autant qu'elles dans la composition d'une mesure. Les indications de *tempo* en font aussi un usage savant. On pourrait croire qu'un mouvement plus bref ou plus rapide est celui qui incorpore le plus de silence. Pas du tout : c'est dans celui dont la tenue est la plus longue qu'il nous semble s'installer de manière intrinsèque. La suspension du temps dont s'accompagnent de semblables effets compte parmi les moments les plus envoûtants de toute expérience musicale. Richard Wagner leur a donné une portée presque cosmologique : c'est l'accord unique, longuement tenu, de *mi* bémol majeur qui, sur cent trente-sept mesures, porte le silence inaugural à partir duquel l'immense matière musicale du monde et du drame se développe tout au long des quatre parties de la *Tétralogie*. Bon nombre d'ensembles mozartiens, le duo de la lettre du troisième acte des *Noces*, le trio des masques du premier acte de *Don Giovanni*, le trio des adieux du premier acte de *Cosi fan tutte*, suspendent le temps par des moyens comparables. Mozart en obtient les plus puissants effets aux points culminants de ses grands finales, du quatrième acte des *Noces*, du premier acte de *Cosi*, et les exemples pourraient se multiplier. Wagner encore et plus tard Richard Strauss, l'un dans le quintette du troisième acte des *Maîtres chanteurs*, l'autre dans le finale du *Chevalier à la Rose* ou dans le duo d'Arabella et de Zdenka au premier acte d'*Arabella*, en ont exploité la magie avec une conscience esthétique presque trop avertie.

Les silences entrent parfois directement dans la composition musicale. Les deux exemples qui me viennent à l'esprit se situent aux deux pôles opposés. Les grands silences qui ponctuent le prélude du premier acte de *Parsifal* et qui parviennent à leur densité suprême sous la baguette de Hans Knappertsbusch, se chargent d'un poids de mystère préfigurateur des interrogations de cette œuvre impénétrable, dont celles du héros sur son identité sont les plus explicites. Ils sont presque aussi monumentaux, par leur longueur comme par leur signification, que la coulée symphonique qu'ils surplombent. Quoi de plus opposé que les brefs silences intercalés par Mozart dans ses récitatifs ? Ce sont de minuscules syncopes, quasi physiologiques, où l'on a l'impression d'une brusque contraction de l'action, de la respiration, des sensations, de la vie. Le spectateur se sent enlevé à l'aplomb de la musique et du drame, non pour en être évincé mais pour le contempler, un instant, de l'extérieur : ce qui lui en apparaît relève d'abord de l'ironie, celle du sort bien entendu ; mais il se sent tout autant confronté à la perplexité des personnages, que ces brefs arrêts du temps musical mettent face à leur destin, ou, plus discrètement, à leurs doutes et à leurs émotions. Tous les amoureux de Mozart attendent ces instants de merveille, et, au cœur de chacun, ces *petites morts* subites.

Mais c'est dans la musique de chambre que le silence a sa patrie. Elle est l'horizon de son inscription, le lieu de son habitat, l'essence de son expression : partout ailleurs il n'est qu'épars et sporadique. Même ses moments les plus animés semblent n'en être que la magnification : il emplit les premières mesures, méditatives, du mouvement initial de la vingt-troisième sonate pour piano de Beethoven et n'en déserte pas les mesures les plus agitées, assurant à l'alternance discontinue des unes et des autres, qui structure bien souvent les œuvres du compositeur, la continuité profonde qui les unit et que traduisent la persistance ou la récurrence de quelques notes obstinées. Les parties lentes le font entendre comme aucun silence n'en est capable parce qu'on n'y effleure jamais le vide voire le néant qui s'infiltrent toujours dans celui de la nature ou de la nuit. Les sonates de Schubert, qui ressemblent à des pièces disjointes réunies par de mystérieuses pauses, si répétées qu'il en devient impossible de savoir si l'on se trouve dans un mouvement lent ou rapide, progressent encore dans cette assimilation du silence au tissu musical.

Sur l'esprit de repartie

> « Monsieur le Premier ministre, si j'étais votre femme, je mettrais du poison dans votre café.
> — Et moi, madame, si j'étais votre mari, je le boirais. »
> Winston Churchill.

ON DOIT dire *répartie* bien qu'on écrive *repartie* et qu'on le prononce désormais comme on l'écrit : cette diction vicieuse, avec celle d'Œdipe qu'on prononce « Eudipe » pour « Édipe », est extrêmement prisée parmi les amateurs de français mal parlé. « Œnologie » devenu « Eunologie » au lieu d'« Énologie », « Œcuménisme » « Eucuménisme » au lieu d'« Écuménisme » et, monstre des monstres, Œnone « Eunone » au lieu d'« Énone ». « Gajeure » pour « gajure », « Arguer » pour « argüer » et « Arabie saoudite » pour « Arabie séoudite » sont aussi très courus, la translittération anglo-saxonne ayant, dans ce dernier cas, eu raison du français.

Une des plus jolies reparties que je connaisse figure dans la plupart des Ana du dix-huitième siècle. Une femme, surprise par son amant entre les bras d'un rival, ose lui nier le fait. « Quoi, s'écrie-t-il, vous avez le toupet... — Assez, Monsieur, le coupe-t-elle : je le vois bien, vous ne m'aimez plus. — Comment cela, je ne vous aime plus ? — Eh bien ! oui : vous croyez plus ce que vous voyez que ce que je vous en dis. » L'anecdote est peut-être inventée. Qu'importe !

Une autre met en scène un gentilhomme de la cour qu'on soupçonnait d'impuissance. Il rencontre Benserade qui avait beaucoup parlé à ce sujet. « Eh bien ! Monsieur, lui dit-il, ma femme vient pourtant d'accoucher en dépit de vos mauvaises plaisanteries. — Mais, Monsieur, réplique Benserade, on n'a jamais douté de Madame votre femme. » Peut-on injurier plus poliment ?

Une repartie adroite ne va pas sans une mauvaise foi qui, par un retournement quasi hégélien, transforme un adversaire en complice — comme si la franchise ne menait jamais qu'à la dispute et qu'on ne s'entendît que dans la mauvaise foi. Un prince dont je ne sais plus le nom et qui se disait roi des Deux-Siciles où il ne possédait pas un pouce de terre eut l'imprudence de demander à un ambassadeur étranger qu'il voulait humilier où se trouvait le marquisat dont celui-ci portait le titre : « Entre vos deux royaumes, Monseigneur » répliqua froidement le ministre. Talleyrand avait à coup sûr cette réplique en tête lorsqu'il répondit à Louis XVIII qui, voulant le chasser du ministère, s'avisait de lui demander combien il y avait de Paris à Valençay où le prince avait une résidence : « Sire, vingt lieues de plus que de Paris à Gand. » La fuite du roi dans cette ville durant les Cent-Jours était dans toutes les têtes. Cette complicité improvisée présente un dernier atout : elle est sans réplique et clôt un échange, mal engagé pour celui qui la lance, par un coup décisif.

De tels exploits seraient impensables sans la *présence d'esprit*. Cette expression est en français à la fois énergique et mystérieuse. Car comment notre esprit peut-il nous être présent à de certains moments et absent à d'autres ? C'est comme s'il ressemblait à un piano dont les touches sonneraient tantôt justes et tantôt désaccordées. Evidemment, c'est dans les situations les plus imprévues que cette inégalité se manifeste avec le plus d'injustice. Certains n'en sont jamais affectés, d'autres presque toujours : il semble que l'esprit des premiers ne soit jamais si vif et celui des autres jamais si lent que lorsqu'il est pris au dépourvu. C'est dans la conversation que les uns jouissent le mieux de leur avantage et que les autres pâtissent le plus cuisamment de leur infirmité.

Napoléon attribuait à la présence d'esprit sa supériorité sur le champ de bataille. Les événements y sont si nombreux, si soudains, si imprévus qu'ils s'apparentent à une conversation endiablée dont la victoire reviendrait au plus vif. Les joutes oratoires et, aujourd'hui, parlementaires, favorisent les mêmes dispositions d'esprit. Tous les métiers dangereux les sollicitent. C'est même à cette aune que se mesure leur degré de risque. Il n'y en a peut-être point de plus exposé que celui de comédien. Tout le monde connaît l'anecdote de Sarah Bernhardt qui, se trouvant à jouer *Tosca* dans un théâtre de province, s'aperçut que le crucifix qu'elle devait décrocher pour le jeter sur le cadavre de Scarpia avait été peint au mur par le décorateur. Un moment décontenancée, elle se retourne vers le public puis lance un éclatant : « Va, tu ne le mérites pas ! », qui fit crouler la salle sous les acclamations. On connaît peut-être moins celle du grand acteur Baron, qui, dans le *Comte d'Essex*, tragédie à succès de Thomas Corneille, laissa tomber sa jarretière en plein théâtre. L'incident s'était heureusement produit lors d'une scène qui l'opposait au traître Cecil. Il la remit sans façons en appuyant sa jambe sur un des balcons du théâtre tout en continuant à lui parler dos tourné, comme pour ajouter encore à son mépris[55].

---

55. Jean-Nicolas Servandoni, *Observations sur l'art du comédien*, Paris, Vve Duchesne, 1775, p. 157.

C'est sur la scène qu'on peut le plus difficilement démêler l'improvisation de la préméditation. On cite plusieurs anecdotes où un acteur s'est emparé d'un mot ou d'un vers pour en faire une application soudaine. Adrienne Le Couvreur jeta en plein théâtre les vers de *Phèdre*

> *Je sais mes perfidies,*
> *Œnone, et ne suis point de ces femmes hardies*
> *Qui goûtant dans le crime une tranquille paix,*
> *Ont su se faire un front qui ne rougit jamais*

tout en foudroyant du regard la loge où se tenait son ennemie, la duchesse de Bouillon. Inépuisable en la matière, Maria Callas, en guerre avec le surintendant général de la Scala, s'apprêtait à quitter ce théâtre après dix ans d'une collaboration éclatante. Lors d'une ultime représentation du *Pirate* de Bellini où l'héroïne désigne l'échafaud sur lequel son amant doit être exécuté : « Vedete il palco funesto », c'est-à-dire « Voyez le funeste échafaud », Callas s'empara de l'équivoque du mot « palco » qui en italien veut dire « échafaud » mais aussi « loge » pour faire brusquement face au public, pointant un doigt accusateur sur la loge du surintendant. La présence d'esprit se confond ici avec le sublime de Longin et du grand Corneille[56].

L'esprit de cour qui, ni en France ni nulle part, n'est mort avec l'Ancien Régime se régale de ces spirituelles prouesses. Saint-Simon relate que le comte de Gramont survint un jour au jeu du roi où un coup douteux opposait Louis XIV à quelques-uns de ses courtisans. « Eh bien ! Gramont, lui dit le roi, veuillez nous départager. — Ah, Sire,

---

56. *Opéra international : spécial Maria Callas, supplément au numéro 5 daté de février 1978*, par Roland Mancini et al., Paris, Arlega, 1978, p. 85.

vous avez tort ! – Comment, s'écria le monarque ? Mais vous ne savez pas même ce dont il s'agit. – Eh ! Sire, ne voyez-vous pas que si la chose eût été seulement douteuse, tous ces messieurs vous auraient donné le gain ! » Comment se tirer mieux d'une pareille embûche ? Et combien nous devons préférer cette sorte d'esprit aux jeux de mots aujourd'hui à la mode et qui, sous le nom de quolibets, étaient jadis universellement réprouvés ! On vouait au diable toutes les sortes d'amphibologie : car c'en est une que de se servir du même son pour dire deux choses à la fois. L'équivoque, contre laquelle Boileau s'est offert le luxe d'une épître et où un mot offre à l'esprit deux sens différents dont l'un est employé en propre et l'autre au figuré, était à peine mieux tolérée. A preuve celle que se permit à Versailles le marquis de Montespan et que Madame Du Noyer rapporte dans une de ses lettres, mais pour le blâmer. Jouant un jour au lansquenet, son roi de cœur lui fut pris dès la première chute. Comme il en pestait dans son coin, sa voisine, voulant faire de l'esprit : « Eh ! Monsieur, lui souffla-t-elle, ce n'est pourtant pas le roi de cœur qui vous a fait le plus de mal. – Soit ! répliqua le marquis, ma femme est peut-être à un louis ; mais vous, vous êtes à dix sous. » Ce mauvais mot ne contribua guère à rehausser le prestige du pauvre cocu.

On distinguait avec soin entre les reparties et les bons mots, les saillies, les sarcasmes et les traits d'esprit ou d'humeur. Ce sont les *naïvetés* qu'on mettait à plus haut prix parce qu'elles réconcilient la gentillesse avec la méchanceté. On rapporte un trait du Grand-Prieur de Vendôme à qui Louis XIV demandait ce qu'il pensait d'un cheval qu'on lui voulait vendre pour turc. « Ah, Sire, répondit le Grand-Prieur, il est Chrétien, comme vous et moi. » Dans le même goût, Malherbe raillait les formules de politesse où l'on s'adresse un millier de baisers. « Peut-être, commentait-il, n'y en a-t-il que neuf cent quatre-vingt-dix-neuf. » Il subsiste une teinture de ce tour aristocratique, non parmi l'élite mais dans le peuple. Une chanteuse de variétés, célèbre pour sa sottise mais une sottise souvent pleine de sens, était interrogée sur ses opinions politiques : « Ah !, répondit-elle, chez nous on ne fait pas de politique : on est gaulliste. » Ce mot n'est pas indigne de la meilleure époque des *feintes naïvetés* qui faisaient la renommée spirituelle de la France en Europe.

Des animaux

Nature, enseigne-moi par quel bizarre effort
Notre âme hors de nous est quelquefois ravie,
Dis-nous comme à nos corps elle-même asservie
S'agite, s'assoupit, se réveille, s'endort.

Les moindres animaux plus heureux en leur sort
Vivent innocemment sans crainte et sans envie,
Exempts de mille soins qui traversent la vie,
Et de mille frayeurs qui nous donnent la mort.

Un mélange incertain d'esprit & de matière
Nous fait vivre avec trop, ou trop peu de lumière,
Pour savoir justement & nos biens & nos maux.

Change l'état douteux dans lequel tu nous ranges
Nature, élève-nous à la clarté des Anges,
Ou nous abaisse au sens des simples animaux.

Saint-Evremond, *Œuvres mêlées*, II, [éd.] par Ch. Giraud, Paris, J. Léon-Techener fils, 1865, p. 535.

J'AI UNE TENDRESSE intéressée pour la notion de *monde*, non moins que pour le mot dont la rotondité sonore produit un bel effet d'accord. Elle explique un nombre incalculable de choses qu'on aurait du mal à comprendre autrement. Elle répond en particulier à la plupart des questions que nous nous posons au sujet des animaux, dont l'une, autrefois si disputée que Pierre Bayle y avait consacré le bel article « Rorarius » de son *Dictionnaire*, n'a plus guère de succès : ont-ils une âme ou ne sont-ils que des machines ? L'âme, il est vrai, n'a plus très bonne presse. Mais c'est une manière trop facile de résoudre une question que de se retrancher derrière la dépréciation des notions dont on se sert pour la poser[57]. La question n'en subsiste pas moins, même en des termes différents. Car nous ne savons pas mieux si les animaux sont conscients ou ne sont que des automates. Le monde, dont la notion est de nos jours beaucoup moins douteuse que celle de l'âme et même de la conscience, nous apporte en cette affaire des secours inattendus.

Il nous est plus que difficile d'imaginer le monde où évoluent nos amis, à plus forte raison celui des hommes qui ne le sont pas, pour ne rien dire de ceux qui vivent sous d'autres climats ou dans d'autres temps. Proust eut sur ce sujet une controverse célèbre avec Emmanuel Berl : il lui soutenait que nous étions les uns pour les autres des mondes impénétrables dont les plus hermétiques étaient ceux des êtres que nous aimions. Berl contesta et reçut les pantoufles de Proust à la figure. Quoi qu'il en soit, nous identifions, par analogie, des points de comparaison entre leur monde et le nôtre et parvenons à reconstituer un monde commun des conditions de vie que nous partageons ensemble sans que ni la différence des cultures ni celle des individus parviennent à le faire disparaître. Par analogie encore,

---

57. Il me semble qu'un certain nombre de réflexions contemporaines ont définitivement tranché la question par l'affirmative. Les animaux ont une âme dans la mesure où ils sont capables de sensibilité et sont, en particulier, dotés de cette forme exacerbée de sensibilité que constitue la souffrance. Il y a là en même temps une indication précieuse sur la nature de l'âme.

nous faisons la supposition que la représentation de ce monde commun s'offre à tous dans des conditions comparables et que la singularité de chacun ne suffit pas à le particulariser de manière significative. Le *monde* qui s'ensuit de cette réduction s'identifie avec l'ensemble des représentations communes aux membres de notre espèce et de toute espèce.

Chaque individu vit immergé dans cette représentation : elle lui est indispensable à sa survie ; c'est elle qui l'avertit des dangers, lui désigne sa nourriture, l'incite à la reproduction. Il se fait, parallèlement, une représentation de soi, centrée sur les mêmes fonctions de défense, de nutrition et de reproduction. Il est absolument inutile de supposer que cette organisation doive impliquer une forme quelconque de conscience. Dans de nombreux cas, celle-ci en diminuerait l'efficacité, argument suffisant pour en écarter l'hypothèse : si, pour ne prendre que cet exemple, tous les animaux savent spontanément nager sans l'avoir jamais appris, c'est évidemment parce que l'absence de toute conscience du danger de l'eau les laisse naturellement flotter ; en troublant au contraire la spontanéité de cette représentation par la majoration des risques, la conscience pousse infailliblement à la noyade l'enfant ou l'homme à qui l'on n'a pas appris à se tenir dans l'eau mais à qui on en a donné la peur.

L'observation des animaux nous révèle à quel point leurs mondes sont compartimentés et, souvent, sans aucune communication entre eux. On verra un papillon se poser négligemment à côté d'un lézard qui le gobe séance tenante, comme s'ils évoluaient dans deux univers différents, celui des papillons où n'entre aucun lézard et celui des lézards dont ne sort aucun papillon. Certes, ces mondes se croisent : la peur que la souris éprouve d'instinct pour le chat et la gazelle pour le lion en fait foi. Mais la rencontre ne va pas jusqu'à se produire dans le même monde : sinon, il y a fort à parier que jamais les chats n'attraperaient de souris ni les lionnes le moindre buffle. Bref, dès qu'on regarde, on est étonné de l'inattention foncière des espèces les unes par rapport aux autres, comme si chacune préférait mourir dans son monde que vivre dans celui de son prédateur.

Il n'existe aucune raison de ne pas étendre cette considération à l'ensemble du monde vivant. Les plantes comme les animaux et comme le moindre organisme évoluent tous dans un monde propre. Celui-ci les enferme dans ses limites, les coupe des autres mondes et leur enlève toute vision élargie de l'univers : ils s'y adaptent sans le modifier et n'y évoluent que pour y subsister ; l'homme lui-même s'y heurte et son enfermement ne l'empêche pas moins que n'importe quel animal d'en comprendre l'origine et la fin. Chacun de ces mondes détient pourtant une perspective unique sur ce même univers, perspective qui pare toutes les espèces vivantes de la plus éminente dignité. Chaque fois que l'une d'elles disparaît, c'est un monde qui sombre.

Plus les organismes sont complexes, plus ils s'individualisent et plus cette individualisation dérange l'homogénéité du monde que son espèce lui prescrit, de sorte que plus elle s'accroît, plus le monde commun de l'espèce s'estompe. L'âme apparaît-elle subitement à l'un des degrés de ce processus ? Leibniz soutient non sans argument qu'elle correspond plutôt à une perception qui, du ciron jusqu'à l'homme, s'échelonne du plus obscur au plus clair sur un axe dont chaque point est lui-même susceptible de variations infinies[58]. Du moins l'expression de la souffrance en est-elle un signe tangible, la peur de la souffrance

---

58. *Principes de la nature et de la grâce*, 4.

un autre, et il n'est pas discutable que nombre d'animaux expriment à la fois leur souffrance et la peur de souffrir.

S'il y a fort à parier que l'âme ne tombera jamais sous le scalpel d'aucun chirurgien, il serait prématuré d'en déduire qu'elle n'a aucune réalité. Elle est l'exemple même de ces objets dont l'inexistence physique n'implique aucunement l'inexistence tout court. Elle est indispensable à la désignation d'un nombre considérable de faits psychologiques et sa perte de signification entraînerait l'effacement d'un nombre inimaginable de faits culturels et, au plus haut point, littéraires. Si une notion est d'autant plus vraie qu'elle explique mieux un plus grand nombre de choses, il y a moins de raisons de douter de l'existence de l'âme que de la plupart des notions dont nous nous servons tous les jours.

Nous évoquions la corrélation entre l'augmentation de la perception individuelle et la dissipation du monde où évoluent les individus qui en sont dotés. Alors qu'il est presque impossible pour ceux de n'importe quelle espèce d'influer sur l'évolution du monde où ils vivent, il en va tout autrement de l'humanité. Le monde de chaque homme n'est pas seulement celui de notre espèce, c'est aussi le sien. Il le transforme tout au long de son existence, de sorte que lorsqu'il meurt, c'est un monde incommensurable à tout autre qui s'engloutit. Et alors que, dans toute autre espèce, la disparition d'un individu passe inaperçue puisque rien d'autre que lui ne meurt, celle de tout homme revêt une signification dramatique. Sa mort est tragique, pour lui-même non moins que pour le reste de l'univers sur lequel disparaît un irremplaçable point de vue. Tel est peut-être l'ultime fondement de toute dignité humaine.

La création de tous ces mondes nouveaux sert de glorieuse compensation à la rétractation que le développement de la conscience imprime au monde commun de l'humanité. A mesure que celui-ci s'efface vient s'en substituer un autre, formé des mondes singuliers de ses myriades d'individus. Tout de celui que chacun se crée durant sa vie ne disparaît pas en effet à sa mort : il en laisse des traces après son passage dans les monuments qu'il édifie, le savoir qu'il accroît, la sensibilité qu'il affine et l'invisible et fragmentaire mémoire de ses prédécesseurs qu'il transmet à ses successeurs. La culture, la vraie, n'est que le nom porté par cet autre univers, formé de tous ces mondes hautement précaires et admirablement persistants.

Des quartiers de Paris

> Paris est beau comme une eau-forte où il y a des noirs et des blancs, des noirs du passé, des blancs de l'heure.
>
> Léon Daudet, *Paris vécu* dans *Souvenirs et polémiques*, éd établie par B. Oudin, « Bouquins », Paris, R. Laffont, 1992, p. 918.

Dans nulle ville on ne change de monde plus vite qu'à Paris. N'importe quel quartier en comporte plusieurs, dont les frontières ne sont pas géographiques mais *climatiques*. Il ne s'agit là, bien entendu, que d'une analogie : les facteurs de ces transitions sont de toute sorte, historiques, psychologiques, sociologiques, intimes mais, dans tous les cas, infiniment subtils et incontestables. Nulle part – l'affirmation est de ma part tout à fait passionnelle – cette variabilité n'est aussi perceptible que dans le quartier qui va de la Comédie-Française à l'Opéra et de la Bourse du commerce à la place Vendôme.

Partons du Palais-Royal, quartier stendhalien balayé par les noms *vieux français* des rues de Richelieu, Louvois, Chabanais, Caumartin. Le ciel, par un matin d'octobre, est tourterelle comme il arrive souvent en Ile-de-France, avec des reflets de soie sur les toits de zinc et sur le gris élégant de la pierre que la pollution atmosphérique recouvre d'une suie qui ne semble là que pour gainer l'éclat charnel du matériau. Arrivant par la rue de Richelieu, le promeneur flaire la proximité du Palais-Royal. Il ne l'atteint de là que par deux passages couverts, empruntant les dehors de patios exigus, sur lesquels s'ouvrent de minuscules commerces encombrés de lierres et de géraniums. On dégringole de là dans les rues en contrebas qui longent l'arrière des nobles bâtiments par d'étroits escaliers que d'implacables vantaux barrent au moins une fois sur deux pour des raisons énigmatiques, dont l'emploi du temps des commerçants qui les occupent est la moins invraisemblable en même temps que la plus farouchement rétive à toute forme d'explication.

Je suis assez âgé pour avoir vu disparaître le vieux Paris au tournant des années quatre-vingt : les décennies précédentes l'avaient passablement chahuté mais sans en effacer les aspects les plus émouvants et, surtout, sans dénaturer l'âme de ses habitants. Je ne retrouve presque plus, sauf dans les nappes les plus indistinctes de ma mémoire, cette atmosphère fébrile de pavé froid et mouillé, de café torréfié, d'affairement, de labeur et de fête dont se détachait une farandole de silhouettes vives, espiègles, lascives, tout à la fois volages, sentimentales, effrontées, sarcastiques, sensuelles, joyeuses, délurées, tentatrices et inopinément disponibles pour le meilleur ou pour le pire. On avait l'impression — mais peut-être ai-je seulement vieilli — que le sexe et l'amour, au moins en rêve, avaient des analogies et, quoique leur conjonction ne fût pas moins improbable qu'aujourd'hui, que son éventualité contribuait à l'érotisme d'un rapprochement imprévu.

Il est judicieux de pénétrer dans le Palais-Royal par le côté exposé au sud et de se faufiler dans la petite galerie d'où, en se retournant, on apercevrait la rue Vivienne si à cet endroit la dénivellation n'en dérobait la perspective. Rien de plus délicieux que de reluquer les deux magasins de jouets et de boîtes à musique dont les portes s'ouvrent sur le passage qui donne accès aux galeries. On respire un air venu du passé qui n'existe plus nulle part, si ce n'est lorsque d'un piano s'élèvent les premières pièces des *Scènes d'enfants* de Robert Schumann ou les mesures initiales du *Children's Corner* de Claude Debussy. A travers les cris des gosses qui jouent et qui, sans le savoir, peuplent à jamais leur imaginaire de sensations impondérables et séminales, le promeneur entend résonner en lui les enfantines de *Guerre et paix* — ce qui existe de plus parfait en ce genre délicat que même le livre de Larbaud, même la *Maison de Claudine* de cette Colette toute proche, ne peuvent approcher.

Je conseille, la première fois, de ne pas s'aventurer au-delà des grilles qui enserrent le jardin. Le Conseil d'Etat au loin et les confins arborés du Théâtre-Français suffisent à un bonheur parfait. Qui ne rêverait de poser ici ses valises ? L'utopie serait d'acquérir un appartement d'entresol puis, avec les années, d'accéder à l'étage noble en concentrant ses moyens et sa vie sur ces quelques mètres carrés parisiens d'une perfection telle que tous les autres désirs, dont une pareille acquisition interdit évidemment la réalisation, y seraient néanmoins satisfaits. Les boutiques qui, seules de leur espèce, exaltent la modernité la plus avancée au travers des formes les plus désuètes attirent le curieux par la lumière artificielle de leurs ampoules allumées en plein jour à cause de la pénombre des galeries couvertes. Mais il est temps de se sauver : là-bas derrière, la rue du Quatre-Septembre et les boulevards nous font signe.

Enfilons le passage Choiseul qui, par la rue des Petits-Champs, ouvre le nord de Paris aux flâneurs. Dans cette vaste zone qui n'a pas encore été bousillée au béton comme une large part de la ville au sud, à l'est et dans sa périphérie, se découvre encore, comme derrière les contreforts d'une vallée perdue, un monde en cours d'engloutissement.

On y croise encore certains jours des ombres poussiéreuses, vieillardes fardées dont l'extravagance ne vient pas tant de leur excentricité que d'une mode envolée depuis belle lurette. Elles fixent le passant, l'œil rond comme une tranche de pomme, non moins surprises de le voir apparaître dans leur univers que lui de les voir surgir dans le sien. Il ne faut surtout pas hésiter à engager la conversation avec ces sibylles ahuries : suffit d'un compliment, auxquelles rien n'a pu les rendre insensibles, ni la flétrissure des traits ni le cheveu momifié ni l'usure des pelisses ni, surtout, la pénurie des galants.

En descendant la rue Thérèse ou, plus bas, la rue Saint-Augustin, on débouche sur l'avenue de l'Opéra, long parterre dont le théâtre qui la termine occuperait la scène, avec sa façade spectaculaire qu'adoucit l'élégance nocturne des lustres du grand foyer. Une atmosphère féerique flotte autour de l'édifice, même pour ceux qui n'y ont jamais pénétré. La majesté emberlificotée des volumes laisse une impression de grand luxe à ceux qui ne savent pas bien ce qu'est le luxe, et d'impériale pacotille à ceux qui s'en doutent un peu. « On dirait toujours qu'on entre dans un bain turc » s'amusait Debussy dans une chronique de Monsieur Croche. Ceux qui n'ont point de préjugés contre le luxe pourront embrancher sur l'avenue de la Madeleine, le long des avenues haussmanniennes qui n'exercent leur séduction qu'à partir de six heures du soir, lorsque l'automne s'enfonçant dans l'hiver, un froid plus vif, un fin grésil, redoublent l'excitation des mangeurs d'huîtres dans les brasseries, des acheteurs dans les grands magasins, des badauds plantés devant les colonnes Morris, des vendeurs droits debout de marrons chauds.

Les autres pourront déchoir sur les grands boulevards et pousser d'un côté vers la gare de l'Est, de l'autre jusqu'à Pigalle. Mais ils risquent fort d'être déçus : si le luxe des beaux quartiers a relativement résisté, le charme des mauvais s'est presque entièrement dissout. La vulgarité commerciale s'en est donnée à cœur joie, avec sa succession de fast-foods, de pornographie, de friperies, de high-tech et d'agences bancaires dont les billetteries automatiques phosphorant jour et nuit sont les infatigables pourvoyeuses de cet humide radical grâce auquel même ce qui n'a aucune valeur n'a pas de peine à afficher un prix. Les mauvais lieux n'étaient pas autrefois sans classe : même la misère qui leur servait d'abri n'allait pas sans trouvailles. Les plus inattendues, en tout cas les plus excitantes, ne cessaient de captiver l'attention, de provoquer l'imagination, d'aiguillonner les sens. Plus rien de tel à présent : c'est en courant qu'on se tire de là par les rues latérales où l'on aura peut-être la chance, abrité sous un porche contre un orage soudain, d'en pousser la porte, et une fois passée la voûte, d'entrevoir, abandonné depuis longtemps des curieux, un charmant hôtel Restauration entouré d'un petit jardin à la française que la négligence de ses propriétaires a déjà plus qu'à demi fait verser dans le goût anglais.

Mais revenons sur nos pas jusqu'au boulevard de la Madeleine où l'on pouvait, il n'y a pas si longtemps, points de jonction entre les bas-fonds de l'est parisien et l'aristocratie de la rive droite, tomber sur les vénérables péripatéticiennes, le *haut du panier*, qui opéraient en zibeline de chez Dior et sautoir de chez Cartier parce que leurs clients cossus n'auraient pu décemment se livrer à cette transgression sans que la praticienne emprunte le minimum des dehors respectables de leur épouse, abandonnée pour une heure un quart dans trois cent cinquante mètres carrés rue Boissy-d'Anglas. Il n'y a pas si longtemps... Quelle surprise fut pourtant la mienne de reconnaître il y a peu, campé à l'angle du boulevard de la Madeleine et de la rue des Capucines, face à l'Olympia, toujours aussi hautain et impassible, le vieux rossignol qui, vingt-cinq ans plus tôt, déjà valétudinaire, officiait dès onze heures du soir tandis que je sortais du théâtre Edouard VII ou de l'Athénée ! Elle arrêtait alors sur moi un œil perplexe : ma jeunesse m'expulsait hors de ses centres d'intérêt, du moins ici et maintenant ; car un léger frisson du sourcil pouvait laisser deviner qu'une autre fois et ailleurs, elle n'aurait pas fait tant de manières. Je suppose que les prostitués, de tout sexe, finissent par ne plus mettre aucune différence entre leurs clients pourvu qu'ils paient ; cette indifférence s'étend de proche en proche à l'humanité tout entière, de sorte que, par un étrange renversement qui résulte d'une généralisation devenue pathologique, ils sont presque étonnés qu'on les refuse sous l'absurde prétexte qu'on ne les désire pas. Aujourd'hui, minéral et vitreux, l'œil semblait incrusté sur une statue de marbre qui n'exprimait plus que la lassitude d'être encore plantée là, après tant d'années.

Spectacle urbain,
ou suite du chapitre précédent

> La forme d'une ville
> Change plus vite, hélas ! que le cœur d'un mortel.
>
> Baudelaire, *Les Fleurs du Mal*, « Le cygne ».

Etes-vous récemment passé devant la Bourse ? Vous y aurez observé ces longs degrés déserts qui s'échelonnent jusqu'au péristyle corinthien tout aussi fantomatique. Les financiers et les boursicoteurs qui en ont à présent disparu continuent de les hanter comme des hologrammes. Il est cruel de se dire qu'une présence sentimentale aussi indélébile s'accompagne d'une absence matérielle aussi évidente. C'est par nostalgie que les trois quarts des gens restent persuadés que les cotations se font toujours à la corbeille. Ils seraient trop déçus de savoir qu'on les a dématérialisées ou plutôt déshumanisées. Qu'auraient-ils encore à mépriser si on leur apprenait que la corbeille se remplit aujourd'hui d'un cliquetis de claviers électroniques ?

Le palais d'Alexandre Brongniart n'a pas été détruit quoiqu'il ait perdu toute *utilité*. Ce petit mystère est excessivement révélateur. Jusqu'à la fin du dix-huitième siècle, les tableaux religieux allaient dans les églises, les tableaux de bataille dans les palais princiers, les natures mortes dans les offices bourgeois. C'est au dix-neuvième siècle qu'on se mit à peindre des batailles pour les cimaises, des natures mortes pour les salons, des tableaux spirituels pour le cabinet des esthètes et, bientôt, à confectionner des œuvres sans grande utilité. Dans la foulée, on cessa de démolir les bâtiments du passé qui n'en ont plus aucune, alors que rien jadis n'avait paru si naturel.

Il vaudrait d'ailleurs mieux dire « sans aucune utilité *directe* » ; car aucune époque ne sait mieux que la nôtre faire une *utilisation indirecte* de ce qui ne nous sert plus à rien. L'invention du musée constitue le chef-d'œuvre de ce détournement : même les objets les plus quotidiens, autrefois exclusivement voués à l'utilité la moins susceptible de gratuité, y trouvent place. C'est sous cette emprise que le palais Brongniart est devenu aujourd'hui, selon les besoins, centre de conférences et de séminaires, lieu d'exposition, salon de réception. La réaffectation *culturelle* des objets inutiles surpasse encore en ingéniosité celle des musées. On touche ici aux transfigurations les plus surnaturelles de la sensibilité.

Les nouveaux usages n'effacent pas les anciens : les spectres sont tenaces. La plupart des grandes cités occidentales n'existent presque plus que dans cet état sépulcral : les vers de Baudelaire sont devenus la *prière des morts* que tous les pèlerins des villes modernes se récitent tout bas. Il pleurait sur le vieux Louvre, naguère ornementé des constructions qui, agrippées de partout à l'auguste palais, fourmillaient jusque sur le Carrousel et, obsédées par cette proximité tutélaire, se culbutaient les unes les autres sur ses flancs. Nous pleurons, nous, sur le souvenir de fantômes que nous n'avons même pas connus vivants.

La rue Saint-Roch et son église en abritent les ombres fuligineuses. Elle en a retenu l'imprégnation, semblable aux puissants parfums d'autrefois qui persistaient longtemps après le passage de la dame ou du monsieur qui les portaient.

La boutique, l'échoppe, l'atelier, les métiers de la reliure, de l'encadrement, de l'imprimerie, de la broderie, de la cordonnerie, de la serrurerie, de la menuiserie, de la brûlerie tiennent le haut du pavé dans cette parade immobilière. Par un pot de géranium accroché à un fer forgé, un rideau brodé à une fenêtre, un escalier entortillé, les logements d'habitation se devinent plutôt qu'ils ne se voient. La boutique d'un fleuriste trouve le moyen de se faufiler, tardif rejeton des anciennes bouquetières : la dernière vendeuse de violettes, posée sur un banc de la place Colette face à la Comédie-Française, a noué son bouquet final il n'y a pas dix ans. Installée dès sept heures du soir, elle ne quittait son poste qu'après l'entracte.

Que de quartiers chargés d'histoire, dont l'oubli du passé des lieux qu'ils occupent est presque aujourd'hui constitutif de leur identité, ne sont plus que des *lieux de mémoire*, cette forme presque mystique d'existence historique de tant de choses dont il ne reste rien ! C'est comme si une ou plusieurs arrière-villes s'abritaient derrière celle que nous parcourons et qu'il nous fallût convoquer toutes les ressources d'une puissante magie pour faire sortir, d'une lampe d'Aladin aussi capricieuse que redoutable, tel ou tel de leurs pans disparus. La modification incessante de l'espace urbain, et jusqu'à ses configurations, altère en nous nos sentiments d'autrefois. Antiochus infiniment douloureux,

Nous demeurons longtemps errant dans Césarée.

A cet égard, il m'a toujours paru significatif qu'aucun débat de qualité ne soit élevé en France, après la Révolution, pour savoir s'il fallait ou non reconstruire les bâtiments détruits. Qu'il eût été beau de relever la basilique de Cluny, les pavillons de Marly, le château et la ville de Richelieu, les abbayes normandes, comme les Allemands après la dernière guerre et les Russes après la chute du communisme ont redonné vie à leurs monuments abattus ! Quelle importance que les éléments matériels en aient disparu ! La conception qui leur avait donné forme et dont il restait souvent tous les plans ne méritait-elle pas d'être ranimée ? Mais la France est une des terres d'élection du vandalisme. C'est aussi celle des gigantomachies intellectuelles : reconstruire après la Révolution ce qu'on y avait détruit eût passé pour la réhabilitation symbolique de ce qu'on y avait aboli.

Ce qui rend l'Europe si singulière, ce sont ses villes, le nombre de ses villes, et, pour toutes, l'inscription persistante du passé dans le présent le plus récent : ce sont toutes d'immenses palimpsestes, des strates archéologiques à ciel ouvert. Dans le rare volume qu'il a consacré à quelques-unes des plus curieuses de ces archives de pierre, Stefan Hertmans en a mis en lumière la double face : passéistes et prophétiques. Elles recèlent enfouies dans leurs profondeurs les vestiges les mieux conservés des sociétés anciennes, où les relations humaines *ne procédaient [que] d'après les droits de propriété et les us anciens comme le droit familial, le patriarcat et le mariage arrangé*, mais exhibent tous les dehors de la ville moderne où *les relations sociales et érotiques peuvent être entretenues sans d'autres conséquences que psychologiques [de sorte que], en permettant l'anonymat, elle devient le creuset d'une morale plus ouverte et plus démocratique*[59]. Presque toutes, même de plus secondaires comme Dresde ou Bratislava, sont ainsi reliées entre elles par un mystérieux réseau où l'envie d'être à Dublin nous vient à Trieste, d'être à Sarajevo à Salzbourg, et à Venise en plein centre de Londres : elles

---

59. *Entre villes : histoires en chemin*, trad. du néerlandais par M. Nagielkopf, « Escales du Nord », Bordeaux, Le Castor astral, 2003, p. 10.

Spectacle urbain, ou suite du chapitre précédent 221

réalisent le rêve d'une *cosmopolis* dont les frontières seraient celles de la terre et où, note Hertmans, *le moindre fait divers est immédiatement plongé dans un contexte planétaire.*

Baudelaire, comme personne, et Walter Benjamin sur ses pas, ont décrit au burin cette tension inouïe. Nulle part autant, sauf à New York, on ne ressent mieux la poussée qui arrache toute ville à la terre et les sentiments amnésiques dont ses retombées recouvrent le cœur de ses habitants : la ville actuelle est leur vraie patrie et pour beaucoup la seule. De ce point de vue, l'arasement du centre de Paris projeté par Le Corbusier ne manquait pas de cohérence : c'était peut-être le seul moyen d'en finir avec son passé, puis avec le passé, et enfin avec l'histoire dont le présent n'a pas grand-chose à faire. Qui, au même moment, ne se sent submergé de douleur au contact des anciens mondes qui en émanent et dont nous entendons l'appel comme Dante dans l'Enfer les voix de tant de morts qu'il ne reconnaît pas ?

Sur quelques usages extraordinaires du français

> Mon Dieu ! je n'avons pas étugué comme vous,
> Et je parlons tout droit comme on parle cheux nous.
>
> Molière, *Les Femmes savantes*, acte II, scène 6.

Avez-vous déjà remarqué quelque chose dans les opéras de Mozart ? Vous êtes, je le sais, très musicienne. Vous avez entendu les meilleures cantatrices, les deux Elisabeth – Schwarzkopf et Grümmer –, Rita Streich, Gundula Janowitz, Margaret Price. Vous avez mené une vie de Patachon à des amis qui vous accueillaient pourtant gentiment à la campagne pour aller réentendre *Cosi* dans une cour de château parfaitement indéfendable. Ah ! Les gosiers ne l'étaient pas davantage ! L'une des chanteuses avait un médium et un grave moribonds. L'aigu de l'autre ressemblait à un sifflet de locomotive. Quant à la troisième, elle vous rappelait le mot injuste mais tellement drôle d'un disquaire que nous avons connu et à qui l'on demandait le rayon de Mady Mesplé : « Les bruitages, c'est au fond ! » Mais vous avez tout pardonné pour une chose : la couleur vocale des arias était intacte, comme si Mozart l'avait écrite avec les notes.

La littérature est capable d'effets aussi impérissables. Ils n'y comptent pas moins que le son de la voix dans la parole. Aucun signe ne les dénote. La grammaire, le dictionnaire, la logique et même la rhétorique sont muets à leur sujet. On les grappille chez les écrivains les plus négligeables, comme Madame de Graffigny tout à l'heure, autant que chez les plus grands. Commençons par les plus négligeables. Ainsi que vous vous en êtes aperçue, j'écris souvent « nous » lorsque je ne me crois pas seul à éprouver un sentiment ou à être traversé par une idée. Ne pourraient m'en faire grief que ceux qui confondent la généralité d'une opinion avec l'imposition d'un décret. Il va de soi que mon usage du « nous » relève du premier cas. Encore ce *nombre* est-il des plus limité : il se borne aux gens dont vous êtes et qui veulent bien partager avec moi une ou deux broutilles ou qui, sinon, n'en poursuivront pas moins la lecture de ces pages. C'est une façon affectueuse de m'adresser ou, pour mieux dire et selon la jolie expression, de *m'en ouvrir* à eux de l'une ou l'autre de mes rêveries.

Un usage du « nous » que j'abhorre est celui de qui affecte l'autorité. « Nous ne pouvons être d'accord avec M. Camus » écrit Sartre d'une façon qu'Alain Badiou a reprise dans ses récrits et dont il me plaît de railler gentiment le ridicule. Il y a un mot en français pour nommer l'impression qui émane de cet usage du pronom et de son pluriel : infatuation. Il suffit d'un peu d'oreille littéraire pour la sentir et la repousser. Mais Sartre y était-il sensible ? C'est un sens délicat : il ne se rapporte pas tant à la sonorité initiale des mots qu'à l'effet malsonnant qu'ils produisent au terme de leur assemblage. A-t-il perçu la disproportion qui pouvait exister entre le ton qu'il prenait et celui de la littérature, modeste arrangement de syllabes ? Il théorisait dans un français qu'on aurait dit mal traduit de l'allemand et a manqué l'occasion d'être le plus grand philosophe en langue alsatique. Il était le petit-neveu d'Albert

Schweitzer dont l'intérêt prodigieux lui est passé sous le nez. Qui pourtant possédait mieux les clés de ces *Geisteswissenschaften* après lesquelles Sartre courait en vain que le savant historien de la théologie critique du dix-neuvième siècle ?

J'aime aussi l'emploi du « nous » à cause des jolies diphtongues nasales en *-on* et en *-ion* dont il est immanquablement suivi. Elles me semblent parmi les sonorités les plus séduisantes de la langue. On les rencontre rarement ailleurs en Europe, si ce n'est en portugais quoique leur émission y soit plus couverte et que la consonne y soit légèrement appuyée. Leur exacte prononciation a, dès le dix-septième siècle, été un des critères, parfois inquisiteurs, du bon français : Jean Hindret, dans son *Traité de la prononciation*, veut qu'elles *ne forment qu'un son par la vitesse de la prononciation* et il raille ceux qui leur en donnent deux comme les Gascons[60]. Molière a fourni une illustration savoureuse de cette méchante diction dans la scène du sac des *Fourberies de Scapin*. Bien que cette censure paraisse anachronique, je l'approuve haut et fort depuis que, sous prétexte de restituer une tradition imaginaire de la déclamation, on vient en infecter les plus beaux vers de Corneille, de Racine et de La Fontaine.

Venons maintenant à l'usage plus extraordinaire d'un écrivain du premier ordre. La langue de Racine est si constamment soutenue que le passage du « vous » au « tu » par l'un de ses personnages crée l'impression d'un tremblement de terre. C'est un des effets les plus spectaculaires de son théâtre, un de ceux où la dramaturgie est entièrement conduite par la langue. Il produit dans le ton une violence subite que l'acteur n'est plus libre de retenir. Nous avons déjà remarqué d'autres exemples de ces didascalies invisi-

---

60. *Traité...*, à Paris, chez Laurent d'Houry, 1687, p. 45.

bles, dans sa prosodie par la succession des syllabes longues qui prescrit à l'acteur le ralentissement du débit, la succession des brèves lui en prescrivant au contraire la précipitation ; dans sa rhétorique par l'anaphore, qui lui intime une amplification progressive du ton ; ou dans la versification, qui lui marque l'accent d'un mot par son rejet.

Racine emploie le tutoiement de manière complexe. Ses personnages ne l'adressent qu'à deux sortes d'interlocuteurs qui, par leur rang, sont symétriquement opposés : les dieux et les confidents. Il dénote dans un cas la révérence, dans l'autre la familiarité, et n'a pas dans les deux la même origine. Le tutoiement envers les dieux est d'origine savante : c'est la trace que l'humanisme néo-latin a laissée en français à l'expression du *grand ton*. Le tutoiement des confidents est d'origine populaire : c'est l'usage vernaculaire pour s'adresser à ses proches ou à ses inférieurs. Le passage du « tu » au « vous » dans les élans de la passion ne se pare d'aucun des prestiges de ce premier usage ; il emprunte au second toute la violence dont il est capable.

Il suppose d'abord la différence des sexes entre les interlocuteurs, condition draconienne à l'expression amoureuse dans le théâtre classique. Il est toujours placé dans la bouche d'une héroïne : il n'existe pas un exemple de *tutoiement passionné* d'un personnage masculin. La décence voulait que, dans les relations entre les sexes, le respect fût toujours du côté des hommes, jamais de celui des femmes. Le tutoiement est donc unilatéralement féminin : il n'existe aucun dialogue racinien où deux personnages en font alternativement usage.

Il suppose ensuite l'égalité de rang : dans l'inégalité, le tutoiement de l'un marque l'infériorité de l'autre, d'où vient qu'on ait, dès l'origine, reproché à *Andromaque* le tutoiement constant d'Oreste envers Pylade. Mais ce reproche que toute la tradition critique a répété, Subligny, d'Olivet, La Harpe, Geoffroy, Fontanier, Mesnard, Picard, Forestier, est-il bien solide ? Si notre supposition n'est pas infondée, ce tutoiement n'emprunte-t-il pas à son origine familière la faculté d'exprimer aussi la proximité affective d'Oreste envers Pylade ? S'il n'est pas réciproque, c'est que Racine ne souhaitait pas faire de Pyrrhus autre chose qu'un personnage secondaire. Comme toujours, la langue lui sert avant tout à des fins dramatiques.

L'inégalité des sentiments de l'héroïne et de son antagoniste est tout aussi impérative : ceux qui s'aiment, Britannicus et Junie, Titus et Bérénice, Bajazet et Atalide, Xipharès et Monime, Achille et Iphigénie, Hippolyte et Aricie, n'adoptent pas le tutoiement, sauf Andromaque avec Hector mais il est mort. Ce n'est pas le cas chez Corneille où Chimène n'hésite pas à dire à Rodrigue

Va, je ne te hais point.

Pareille inégalité est génératrice de sentiments contradictoires, qui surgissent au travers d'un extrême désordre : pour la même raison qu'à l'instant, le personnage trouve ainsi le moyen de se placer pour un temps à égalité avec celui qui la lui refuse ; mais, par l'oubli des bienséances, c'est en même temps le signe de son avilissement.

Ce désordre se manifeste encore par la précarité du tutoiement : il alterne toujours avec le vouvoiement, sauf dans la dernière réplique de Phèdre à Hippolyte, où Racine indique à son actrice que le personnage a passé toute mesure. Il survient enfin au cours d'une scène où ne sont présents que les deux personnages qui s'opposent : il n'admet aucun tiers ni aucun témoin. Son irruption ne s'ensuit pas du reste de la pièce mais de leur dialogue : sa violence résulte de leur affrontement et son intimité de l'indécence de leurs sentiments. On peut chercher, on ne

Sur quelques usages extraordinaires du français

trouvera dans le théâtre de Racine aucune scène où une telle situation ne se déroule au cours d'un tête-à-tête.

Il n'existe qu'un petit nombre de passages et de situations où une héroïne s'emporte contre un homme qu'elle aime et qui ne l'aime pas en le tutoyant. Deux scènes d'*Andromaque* opposant Hermione à Pyrrhus[61], une courte scène de *Britannicus* opposant Agrippine à Néron et confessant leur lien sourdement incestueux[62], deux scènes de *Bajazet* où, dès le deuxième acte, Roxane tutoie Bajazet comme pour lui rappeler sa subordination, enfin la scène de *Phèdre* déjà rapportée.

Entre tous les endroits où il recourt à cette formule, c'est la réplique d'Hermione à Pyrrhus au quatrième acte d'*Andromaque* qui en offre les splendeurs les plus impressionnantes et les plus composites. Le « tu », comme nous l'avons vu, ne fait que de brèves incursions dans le texte racinien : c'est le « vous » qui, dans ce long couplet, fait figure d'incise, mais quelle incise ! Le vers précédent de Pyrrhus, insultant de candeur,

Rien ne vous obligeait à m'aimer en effet

déclenche le tutoiement passionné d'Hermione. Tutoiement de reproches véhéments durant les cinq premiers vers

Je ne t'ai point aimé, cruel ? Qu'ai-je donc fait ?
J'ai dédaigné pour toi les vœux de tous nos princes ;
Je t'ai cherché moi-même au fond de tes provinces ;
J'y suis encor, malgré tes infidélités,
Et malgré tous mes Grecs honteux de mes bontés

---

61. *Andromaque*, acte IV, scène 5 et acte V, scène 4.
62. *Britannicus*, acte V, scène 7.

mais qui change de ton avec les suivants où ce n'est plus la haine qui s'exprime mais l'amour et où Vénus tente, une dernière fois, de rattraper sa proie par l'évocation d'un destin commun cruellement imaginaire :

> *Je leur ai commandé de cacher mon injure ;*
> *J'attendais en secret le retour d'un parjure ;*
> *J'ai cru que tôt ou tard, à ton devoir rendu,*
> *Tu me rapporterais un cœur qui m'était dû.*
> *Je t'aimais inconstant, qu'aurais-je fait fidèle ?*
> *Et même en ce moment où ta bouche cruelle*
> *Vient si tranquillement m'annoncer le trépas,*
> *Ingrat, je doute encor si je ne t'aime pas.*

C'est d'ailleurs la douceur flatteuse de cette illusion qui ramène Hermione aux bienséances et au « vous » qui leur convient, non sans que la tension douloureuse de l'amour et de la haine simultanément éprouvés ne se condense une dernière fois dans le tour elliptique du vers si beau et si perplexe :

> *Je t'aimais inconstant, qu'aurais-je fait fidèle ?*

La forme littéraire des vers qui suivent est celle de la supplique : l'infériorité du suppliant lui interdit l'usage grammatical du tutoiement et en explique l'abandon au moins autant que le radoucissement d'Hermione :

> *Achevez votre hymen, j'y consens ; mais du moins*
> *Ne forcez pas mes yeux d'en être les témoins.*
> *Pour la dernière fois je vous parle peut-être.*
> *Différez-le d'un jour, demain, vous serez maître...*
> *Vous ne répondez point ?*

Le silence de Pyrrhus provoque son ultime accès de rage :

Perfide, je le voy...

Le tutoiement y survient à l'hémistiche et cette irrégularité accentue la violence du changement de ton, qui ne nous apprend rien d'Hermione qu'à travers l'injonction de Racine à son actrice de pousser sa déclamation au paroxysme. C'est dans cet état que les derniers vers doivent être lancés :

Perfide, je le voy :
Tu comptes les moments que tu perds avec moi !
Ton cœur, impatient de revoir ta Troyenne,
Ne souffre qu'à regret qu'un autre t'entretienne.
Tu lui parles du cœur, tu la cherches des yeux.
Je ne te retiens plus, sauve-toi de ces lieux,
Va lui jurer la foi que tu m'avais jurée,
Va profaner des dieux la majesté sacrée.
Ces dieux, ces justes dieux n'auront pas oublié
Que les mêmes serments avec moi t'ont lié.
Porte au pied des autels ce cœur qui m'abandonne,
Va, cours ; mais crains encor d'y trouver Hermione.

Au tutoiement de la prière succède celui de la malédiction mais une malédiction ironique où il n'est pas un seul des mots d'Hermione qui ne veuille dire le contraire de ce qu'il dit, de sorte que c'est autant sur Pyrrhus que sur elle qu'elle semble vouloir appeler le malheur. Un autre ton du tutoiement, celui du dénigrement,

Ton cœur, impatient de revoir ta Troyenne

vient encore en enrichir la palette. L'ironie tragique du dernier vers que Pyrrhus ne peut entendre mais dont Hermione partage le sens avec le public lui rend provisoirement la supériorité et confère à cet ultime tutoiement la hauteur criminelle de la vengeance.

Rarement la langue de Racine aura mieux révélé les didascalies invisibles dont nous parlions tout à l'heure. Les passages du « tu » au « vous » et la succession des diverses nuances de ces tons organisent les principales parties du couplet, de sorte que la « partition » du comédien se déroule sous ses yeux en toute clarté : véhémence passionnée des cinq premiers vers, dont le débit rapide doit néanmoins être contenu pour préparer la fin paroxystique de la tirade ; radoucissement du ton sur les huit vers suivants, que marque un débit légèrement plus retenu : les cinq premiers et les trois autres forment deux ensembles distincts dont le premier culmine sur la célèbre ellipse ; la diction du second doit être légèrement *mouillée*[63] pour laisser entendre l'attendrissement d'Hermione. Les six vers suivants doivent être récités avec la légère pompe de la dignité brièvement reconquise mais amortie par le ton plaintif de la prière : le débit comme le ton doivent rester moyens. Un silence est expressé-

---

63. La diction mouillée, décrite dans la plupart des traités de déclamation, affecte un léger pleurement qui doit consister non en pleurs mais en imitation des pleurs et s'obtenir non par l'émotion mais par l'art. *Le Paradoxe sur le comédien* de Diderot, théorisation des deux styles de déclamation qui s'opposaient alors au travers des jeux de Mlle Clairon et de Mlle Dumesnil, prend en faveur de Mlle Clairon la défense de ce *pathétique savant*.

ment introduit à la fin du sixième vers par une indication d'Hermione au septième :

Vous ne répondez point ?

La fin de la tirade :

Perfide, je le voy, etc.

est difficile à réussir parce que c'est une explosion de rage qui doit elle-même être graduée : le triple renvoi de Pyrrhus, *Va... Va... Va...*, ordonne, comme chaque fois l'anaphore dans le théâtre classique, l'amplification progressive du ton en hauteur et en intensité. Là encore, le tutoiement ponctue cette montée en puissance. Il s'efface quelque peu dans les trois vers qui précèdent le dernier

Ces dieux, ces justes dieux n'auront pas oublié
Que les mêmes serments avec moi t'ont lié.
Porte au pied des autels ce cœur qui m'abandonne,

concédant ainsi un bref relâchement avant le vers final

Va, cours ; mais crains encor d'y trouver Hermione.

dont les deux premiers mots doivent claquer comme une déclaration de guerre et les derniers s'abattre comme un coup de poignard.

La tradition du rôle avait correctement déchiffré les intentions de Racine et peut-être même les avait-elle recueillies. Il en existe de nombreux témoignages phonographiques, tous les mêmes, de la première moitié du siècle dernier. Vous le saviez. Mais j'oublie parfois que je

parle à quelqu'un qui fait des réflexions aussi profondes
que moi. Ce qui nous sépare n'est pas ce que d'aventure
j'en aurais dit de plus mais l'effronterie qui me les fait jeter
sur le papier.

ÉNIGMES DE LA POSTÉRITÉ

> Il est impossible que toute une nation se trompe, et ait tort d'avoir du plaisir.
>
> Voltaire, *Essai sur la poésie épique*, chap. II.

IL EXISTE un nombre incalculable de postérités : les *classiques* ne sont que ceux qui s'y retrouvent le plus souvent, quoique nombre d'entre eux aient suscité tantôt l'admiration, tantôt le dégoût. Marot, Commynes, Montaigne, Pascal sont en français les seuls qu'on ait lus sans arrêt, quoique sous des aspects parfois surprenants. La plupart des autres ont subi d'effroyables éclipses. Plus que l'inconstance de la postérité, son anachronisme nous est suspect. Pourquoi les lecteurs les plus avisés d'un auteur seraient-ils ceux qui n'étaient même pas nés lorsqu'il était vivant et pourquoi un auteur ne chercherait-il à plaire qu'à ceux qui ne s'intéresseront à lui que lorsqu'il sera mort ? L'intérêt des premiers ne vient-il pas plutôt de celui qu'ils y mettent que de celui qui s'y trouve ? Et en jugeant les œuvres du passé non selon elles mais selon eux, ne se disposent-ils pas à tout, sauf à les comprendre ?

Que dire de ces auteurs méprisés de leurs contemporains qui en deviennent soudain les porte-parole par le seul décret d'une postérité arrogante, eux qui n'ont même pas réussi à gagner le suffrage des seuls dont ils pouvaient le mériter pour l'obtenir des seuls dont ils ne le pouvaient pas ? Il y a là une idolâtrie du futur aussi hasardeuse que déraisonnable et qui renvoie au respect pour le passé de la modernité la plus subversive tel qu'il se manifeste à travers la certitude de leur postérité affichée par les avant-gardes. A l'inverse, les détracteurs d'un artiste ou d'un écrivain que ses contemporains ont célébré seraient bien inspirés d'être moins péremptoires. Pour quelle raison tant d'hommes remarquables se seraient-ils trompés sur la valeur des odes de Jean-Baptiste Rousseau ou des tragédies d'Addison et de Voltaire ? De quel droit leur approbation serait-elle moins fondée que notre blâme ? Et ne faut-il pas nous en prendre à notre outrecuidance plutôt qu'à leur aveuglement ?

Il en va de même pour tant d'œuvres délicieuses de la fin du dix-neuvième siècle et même du début du vingtième, rejetées dans l'ornière par la poussée des révolutions esthétiques qui se sont imposées par après. Que de poètes, que de prosateurs exquis, infiniment lettrés, ne lisons-nous plus sous prétexte qu'ils prolongeaient le monde ancien au lieu de se précipiter dans celui qui venait — parce qu'ils en pressentaient peut-être l'arrogance, la violence, l'inhumanité ? Anatole France est évidemment le porte-étendard de cet aimable troupeau et il faut compter, parmi les poètes, la lignée qui, de Banville à Moréas et à Valéry, passe par le Parnasse et même Mallarmé — Mallarmé, victime propitiatoire de l'esprit d'avant-garde. Son attachement, que dis-je ? sa fidélité têtue à la forme classique du vers le laissa libre d'oser les recherches de fond les plus hardies. Comme Leo Spitzer s'en est aperçu, jamais la syntaxe française n'a été plus violemment déracinée que par les symbolistes[64] ; jamais non plus tant de nouveaux

---

64. *Etudes sur le style : analyses de texte littéraires français (1918-1931)*, trad. de l'allemand par J.-J. Bru, « Bibliothèque de faits de langues », Paris, Ophrys, 2009, p. 93 s.

paysages ne se sont découverts à la sensibilité littéraire. Ils offrent d'admirables exemples de ce que les révolutions néo-classiques sont capables d'accomplir, même si, comme Remy de Gourmont dans la belle étude qu'il a consacrée à Mallarmé[65], je leur ferai toujours grief de s'être laissé enivrer par l'ellipse et d'avoir obstinément éludé le premier terme de toute comparaison.

Nous ferions mieux de chercher pourquoi ces objets de notre dégoût ont autrefois été ceux de pareilles délices au lieu de faire comme si le temps présent était le jugement dernier des siècles passés. Ne serait-il pas plus raisonnable de supposer que, si nous ne les goûtons plus, c'est que nous ne les comprenons plus et que nous ne les comprenons plus parce que nous en avons perdu les clés ? Dans le même élan, nous nous montrerions plus réservés à l'égard des ouvrages que nous tenons pour des réussites et que ceux qui viendront après nous regarderont peut-être comme des pauvretés. Ne se moqueront-ils pas des romans de Claude Simon et de Marguerite Duras comme nous du théâtre de Voltaire et comme les contemporains de Voltaire des pièces de Shakespeare ? Et ne se riront-ils pas de nous comme nous osons nous rire d'eux ?

Il n'en est que plus mystérieux de savoir par quel prodige des œuvres anciennes continuent à nous plaire et à nous toucher. Peut-être les goûts disparus persistent-ils dans le goût actuel de façon souterraine. Peut-être aussi ne les goûtons-nous qu'au prix d'énormes contresens et la postérité n'est-elle que la somme des méprises de l'histoire sur le passé. Pourtant, l'essor prodigieux des sciences historiques nous conduit chaque jour davantage à les aborder

---

65. *Promenades littéraires, 4ᵉ série* : souvenirs du symbolisme et autres études, Paris, Le Mercure de France, 1927, p. 5 s.

en nous abstrayant méthodiquement de nos goûts du moment au profit d'une connaissance plus exacte de ceux d'autrefois et d'ailleurs. Qui dénie toute légitimité à cette approche se refuse par avance à toute science historique et à faire de l'histoire autre chose qu'un délire convenu.

Si nous regardons toutes les formes de goût comme des conventions et faisons l'effort de nous plier à celles qui ne sont plus les nôtres comme si elles l'étaient encore, il n'y a nulle raison pour que nous n'en tirions autant de plaisirs et ne retrouvions ceux que prenaient couramment leurs amateurs avec les tragédies de Crébillon, les comédies de Baron, de Boursault, de Regnard, de Dancourt ou les opéras de Monteverdi, de Lully, d'Alessandro Scarlatti, de Rameau, de Gluck. C'est ce qui vient d'arriver à la musique : l'opinion des mélomanes, persuadés naguère que celle du passé nous était étrangère, est devenue à certains d'entre nous aussi étrangère que les œuvres qui nous charment de nouveau pouvaient nous le paraître jadis et le leur paraissent encore aujourd'hui[66].

Comment s'y retrouver du fond de ces arcanes ? Si le passé n'a rien de commun avec nous, comment se peut-il qu'il nous touche ? Et s'il nous touche, comment n'aurions-nous rien de commun avec lui ? Peut-être offre-t-il simplement un champ inexploré à notre fantasmagorie et, croyant discerner une voix familière dans son écho, n'entendons-nous rien d'autre que nous-mêmes. Peut-être aussi ne l'entendons-nous si bien que parce que notre

---

66. Xavier de Maistre écrivait encore au début du dix-neuvième siècle que *les morceaux de musique qui attendrissaient nos aïeux sont ridicules pour les amateurs de nos jours, et on les place dans les opéras bouffons, pour faire rire les neveux de ceux qu'ils faisaient pleurer autrefois* (*Voyage autour de ma chambre*, XXIV). Nous pleurons de nouveau.

essence est de nous intéresser à ce qui nous ressemble le moins. Notre sensibilité actuelle n'en est pas moins profondément affectée. Et de même que nous refusons de goûter les Anciens selon nous et préférons les goûter selon eux-mêmes, nous ne façonnons plus seulement notre goût d'après celui d'aujourd'hui mais d'après tous les goûts antérieurs que désormais l'histoire recompose et restitue pour notre délectation. Jamais rien de tel n'était arrivé dans aucune civilisation. Qui peut croire que l'art et la littérature n'en sortent profondément différents de tout ce qu'ils ont été jusqu'alors ?

DES GRANDS HÔTELS ET DES PALACES

> International Smart Set
>
> ... You know it was dans un sens charmant but we were so fatigués de rester avec Daisy as Charlie always wanted us to go to his palazzo...
>
> Philippe Jullian, *Dictionnaire du snobisme*, « Gestes », Paris, Bartillat, 1992, p. 222.

Je ne connais guère de distinction aussi fructueuse que celle du grand hôtel et du palace. Jusqu'à une date récente, il fallait d'ailleurs prononcer « hôtel » avec un *o* ouvert malgré le circonflexe. Les comédiens suivaient cet usage pour le distinguer d'« autel ». Le français est plein de mots qui ne se prononcent pas comme ils s'écrivent : « Monsieur » est le plus célèbre. Dès le dix-huitième siècle, les voyageurs ne cessent de s'en plaindre, Horace Walpole au premier chef. Ce n'était souvent pas tant par l'accent, comme en Angleterre, que par la prononciation qu'on distinguait l'origine sociale. On prononce de plus en plus comme on écrit, non comme on parle. La bonne société se meurt.

Le grand hôtel a hélas ! presque entièrement disparu au profit du palace dont l'anglomanie du nom frise le faux chic d'Odette Swann. Deux visions du monde s'y affrontent et, comme d'habitude, rien n'est plus instructif que de comparer celle qui arrive avec celle qui part. Contrairement au préjugé, c'est moins dans les évolutions de la vie quotidienne que dans celles du luxe qu'il est le plus facile d'y parvenir parce que le luxe tient toujours un peu de la mode et que la mode est dans une société ce qui va le plus vite.

On ne trouve pas le plus léger soupçon de *grand hôtel* avant le dix-neuvième siècle. Il fait partie des bâtiments civils de l'architecture européenne auxquels trois révolutions ont été nécessaires : l'épanouissement des métropoles, la folie de la villégiature et l'essor des voyages motorisés. La métropole est une vieille arabesque : Alexandrie en a probablement été la première ; Rome, dernière capitale de la civilisation hellénistique, la seconde ; les métropoles modernes en sont les héritières. Mais contrairement à leurs ancêtres, qui n'avaient pas de concurrentes, elles le sont toutes entre elles. Jamais on n'en compta autant qu'à la veille de la Première Guerre mondiale où chacune, Vienne, Paris, Berlin, Londres, Moscou, New York, était une ville-monde, dont l'œil, et quel œil !, était grand ouvert sur ses rivales.

Les contours généraux de la métropole se dégagent assez bien. Elle nourrit un intérêt sensible pour l'esprit scientifique, affiche une distance ironique à l'égard des événements, promeut un art de vivre transcendant les frontières et approche toute chose dans une perspective inédite et ouverte. Voilà de quoi drainer à soi tout un peuple d'étrangers et de provinciaux confiturés dans le plus nébuleux ennui ! Le baron suédois de la *Vie parisienne* ne se le fait pas dire deux fois : il accourt à Paris *pour s'en fourrer, fourrer jusque là*, non certes de beau savoir mais de belle et bonne charnure. D'autres, par bonheur, étaient moins prosaïques : Alexander von Humboldt y arriva de Berlin pour se gorger de sciences et de relations savantes et, sauf durant ses voyages, y passa le plus clair de son temps jusqu'à sa mort.

La capitale se distingue de la métropole par son hégémonie politique ; la métropole n'a nul besoin de cet inutile éclat. Elle est la ville vers laquelle les regards convergent librement ; la capitale aussi, mais ils y convergent de force. L'une rayonne, l'autre attire. Météorites vagabondes, les rentiers cosmopolites et les riches particuliers viennent s'y écraser avec délices. *Cosmopolites* car il faut s'être débarrassé d'un minimum de nationalisme pour aller s'amuser en dehors des frontières. Il n'y a d'ailleurs point de cosmopolitisme sans libertés de circulation, des biens, des personnes, des idées et des mœurs, dont il est toujours aussi difficile de comprendre pourquoi l'on veut à tout prix les dissocier.

On ne se déplace pas de si loin sans faire un long voyage. L'invention des trains de luxe s'ensuit naturellement de ce pèlerinage mondain. Un pareil transfert, quoique très abrégé par le miracle ferroviaire et bientôt automobile, ne peut se réaliser agréablement qu'à une condition : la chaîne du luxe qui relie l'hôtel particulier ou le charmant manoir du voyageur fortuné et le lieu transitoire dont il va faire pour un temps sa résidence ne doit surtout pas s'interrompre. On ne s'exagère d'ailleurs les fatigues du voyage que pour mieux s'émerveiller de l'ingéniosité princière déployée par les compagnies de chemin de fer, non pour les faire disparaître mais pour les faire oublier : on goûte par avance les esquisses d'une philosophie dont le grand hôtel est le traité systématique.

Cette continuité se marque non moins par l'abondance matérielle dont continuent à profiter ses heureux bénéficiaires que par la minéralité de la présence domestique. On trimballe femmes et valets de chambre en même temps qu'une douzaine de malles non loin desquelles ils sont d'ailleurs refoulés, près du fourgon à bagages, tandis que leurs maîtres, emmenés à toute vapeur dans les premières si bien nommées, jouissent en sobres épicuriens du *confort*, ce succédané du luxe imposé par la vitesse à la vie moderne. Le luxe est inséparable d'un usage étiré du temps ; le confort lui succède lorsqu'on n'en a plus assez pour se l'offrir.

Les lignes de chemin de fer ne confluent pas seulement vers les grandes métropoles ; elles se disséminent aussi vers cet autre éden des voyages : la villégiature. On ne quittait la ville, en été, que pour gagner le château niché dans la campagne. Adieu la campagne ! La villégiature livre enfin la mer et la montagne aux prises des voyageurs. Les causes de ce changement de cap sont impures : l'atmosphère charbonnée des villes industrielles n'est pas à négliger ; les dramatiques découvertes de Pasteur, non plus. Le sublime des paysages romantiques devait finir ainsi ; mais

Fallait-il s'approcher de ces bords dangereux ?

Pas en tout cas au prix du luxe que l'on se devait. Le grand hôtel remédiait au risque de quitter sa condition en quittant ses entours. Il était là pour donner l'impression qu'on était sorti du monde qui était le sien, mais à condition de se reconstituer quelque part où l'on retrouvait et son rang et son faste. Cette philosophie se déversait en cascade du plus somptueux établissement jusqu'à la pension de famille cossue, et, dès les premiers beaux jours, Nice, Biarritz, Cabourg voyaient débarquer, avec armes et bagages, tous les galons de la bourgeoisie. On pouvait à loisir y reconstituer son intérieur et s'y faire servir ses plats favoris. Les domestiques y avaient leurs quartiers à l'écart, comme en ville. On y prenait l'air avec prudence et, n'était qu'on avait *changé de climat*, il eût été bien difficile de dire en quoi on avait changé de vie.

Proust n'est pas un peintre très affectueux du grand hôtel ; Thomas Mann ou Edouard Bourdet, non plus. Il y est comme un gourmet qui s'intéresserait davantage à ce qui se passe à l'épluchage qu'à ce qu'on lui sert dans son assiette et, pour tout dire, il est un peu gâte-sauce. Le grand hôtel est un théâtre à l'image de la vie mondaine de ceux qu'il accueille et qui ne sont là que pour la poursuivre. Que lui reproche-t-il, lui que rien dans le monde n'intéresse davantage que le monde, quoique, il est vrai, pour en diffamer les apparences au lieu d'en jouir des formes ? Pour moi, j'adore le peu qui reste des grands hôtels : tout s'y passe comme dans le rêve d'Aristote où les navettes marchent toutes seules. L'effectif pléthorique du personnel, dont le noble idéal est d'être là pour vous sans jamais vous apparaître, y fait sans doute beaucoup. Rien de servile dans le service : tous les gestes y sont parfaits, comme ceux d'un violoniste dans un quatuor ou comme les produits, légumes, viandes, poissons, fromages, fruits, qui arrivent tous les matins à l'office et qu'on retrouve dans son assiette au dîner. Les gestes, justement : ce sont, par la précision, les mêmes que ceux du verrier, du relieur, du brodeur, du photographe, du tanneur, du typographe, du peintre. La rigueur, qui découlait autrefois de l'exigence du maître, est aujourd'hui la récompense de l'amateur.

Le palace est à l'exact opposé du grand hôtel. Tous deux dispensent le luxe à leur hôte mais le premier pour lui en assurer la permanence dans une vie qui s'y déroulait déjà, le second pour le changer d'une vie quotidienne dont le luxe est foncièrement absent. Le palace se garde bien de rappeler la sienne à son client ordinaire mais lui en organise la vacance par la rencontre exceptionnelle d'un moment et d'un lieu arrangés pour le bercer de l'illusion flatteuse qu'il y est plus que lui-même. Le palace est très subtil à distinguer du grand hôtel dont il singe les manières sans les avoir. L'offre d'un spa, d'une salle de fitness, d'un menu diététique le démasquent à coup sûr. Le directeur du grand hôtel fait de ses clients les rois de son établissement jusqu'au point où leurs exigences le mettraient financièrement dans l'état de ne plus pouvoir les satisfaire. Le manager du palace fait des siens les instruments de son commerce jusqu'au point où ses exigences le mettent dans l'état de ne plus en tirer profit.

La musique du grand hôtel est désuète, savante, distancée : le piano est noir et il y a des violons ; celle du palace est légèrement jazzée, accrocheuse, vénale : le piano est blanc ; foin des violons. La douce nostalgie de l'un contraste avec la modernité militante de l'autre mais une modernité dont c'est le plus neutre qui prime. La cuisine est à l'avenant, riche, abondante, permanente, lente et stylée dans le premier : on découpe encore à la console ; moléculaire, chiche, sporadique, rapide et ergonomique dans l'autre : les serveurs ne sont que des pourvoyeurs d'assiettes. Le parc du grand hôtel est vaste : c'est une ancienne dépendance du bâtiment princier ou aristocratique dans lequel l'hôtel s'est lové ; il est planté d'arbres séculaires ; les allées sont larges ; il y a souvent un belvédère ; on aperçoit l'eau d'un étang d'où s'envolent des canards. Le palace, flambant neuf, dispose d'un court de tennis, d'installations balnéaires dernier cri, d'un circuit de jogging, d'une salle de musculation : il ne s'agit pas de traîner !

Sa clientèle n'est pas plus irrégulière que celle du grand hôtel mais tandis que là on mime l'amour, on entretient ici une vieille liaison : la plus récente des deux n'est pas celle qu'on croit. La clientèle de l'un est assurément plus fringante ; mais celle de l'autre a encore de beaux restes : on songe au cerf de la fable qui tant plus il est vieux, tant mieux il le fait ou au protonotaire Baraud dont Brantôme raconte qu'il allait au moins à la douzaine et s'excusait encore au matin de n'avoir mieux fait pour avoir pris médecine la veille[67]. Ses frasques sont accueillies par le personnel avec toute la complaisance requise : mais, dans le grand hôtel, celle-ci fait partie du service ; dans le palace, elle est tarifée comme n'importe quel extra. Antoine, le maître d'hôtel blasé du *Sexe faible*, rassemble toutes les vertus que, de ce point de vue, on est en droit d'attendre du premier : il facilite les rapprochements sans paraître jamais les susciter. C'est du reste la tactique adoptée par l'Aimé de Marcel Proust qui surveille du coin de l'œil les ébats de Saint-Loup et du liftier et s'arrange discrètement pour en étouffer le scandale : la paix du client, avant tout ! Le palace, quant à lui, a prévu un service spécial pour satisfaire les besoins sexuels de ce dernier, comme il satisfait ses besoins de bouche, de lit, de loisirs. On commande, selon ses goûts du moment, un oreiller ou un traversin. Rien pour la poésie, tout pour la performance !

Tout dans le grand hôtel est disposé pour vous faire oublier que vous êtes à l'hôtel, tout dans le palace pour vous rappeler que vous y êtes bien. Aussi la clientèle du premier s'y sent-elle parfaitement à l'aise et y évolue-t-elle comme chez soi, un chez soi où l'on reçoit tout de même beaucoup. Celle du palace erre visiblement dans un monde qui n'est pas le sien et qui n'est d'ailleurs celui de personne, sauf de quelques vedettes de cinéma, de brokers enrichis, de gagnants du loto et de séminaristes d'entreprise. On contrefait des gestes qui ne sont pas les siens, on parle d'une drôle de façon, on est curieusement vêtu : on s'ennuie surtout, malgré le piano-bar, la piscine chauffée,

---

67. *Vies des dames galantes*, Première partie, Discours premier.

le golf tout proche et le tour du pays en voiture privée, si pittoresque n'est-ce pas ?

Y a-t-il jamais eu de grand hôtel aux Etats-Unis ? Cette nation s'est émancipée trop tôt pour jouir de ce fruit tardif de la civilisation désargentée d'Ancien Régime, conséquence mineure mais spectaculaire d'une politique matrimoniale recentrée sur les fabricants de machine à coudre. Des pays lointains peuvent se vanter d'en avoir embaumé quelques-uns, mornement transformés en bâtiments officiels, ou pire, en palaces internationaux, genre d'hôtellerie aussi éloignée que possible du sien et dont les Américains sont, encore une fois, les inventeurs malchanceux. Ce n'est pas en soi une innovation criminelle : ce qui l'est en revanche, c'est l'effroyable déchéance de leur architecture intérieure, au point que ce qu'ils étaient jadis ressemble à un conte du temps où le monde était peuplé de fées et où le miel coulait des arbres.

L'EMPIRE DES BIBLIOTHÈQUES

> On a déjà remarqué que Paris contient environ sept cent mille hommes, qu'on ne peut vivre avec tous, et qu'on choisit trois ou quatre amis. Ainsi il ne faut pas plus se plaindre de la multitude des livres que de celle des citoyens.
>
> Voltaire, *Questions sur l'Encyclopédie*, article « Bibliothèque ».

V OLTAIRE avait une façon bien à lui de comprimer sa bibliothèque. Il attrapait un livre et une paire de ciseaux, et faisait un sort à toutes les pages inutiles. Il abrégeait en même temps ses relectures, tellement plus importantes que les lectures, et pouvait mieux de la sorte se consacrer à ses amis. Car lire est une attitude névrotique et asociale encore que délicieuse. Nous y cessons momentanément toute relation normale avec le monde extérieur et acceptons de prendre pour vraies des choses dont nous savons pertinemment qu'elles ne le sont pas, de nous émouvoir pour des personnes qui n'ont jamais existé ou de suivre des raisonnements auxquels nous n'adhérons qu'un instant. Nous prétendons, par-dessus le marché, tirer profit d'un tel délire. Ces espérances ressemblent à s'y méprendre à celles d'une redoutable secte.

L'existence des bibliothèques repose sur un paradoxe supplémentaire, puisque d'une activité solitaire et sauvage, elles ont la prétention de faire une occupation civile. D'où le désir sournois de tout lecteur pour une bibliothèque sans bibliothécaire comme de tout bibliothécaire pour une bibliothèque sans lecteur. Les catalogues ont-ils d'ailleurs d'autre fin que de retarder la venue de ce dernier ? Les bibliothèques numériques ne sont pas loin d'accomplir ce prodige. Sous prétexte de recenser tous les livres, elles risquent fort de détruire l'espoir de n'en lire même que les meilleurs. Pour la plupart, la probabilité de ne l'être jamais étant déjà presque infinie, sans oublier celle de n'être compris que de travers ou par une infime tribu, ces merveilleuses propriétés sont en passe de s'appliquer à tous.

Digressons un peu. C'est l'existence des bibliothèques qui explique le mieux celle des livres. L'idée inverse a été soutenue avec trop d'évidence. Le plaisir de classer, de ranger, de contempler les monuments du savoir est beaucoup plus puissant que le désir improbable de les visiter tous. On a dressé des catalogues, fabriqué des coffrets et des magasins dans l'espoir de retenir ce que le temps dévore sans répit : on sent son souffle exténué le long de ces vastes murailles de papier. Ce ne sont pas toujours les plus savants qui ont édifié les plus belles. Les collectionneurs l'emportent haut la main par le nombre, la rareté, la richesse et l'exhaustivité des pièces. Un savant a des vues trop bornées : il ne s'intéresse qu'à ce qu'il cherche ou à ce qui s'y rapporte.

La bibliothèque Warburg, que nous avons rencontrée jadis en imaginant celle de Leibniz, est le contre-modèle des bibliothèques traditionnelles. L'obsession thématique autour de laquelle ses collections s'organisaient, la survivance de l'Antiquité dans l'histoire, est aux antipodes de l'universalisme furieux des bibliothèques publiques. Elle changeait de configuration et de contenu en fonction de l'évolution du savoir sur ce thème. De ce fait, les auteurs y étaient relégués au second plan : les livres étaient répartis dans l'ordre d'une réflexion théorique, régulièrement bouleversée par ses bifurcations. Les sections en étaient définies non pas en fonction de sujets ou de disciplines mais de questions, disposition propice à une instabilité novatrice[68].

Il est fou de s'imaginer que les livres dont on est l'auteur sont de soi : ils sont aux trois quarts des autres ; encore cette proportion me paraît-elle sous-estimée. Nous croyons inventer : nous ne faisons que transcrire ou transposer. Nous n'avons créé aucune des lettres dont nous nous servons, aucun mot non plus : en voilà assez pour ridiculiser la suffisance de qui se pense *créateur*. Ce que nous croyons dire n'est pour le fond pas plus digne de nous être attribué. S'il vient un jour à quelqu'un l'idée bizarre de l'expliquer, il lui faudra d'abord connaître toute notre bibliothèque, celle que nous possédions mais aussi celle que composent les livres que nous avons consultés ou auxquels nos amis ou nos relations avaient accès : car on ne lit pas que de ses propres yeux ; on lit aussi avec ceux des autres.

Les idées, les œuvres et les formes nous atteignent par bien d'autres canaux que ceux par lesquels leurs auteurs ont cru nous les transmettre : il n'est même pas certain qu'ils nous atteignent mieux par ces derniers que par les autres. Les exemples m'arrivent en foule. Descartes introduit, entre les raisons qui l'amènent à douter, l'argument selon lequel on ne peut savoir avec certitude si, lorsqu'on rêve, on n'est pas éveillé et si, lorsqu'on est éveillé, on ne rêve pas. Platon prête déjà cet argument à Socrate dans le *Théétète* ; et, quoique Descartes n'ait probablement jamais

---

68. Salvatore Settis, « Warburg continuatus : description d'une bibliothèque » dans *Le Pouvoir des bibliothèques : la mémoire des livres en Occident*, sous la dir. de M. Baratin et C. Jacob, « Bibliothèque Albin Michel, Histoire », Paris, A. Michel, 1996, **p.** 122-173.

lu le *Théétète*, il n'est pas douteux que ce dialogue de Platon figure dans la généalogie de son argument. Reprenons l'exemple de la relation par Georg Kraft du palais de glace de Saint-Pétersbourg. C'est assurément un des textes les plus infimes du dix-huitième siècle mais non des plus anodins : il est assez riche pour se muer en un monstrueux piège romantique dans l'imagination de Lazechnikov, pour attirer plus tard la curiosité sophistiquée de Mario Praz et pour me suggérer une comparaison inattendue avec les constructions contemporaines les plus étrangères à l'intention de Kraft, de Lazechnikov et de Praz. Il en existe indéniablement plusieurs autres lectures que j'ignore et celles qui succéderont à la mienne ne sont pas près de finir. Bref : il n'est pas un livre qui ne doive à des milliers d'autres l'essentiel de sa substance. Majeur ou insignifiant, il est pareil à l'homme selon Pascal : un milieu entre tout et rien ; sans compter les interprétations infinies auxquelles chacun d'eux est abandonné. Aussi ce qui fait la grandeur d'une bibliothèque n'est-il pas le nombre des œuvres majeures qu'elle détient mais la profondeur de ses collections.

Bien plus, nous ne savons rien d'un auteur tant que nous ignorons non seulement ce qu'il a lu mais dans quelle édition, dans quelle traduction, en quel sens. Le Platon français de Madame Dacier n'est pas celui de Victor Cousin, ni, heureusement, celui de Léon Robin : si nous ne lisons que ce dernier, il nous faut d'urgence faire connaissance avec les deux autres, ne serait-ce que pour découvrir de quelle manière Platon était compris des écrivains qui ne le connaissaient que dans l'une ou l'autre de ces traductions. La collection des livres d'une époque ne se contente pas de nous dire ce qu'on lisait mais comment ; et de la même façon qu'on goûtait autrefois l'œuvre d'un peintre par ses gravures plutôt que par ses originaux, au point que la gravure a été pour la divulgation des arts ce que l'imprimerie a été pour celle des lettres, on appréciait un écrivain ou un philosophe aussi bien par ses textes que par les compilations sans nombre éditées sous les titres protéiformes d'analecta, pensées, esprit, génie d'un tel ou abrégé. Plus encore, on affectait aux pensées comme aux œuvres une ubiquité dont nous n'avons plus idée depuis que nous les réduisons à leur forme initiale. On n'avait pas honte de ne connaître la pensée de Boèce ou de Leibniz que par des réflexions séparées ou dans des abrégés dont on attendait seulement qu'ils en restituent la substance sans grand souci de son organisation d'origine ; pire, on estimait les connaître parfaitement bien sans aller plus loin, et souvent on ne se trompait pas.

La bibliothèque d'un collectionneur n'est pas celle d'un savant : sa constitution n'est pas asservie à des règles aussi raisonnables. Ayant choisi de se constituer une collection de gastronomie ou de jardinage, il essaiera de tout acquérir, sans souci de la valeur ni de la pertinence, selon son plaisir et non selon la science ; et c'est ce désintérêt pour le fond qui prémunira sa collection contre les préjugés. L'exhaustivité est le moyen le plus simple d'éviter les erreurs. C'est parce que nous sommes imparfaits que nos livres sont aussi longs et nos bibliothèques aussi gigantesques. Si les hommes étaient capables de raccourcir les uns et de comprimer les autres, ils seraient presque des dieux.

Ils n'en prennent pas le chemin. Les bibliothèques numériques ressemblent au grand hôtel de David Hilbert qui contient un nombre infini de chambres : même lorsqu'il est plein, on peut toujours loger un nouvel arrivant. Le monde est bien trop étroit pour les richesses qu'elles augurent et qui ne cessent de s'augmenter. Elles ouvrent entre les savoirs des relations que la cervelle du meilleur carat mettrait des siècles à tisser toute seule. Il se peut que celles-ci fatiguent notre attention par leur fréquente inanité plus qu'elles ne stimulent notre intelligence par leur intérêt sporadique. Et comme il est difficile d'avoir des pensées nouvelles dans une société compliquée, que toute création suppose un tri et qu'un livre se définit moins par les mots qui le composent que par ceux qu'il en a exclus, tout semble conspirer à ce que ces nouveaux aliments, au lieu d'aiguiser notre appétit, l'écœurent et le dégoûtent.

Il sera pourtant difficile de résister à ce banquet. L'erreur autant que la vérité nous charme et nous serions fous d'en mépriser les sortilèges : c'est à elle qu'appartient la couleur ; la vérité tire sur le gris. Il ne s'agit pas de réunir celle-ci dans la même estime avec sa vieille ennemie. Mais nous savons trop bien de quelle alliée l'une serait amputée si on nous interdisait l'autre :

Le mensonge et les vers de tous temps sont amis !

Un raisonnement impeccable nous enlève ; mais nous ne voudrions pas céder en échange un seul hémistiche de nos poètes favoris. Le champ de la certitude ouvre trop peu de perspectives à notre fantaisie, et c'est la seule amie dont nous soyons sûrs. Les sciences n'ont d'ailleurs pas d'amie plus secourable. On s'en garde dans la démonstration mais on l'accueille dans la recherche parce que, selon le mot du chancelier Bacon, *la vérité surgit plus facilement de l'erreur que de la confusion.*

La bibliothèque infinie qui se profile est une promesse interminable de découvertes puisque la moindre d'entre elles réserve à l'erreur une place avantageuse. Les sciences fausses non moins que les sciences mortes y sont à leur aise. L'histoire naturelle, l'alchimie, l'astrologie, la science des apothicaires, les mécaniques ou la géométrie ne sont pas moins instructives depuis qu'elles ne sont plus connues que des érudits : elles sont seulement passées des rayons scientifiques aux rayons littéraires et oniriques de notre étude. Ces derniers ont notre prédilection. Leur extension suit celle de notre goût et de la société où nous aimons vivre. On se fait des compagnons parmi les morts et on se rapproche de ses amis parmi les vivants, tous ennemis de la superbe que donne le savoir autant qu'amis de l'humanité que répandent les livres. Il n'y a rien de funèbre dans ce commerce où ceux qui ne sont plus nous parlent comme s'ils étaient vivants tandis que leurs pensées comme leurs sentiments nourrissent et fortifient les nôtres : il complète à ravir l'échange que nous avons avec les autres.

Nos écrans sont des hublots d'où nous bondissons dans le temps avec une incroyable facilité. Le confort de notre étude n'a rien à envier à celui du plus moderne sleeping. Les traductions dont Delille disait, dans sa préface aux *Géorgiques, qu'elles sont pour un idiome ce que les voyages sont pour l'esprit* et dans lesquelles Umberto Eco a reconnu la véritable langue de l'Europe améliorent beaucoup notre transport. Déjà Machiavel comparait le lecteur des Anciens au navigateur parti à la recherche de terres inconnues[69]. Les progrès des sciences historiques ont rendu cette expédition encore plus vertigineuse. Nos fenêtres se sont encore agrandies et ce que nous voyons à travers ne cesse de nous éblouir. Nous nous déplaçons dans le passé tout comme nous le ramenons jusqu'à nous ; il n'y a plus que l'avenir qui nous ferme la porte au nez.

---

69. Machiavel, *Discours sur la première décade de Tite-Live*, préface.

Suite du chapitre précédent

> Ah, mon dieu, que je suis aise !
> Oui, c'est la bonne édition !
> Voilà bien, pages douze et seize,
> Les deux fautes d'impression
> Qui ne sont pas dans la mauvaise !
> Pons de Verdun.

Je me soucie peu de la valeur de mes livres. Ma bibliothèque n'en comporte à peu près aucun qui ne soit bon marché. Ce n'est un trésor que pour moi seul. Je reproche même aux plus beaux qu'elle contient leur caractère précieux, qui me retient de les côtoyer avec autant de familiarité que les autres. Je suis avec ces derniers comme Catherine II avec Diderot : lorsqu'ils me passent entre les mains, ils en ressortent les cuisses toutes bleues. Certes, je ménage les reliures ; mais je me méfie de ces vélins qui me prennent de haut et font tant de façons. Je vénère néanmoins les exemplaires dont l'histoire est glorieuse : l'idée seule de tenir entre les mains le Machiavel de Frédéric II, le Cicéron de Pétrarque, le Flaubert de Nabokov, le Montaigne de Gide, le Virgile de Chateaubriand, le Racine de Goethe me ferait frissonner. Ces territoires de papier sont les lieux mêmes de la gigantomachie intellectuelle : le neuf naît de l'ancien et l'ancien du neuf. On peut rêver à perte de vue sur tel mot ou telle série de mots, qui ont suscité d'innombrables familles d'idées ou de sentiments auxquelles nous tenons plus qu'à la nôtre.

Il vient pourtant un moment où une vaste bibliothèque ne remplit toutes ses fonctions que lorsque nous n'y avons plus accès, soit parce qu'un déménagement nous la rend momentanément indisponible ou parce que l'affaiblissement de nos sens nous en complique l'usage : c'est alors que nous y pénétrons vraiment – par le souvenir. Les images matérielles du savoir qui nous arrivaient autrefois de nos exemplaires ne sont pas moins vives en nous que lorsque nous les feuilletions ou que nous devions nous hausser pour les atteindre. Nous revoyons ces anciens amis comme si nous les tenions et même mieux que lorsqu'ils étaient droits devant nous. L'incapacité de nous en saisir nous rend leur possession plus intime. Nous vaquons sans limites dans ces travées imaginaires ; nous ouvrons un tome sans être forcés de le refermer pour en consulter un autre. Nous pouvons même en lire plusieurs à la fois. Notre lecture devient une réminiscence, celle de lectures antérieures, nombreuses, contradictoires, éclairées tantôt par une saison, tantôt par une autre ; et dans cette consultation féerique, nous éprouvons de nouvelles sensations qui humanisent un savoir éventuellement desséché par nos pratiques antérieures. Notre mémoire nous livre un accès plus rapide à nos livres que si notre bibliothèque se dressait dans notre propre chambre ; et même les pensées qui accompagnent notre plongée dans le sommeil sont tirées de ce paysage déployé. Cet état est si parfait que je voudrais qu'il n'y eût ni faim ni soif ni sommeil ni besoins naturels afin que, lorsque je lis ou écris, rien ne puisse ajourner mon plaisir. Il est loisible d'imaginer le Paradis comme un état où nous pourrions enfin lire dans la durée : le morcellement de notre lecture est un des signes les plus évidents de notre imperfection.

J'ai souvent dû négliger ma bibliothèque pour écrire ces essais, me fiant au double infidèle qui s'en loge dans ma tête et dont je n'ai vérifié les références que par après. Pourtant, la liberté avec laquelle j'en évoque les volumes me semble mieux préserver l'intérêt que je puis vous donner pour mes préférés que des références systématiques en pied de page où vous ne descendez que selon votre humeur ou votre curiosité : je n'y ai mis souvent que celles que vous auriez eu quelque peine à retrouver tout seul. Quelques-unes de ces notes sont moins des explications que des rêveries ; les autres composent une bibliothèque portative de mes auteurs favoris, et dans des traductions que j'aime s'ils sont étrangers ou antiques.

Si ma bibliothèque m'enchante, je déplore parfois l'indifférence glaciale des bibliothèques publiques et ne suis pas étonné qu'au dire d'Aulu-Gelle[70], on en doive l'existence au tyran Pisistrate. La neutralité de leur décoration désespère mon goût : je n'y retrouve pas les émotions que ménage la mienne, toute chétive, tout écornée qu'elle est. On y recherche en vain la conversation de leur propriétaire : elles n'en ont point ; les êtres qui les peuplent sont vagues ; et à l'image des livres devant lesquels ils montent la garde sans les lire, ils tournent le dos dès qu'on approche. Pour des raisons que j'ignore, n'importe quelle bibliothèque est un champ de bataille en comparaison duquel Eylau et Waterloo ne sont qu'idylles et bergeries. L'érudition sue plus souvent la haine que la douceur et les ridicules combats des savants de Molière se transmettent de ceux qui font les livres à ceux qui les conservent. Les dames y sont spécialement terrifiantes. On voit des quarts de biscuit brûlé en empoisonner l'atmosphère comme les harpies gâtent les

---

70. *Nuits attiques*, VI, 17.

viandes auxquelles elles touchent. Elles étendent un instinct dévoyé sur des collections qui ne leur veulent pourtant aucun mal et y font régner la terreur d'un ogre en faction devant ses broches.

Rien de tel dans celle que je me suis arrangée : le confinement des cuirs et des papiers entre le bois opaque des étagères et le verre transparent des vitrines y entretient un arôme délicat que je ne me lasse pas de humer lorsque je l'ouvre. C'est par les sens que les livres nous tiennent. Je pousse l'enthousiasme jusqu'à faire l'achat de ceux que je préfère en plusieurs éditions. Il me semble que ma lecture est modifiée par des reliures, des typographies, des papiers différents et même renouvelée par un graphisme incisif. Le temps se déroule avec chacun sous des climats distincts, et j'ai le sentiment que ces ombres mouvantes éclairent chaque fois d'une autre manière le sens de ce que je lis. Elles ne le changent pas du moins avec trop de violence. Elles aménagent doucement les progrès de mon intelligence, au point que si je cherche en moi les causes de ma passion pour les bibliothèques, je n'ai pas de peine à les trouver dans l'inépuisable révélation qu'elles dispensent généreusement aux livres aimés.

Pour que ces interlocuteurs ne soient pas médiocres, il faut que le tri en soit sévère : c'est une société qu'on se choisit parmi une infinité d'autres et qui nous reçoit dans un compagnonnage complice et enjoué. Une bonne bibliothèque ne devrait se composer que des livres qu'on a lus et dont un des plus grands malheurs de la vie serait de ne pas les trouver sous la main si, à deux heures du matin, l'envie de les lire nous prend. La mienne ne contient presque rien d'autre : je trouve ce choix *aussi prudent que sage*. Ceux qui m'annoncent que la leur est riche de trente mille volumes sont peut-être des gens riches : ce ne sont pas des gens sérieux.

Cela ne m'empêche pas d'entretenir avec mes livres des rapports irrationnels. J'en achète certains non pour les lire mais en attendant de les lire. J'ai la certitude astrale – je ne crois pas du tout à l'astrologie – qu'ils sont faits pour moi mais pas pour le moment. S'il me vient l'idée saugrenue de les feuilleter, ils m'ennuient infailliblement et si je ne me demande jamais pourquoi diable je les ai achetés, je n'ai qu'une hâte : c'est de les enfouir au plus profond de mes étagères. Puis vient le jour où la trompette du jugement résonne : un rayon de soleil entré bizarrement dans la pièce, une association d'idées inattendue, un air de musique sorti du poste, trois lignes lues dans la librairie d'une galerie couverte un jour de pluie, et me voilà parti à la recherche du précieux volume. Sans que je sache pourquoi, sur l'injonction d'un génie dont le caprice n'aurait rien à voir avec moi, tout s'éclaire : les pages autrefois mortes s'animent, le sens coule comme une rivière, le livre devient familier, je n'ai soudain pas de plus grand ami au monde.

Les bibliothèques bien composées gagnent à ne pas négliger les *curiosités* parce qu'elles doivent demeurer un lieu de surprise autant que de savoir. Pourtant, je me trouve rarement surpris dans la mienne. Je connais un à un tous les livres qu'elle contient. Lorsque je me remémore un texte, il m'apparaît matériellement dans l'édition que je possède et à la place que cette édition lui assigne dans la page où il se trouve. Cette connaissance est si familière que j'aurais peut-être fini par m'en lasser. Par bonheur, une inondation m'a, il y a quelques années, obligé à la vider pour la démonter. Lorsque j'ai remis les livres en place, j'ai conservé leur précédent classement : par domaine puis par siècle. Mais, dans ce cadre relativement strict, je les ai longtemps laissés dans le plus total désordre, de sorte que je ne prenais jamais un livre sans le chercher un peu et sans

tomber entre-temps sur des volumes que je n'avais plus en
tête mais dont la rencontre imprévue m'était délicieuse.
Une bonne bibliothèque ne doit jamais cesser d'attiser en
nous le désir de lire et, plus encore, de relire. Il faut toujours que le cœur nous batte un peu lorsque nous approchons de la nôtre. Les livres sont à l'intérieur comme des
pièces prudemment ordonnées sur l'échiquier avant le
début d'une partie : elles n'attendent que le moment où les
adversaires apporteront parmi elles le désordre fécond du
jeu. Nous l'espérons de notre bibliothèque : celle qui nous
l'épargne prodigue notre temps.

Sur l'intense poésie de la neige

> La nuit était claire, les étoiles avivées de froid ; la bise piquait, et un fin grésil, glissant sur les vêtements sans les mouiller, gardait fidèlement la tradition des Noëls blancs de neige.
>
> Alphonse Daudet, *Lettres de mon moulin*, « Les trois messes basses ».

Les plaisirs de la neige commencent par son attente, et cette attente est perplexe. C'est un moment incertain : s'il fait trop froid, sa chute est compromise ; trop doux, elle se mue en une mélasse qui peut se comparer à tout sauf à la pluie, dont je dirai une autre fois les charmes subtils. Comme, sous nos climats, elle prend rarement les allures d'une tempête, cette attente est douce et sereine. Elle semble préparer, par une pétrification générale, la plongée dans le silence des objets que la neige tombée aura recouverts. C'est, en plein champ, le moment que prend un chien pour aboyer, une poulie pour grincer, une branche pour casser. Dès les premiers flocons, le prosaïsme du monde laisse place à une féerie enfantine à laquelle la danse endiablée des fines houppes blanches confère les apparences de la plus inconséquente folie : une fois qu'elles se sont mises à chuter, on jurerait que plus rien ne va pouvoir les arrêter. Il ne leur faut qu'un temps pour rendre les arbres plus lourds, les maisons plus cossues, les fumées plus épaisses, les hommes plus lents, les animaux plus circonspects.

Lorsqu'elles cessent, il ne semble pas davantage qu'elles doivent jamais fondre : tout paraît d'ailleurs s'en être rapidement arrangé, comme si le monde s'était résolu à vivre désormais sur ce rythme alenti. Même le soleil, qui brille dès le lendemain, n'est pas de force à l'en dissuader.

J'ai toujours été sensible à la poésie de la neige. Il ne me semble pas que ce soit dans la réalité mais dans les livres et les images que cette passion se soit formée. J'ai un vif souvenir des premières illustrations où je voyais tomber d'un ciel de papier des milliers de flocons en cataractes rectilignes et les arbres, les prés, les maisons, les bêtes, les hommes se napper de cette blancheur sourde, virginale. Les contes qu'on me faisait aux approches des fêtes comportaient presque toujours des paysages glacés ; et comme les animaux y occupaient une place irréelle, c'était l'occasion d'exagérer le froid hivernal auxquels nos complices fourrés ou emplumés sont plus cruellement confrontés et son inévitable contrepartie poétique : le confort duveteux d'un abri protégé des intempéries, au coin d'un feu réparateur, au milieu des préparatifs fébriles d'un Noël abondant auxquels rien ne me laissait supposer que, dans leurs nids, leurs terriers et sur les chemins où, bien emmitouflés, on me les représentait occupés à s'approvisionner en vue d'un bon réveillon, les animaux étaient moins affairés que nous. Cette fantaisie shakespearienne continue à peupler pour moi les jours qui précèdent la venue de Noël, à condition que le ciel se plombe de gris et qu'en fin d'après-midi, on voie voltiger en l'air, d'abord hésitants, bientôt enhardis, enfin franchement foisonnants et gaillards, ces milliers de minuscules parachutes auxquels autant de fées et de lutins se seraient accrochés.

Il n'existe à ma connaissance aucune représentation d'un paysage de neige dans la peinture antique quoique le paysage en soit un des motifs ou un des cadres. Je ne crois pas que, dans les descriptions littéraires des œuvres disparues, il en ait été question davantage. Je n'en vois pas non plus dans cette espèce très singulière de peinture verbale que les historiens connaissent sous le nom d'*ekphrasis* ou de tableau et dont Philostrate nous a laissé une compilation. La littérature et la poésie en sont aussi avares. A peine me revient-il un épisode du *Banquet* où Platon, dans une courte scène, illustre la tempérance de Socrate par temps froid, lors d'une des campagnes d'hiver du siège de Potidée. *L'hiver, fait-il dire à Alcibiade, est très rigoureux dans ce pays-là, et la manière dont Socrate résistait au froid allait jusqu'au prodige. Dans le temps de la plus forte gelée, quand personne n'osait sortir, ou du moins ne sortait que bien vêtu, bien chaussé, les pieds enveloppés de feutre et de peaux d'agneau, lui ne laissait pas d'aller et de venir avec le même manteau qu'il avait coutume de porter, et il marchait pieds nus sur la glace beaucoup plus aisément que nous qui étions bien chaussés ; c'est au point que les soldats le voyaient d'un mauvais œil, croyant qu'il voulait les braver.*

Le Grec est pataud quand il gèle : l'athlète élégant, surtout cuirassé, se transforme en un gros hanneton qui n'a pas plus de grâce que d'agilité. Il ne lui serait jamais venu à l'idée de pratiquer les sports d'hiver ! Seul Socrate parvient à s'y acclimater, et pour une raison troublante : il n'a nul soin de son apparence comme si, chez les Grecs, celle-ci déterminait l'ensemble de leurs comportements. L'inélégance où les autres sont empêtrés par le froid n'importe pas pour lui. Il en tire même profit, un peu comme lorsqu'il feignait la maladresse dans le dialogue avec ses interlocuteurs – et, pour les mêmes motifs, s'attire l'animosité générale. Il persiste à cultiver son extraordinaire talent pour renverser l'avantage du fort sur le faible et pour transformer une situation d'infériorité en une occasion d'avantage.

Ovide, exilé sur les rives glaciales de la mer Noire, fut l'un des premiers à dépeindre les rudesses mais aussi les étrangetés naturelles de l'hiver, glaçons qui pendent aux cheveux, vin gelé dans les pots, chevaux galopant sur des fleuves pétrifiés, bœufs traînant le chariot sur ces ponts d'un genre inconnu[71]. Mais il fallut attendre l'apparition du christianisme et, pour mieux dire, d'un christianisme personnel pour que cette saison ébranle notre sensibilité. Elle s'introduit dans les livres d'heures qui prennent leur essor à l'aube du treizième siècle, au moment où une nouvelle forme de dévotion s'apprête à remodeler les comportements religieux et, aux marges de l'Eglise instituée, à regrouper de petites communautés avides d'une spiritualité plus intime, plus domestique[72]. Pour le croyant qui n'accepte plus d'être séparé de Dieu dès qu'il est hors du sanctuaire, les bréviaires déroulent une suite annuelle de lectures sacrées et de prières : les mois de décembre, de janvier et de février offrent aux enlumineurs l'occasion de figurer en décor la nature et les hommes en hiver.

Ces manuscrits sont les premiers à nous en offrir des images. Le scintillement du style international, qui s'impose au quinzième siècle dans la décoration, semble coller à la représentation de ces paysages givrés. C'est de cette nouvelle ponctuation du temps que surgissent les révolutions esthétiques de la peinture bourguignonne et flamande. A la *dévotion nouvelle* correspond un *nouvel art* plus à même que l'ancien d'explorer ces nouvelles contrées : à sa faveur, Jan Van Eyck invente l'*espace perspectif*, non sur les bases géométriques de la *perspective artificielle* de

---

71. Ovide, *Tristes*, III, 10.
72. Pierre Chaunu, *Le temps des Réformes : histoire religieuse et système de civilisation...*, « Le Monde sans frontières », Paris, Fayard, 1975.

Brunelleschi, Alberti ou Piero della Francesca, mais à partir des expériences picturales d'artistes confrontés à la spatialité des décors dont ils agrémentaient l'histoire sainte.

Les Anciens étaient assurément instruits des règles d'une certaine perspective, qu'on a depuis joliment dite *en arête de poisson*[73]. Mais celle qui se concentre sur un point fuyant à l'infini, une conception finie de Dieu et du monde les empêchait de l'imaginer. Le Dieu infini qui envahit alors la spiritualité et, avec la Grande Peste de 1348, la guerre de Cent Ans et le Grand Schisme, finit par l'accabler, semble guider la main du peintre vers le lieu où converge le regard, organisant en secret l'ensemble de la scène picturale. Malgré cette présence unificatrice, peut-être même grâce à elle, la représentation de la réalité peut se permettre d'être nombreuse et foisonnante. Les fêtes religieuses qui s'échelonnent jusqu'au printemps étaient une chance pour une adroite synthèse iconographique de l'histoire sainte et de la vie quotidienne où les activités profanes de la chasse, du tissage, de la tuaison du cochon et de la ripaille ne manquaient pas au tableau.

Les évangiles de l'enfance du Christ font partie des textes du *Nouveau Testament* sur lesquels la critique historique s'est exercée avec le plus de vigueur. Rudolf Bultmann n'en laisse rien subsister. Les exégètes les moins sévères y voient un *midrash* ou paraphrase de divers textes de la *Bible* hébraïque. Pour les plus radicaux, le christianisme primitif s'y approprie diverses légendes hellénistiques sur la naissance des dieux et des héros. Ces interprétations démystificatrices n'en font ressortir qu'avec plus de clarté la signification théologique. La naissance du Christ revêt dans

---

[73]. Erwin Panofsky, *La Perspective comme forme symbolique*, préf. de M. Dalai Emiliani, trad. sous la dir. de G. Ballangé, « Le sens commun », Paris, Minuit, 2002, p. 68 s.

les communautés de Matthieu et de Luc un caractère prophétique et inaugural : prophétique puisque l'évangéliste la rattache directement à la prophétie d'Israël au sujet du Dieu unique, inaugurale puisqu'elle préfigure un temps nouveau des relations de Dieu avec son peuple, qui s'élargit désormais à toutes les nations. La représentation de la Nativité au cœur de l'hiver répond de manière figurative à ce double message. Le solstice, qui partage l'année en deux, voit se clore l'ancien monde et s'ouvrir le nouveau. L'ancien monde est celui que nous voyons grouiller autour de la sainte famille et qui continue de s'affairer à ses activités quotidiennes quoique ralenties par le froid ; le nouveau monde est secrètement à l'œuvre dans le sein de Marie mais, plus encore, couve sous l'épaisseur de la neige qui occupe notre vue et dont nous ne pouvons douter que, le moment venu, le réchauffement printanier le redécouvrira dans sa splendeur nouvelle. Au-delà du message littéral des récits de l'enfance, c'est la radicalité de l'hiver humain, auquel seul un dieu pourrait mettre fin, que l'évangéliste et le peintre laissent entrevoir sous cet amoncellement de merveilles et de banalités.

Ces scènes sacrées s'avéraient hautement propices à la sanctification de l'hiver. L'origine païenne des fêtes de fin d'année la rendait même impérative : on n'a nulle raison de penser que le Christ naquit un vingt-cinq décembre ; mais on en a d'excellentes pour supposer que ce jour fut retenu pour évangéliser le solstice d'hiver en associant les longues réjouissances auxquelles il était dévolu avec la naissance du Sauveur. L'atmosphère miraculeuse dans laquelle Matthieu et Luc ont voulu l'envelopper s'y prêtait à merveille non moins que les nombreux détails champêtres ou pittoresques qui en émaillent les récits. Hôtellerie, bergers, anges annonciateurs, étoile miraculeuse, mages lointains et chamarrés ne demandaient que des enjolivements : la piété franciscaine du treizième siècle se chargea du bœuf et de l'âne ; les enlumineurs de bréviaires, de missels et de livres d'heures se firent fort du reste.

    Les détails de ces hivers enluminés sont si fouillés qu'il semble que chacun d'eux doive être pour le croyant l'infime grain d'un chapelet minutieux. J'ai sous les yeux la reproduction du *Livre d'heures d'Hennessy*, réalisé au début du quinzième siècle et conservé à la bibliothèque d'Etat de Bavière. La miniature du mois de janvier restitue un paysage de neige dont le premier plan montre un homme occupé à couper du bois qu'une femme et un enfant ramassent autour de lui. Tout est tapissé de blanc, la chaumière au second plan, l'église à l'arrière, les arbres qui les environnent. Au-dessus du clos s'élève une butte éblouissante surmontée d'un moulin à vent en direction duquel s'acheminent de petits personnages. Un vol d'oiseaux sillonne le ciel, des oies sauvages si l'on en juge par sa forme en équerre. Un porc, deux chats, des poules gambadent autour de la maison, dont les parties gauche et droite sont représentées en coupe : à gauche, un homme et une femme tenant un enfant emmailloté, tous deux séparés par une table garnie, se chauffent devant un feu ; à droite, une autre femme semble occupée au travail de la laine. Un coq est perché sur une lucarne en saillie au centre de la toiture. Un homme à cheval monte par un chemin le long de la butte jusqu'au moulin. L'église au loin est entourée d'une clôture à l'abri de laquelle jouent des enfants. Un corbeau fend le ciel bleu que le soleil, malgré le froid, éclaire d'une belle lumière d'hiver. On a l'impression qu'on pourrait compter les flocons qui tapissent les sentiers, le chaume, les arbres, les ailes du moulin, et jusqu'aux plumes des oiseaux. On marche sur les brindilles de glace comme si c'étaient des fraisiers, tandis que le givre qui pend au bec des oiseaux claque avec un bruit sec.

La plupart de ces motifs se retrouvent dans la représentation des épisodes entourant la Nativité que Pieter Bruegel l'ancien a peints en Flandres dans la seconde moitié du seizième siècle. Ils demeurent si fortement inscrits dans notre imaginaire que nous ne pouvons presque plus regarder un paysage de neige en Europe sans baigner dans l'atmosphère de ces toiles. Si le silence et l'immobilité occupent l'arrière-fond de ces figures hivernales, une vie multiple et agitée en anime les autres plans. Il existe des représentations de l'hiver hors d'Europe ; mais aucune, me semble-t-il, ne s'est attachée à la restitution de la vie cachée d'une saison où la mort apparente n'est pas définitive mais prépare activement le renouveau. Dans la peinture chinoise, il semble au contraire que même la vie se soit arrêtée. La disproportion des hommes et de la nature, exagérée au détriment des hommes dont les corps sont réduits à de minuscules taches et les constructions à de dérisoires saillies, en est accentuée de façon monumentale.

La représentation d'un paysage de neige ou de tout autre objet depuis un intérieur quelconque est relativement récente. Jusque-là, le regard du peintre semblait partir d'un espace intemporel, comme il en allait d'ailleurs pour toutes les formes de représentation : le lieu d'où écrit l'auteur d'une pièce de théâtre, d'un roman, d'un conte est un point noir de la littérature occidentale. Il n'y a que la poésie lyrique qui suppose parfois que le lieu de l'écriture ou de l'écrivain est le lieu même de l'écrit. Partout ailleurs, il se situe en arrière d'une fenêtre invisible par laquelle l'auteur jette sur le monde le regard que son texte est censé traduire. Le peintre occupe lui aussi cet arrière-plan, si difficile à qualifier. Son retrait n'est pas une forme d'extériorité, comme il en allait, à l'origine, du projet de la photographie dont la technologie semblait promettre au regard une vision extérieure – objective. Il définit plutôt le lieu où la représentation s'élabore, localisation avant tout mentale et, à ce titre, indélimitable.

Ces spectacles intimes traduisent une petite révolution : elles fixent un lieu matériel au point d'où part le regard, introduisant une continuité sensible entre le dedans et le dehors de la toile. Les *Epoux Arnolfini* de Jan Van Eyck et les *Ménines* de Vélasquez plus tard parviennent à un effet comparable. Mais il s'agissait de représentations d'intérieur où il arrive, comme chez Pieter de Hooch, qu'un élément de paysage apparaisse par l'ouverture d'une fenêtre ou d'une porte mais sans jamais en être le sujet principal. En dépit de l'immatérialité mentale du lieu d'où le peintre est censé regarder, il est comme ramené sur terre par son insertion dans ce cadre concret, souvent bourgeois, et, quoique protégé des intempéries extérieures, en communion avec la nature au sein d'un monde enfin réunifié dans la rassurante banalité du quotidien.

Ce n'est pas à partir de mouvements esthétiques majeurs mais latéraux que ce renversement s'impose. Mario Praz a mis en évidence l'intérêt prodigieux des *conversation pieces*, scènes d'intérieur d'une portée documentaire explicite quoique d'une conception nouvelle aux prolongements considérables : l'extériorité du regard pictural y est dévaluée au profit de sa plasticité. Il devient peu à peu interdit aux artistes de surplomber le monde par analogie avec une conception du regard divin, elle-même devenue intenable. Ce prosaïsme séculier les appelle à en investir directement le chaos, et, pour commencer, à travers la surabondance des plus menus détails. *La Pie* de Monet, exemple fameux, semble peinte depuis l'intérieur de chacun, dont la touche du peintre aurait investi le substrat : la composition du tableau ne résulte d'aucune vision d'ensemble mais découle spontanément de sa confusion élémentaire.

Encore une fois, c'est chez des peintres plus anecdotiques, Jean Béraud par exemple, que se découvre le mieux pareille approche. On n'est pas seulement alerté par l'insignifiance de la touche mais par son anonymat : les humains et les choses sont égalisés dans un unique à-plat où les objets ne se distinguent plus par leurs vibrations mais par leur plus ou moins grande placidité. Non moins qu'insignifiant, chaque détail est silencieux. *La Sortie du bourgeois*, paysage de neige où personnages et bâtiments reposent verticalement comme des masses sombres sur la blancheur horizontale qui tapisse les rues et les trottoirs, exclut formellement toute subjectivité du peintre qui déborderait hors de la toile[74]. A la manière épicurienne et contrairement à la conception antérieure, la vision n'est plus ce qui part de l'œil mais ce qui vient de l'objet. Même Chardin avait encore une visée morale : il n'y en a plus ici la moindre.

---

74. *Jean Béraud (1849-1935) : la Belle Epoque, une époque rêvée : catalogue raisonné*, [par] N. Castais et P. Saurisse, préface de P. Offenstadt, Köln, Taschen : [Paris], Institut Wildenstein, 1999, n° 17, p. 95.

CRITIQUE DES CRITIQUES

> Je me méfie de la critique : c'est le genre littéraire qui, plus que tout autre, recrute chez les épigones, les pédants sans perspectives et les intellectuels sans cœur.
>
> Wystan Hugh Auden, lettre aux rédacteurs du magazine *The Nation*, 1944.

TOUTE THÉORIE littéraire repose sur un présupposé atroce : aucune œuvre n'est capable de résister à l'ouvre-boîte d'une bonne méthode. L'*Iliade*, *Henry IV*, *Le Misanthrope*, *La Chartreuse de Parme*, *Guerre et paix* seraient à la portée du premier venu qui n'aurait qu'à consulter la notice pour en posséder la substance. Pire, ils deviendraient accessibles à une foule de gens qui n'ont aucun goût véritable pour la littérature et qui pourraient l'exploiter comme ils l'entendent, à des fins éventuellement alimentaires. Gardons au chaud la remarque de Nabokov : *La littérature n'a aucune espèce de valeur pratique sauf pour la personne qui présente la particularité très spéciale de vouloir être professeur de littérature*[75].

Par bonheur, il n'en est rien. La meilleure des méthodes est excellente entre les mains d'un bon théoricien, exécrable

---

75. Vladimir Nabokov, *Austen, Dickens, Flaubert, Stevenson*, trad. de l'anglais par H. Pasquier, « La Bibliothèque cosmopolite », Paris, Stock, 1999, p. 264.

dans celles d'un autre ; et comme il n'existe aucune raison pour que l'excellence soit plus fréquente à l'université qu'ailleurs, la plupart des commentaires dépendent largement des capacités du commentateur : à défaut, ils peuvent servir de somnifère, avec de meilleures chances de succès que les digressions d'un dilettante à qui, du moins, il aura échappé par-ci par-là une locution amusante. Nous conseillons donc la plus extrême prudence avant de s'attaquer, même avec un équipement ultramoderne, à l'étude de la littérature.

Les plus avisés l'ont d'ailleurs bien compris. C'est sur des auteurs et des pièces négligeables qu'ils exercent leur harcèlement, préférant exhumer les œuvres minimes de grands auteurs ou, variante pittoresque, les œuvres majeures d'auteurs insignifiants : il est plus facile d'en devenir commodément le spécialiste mondial. Il est tout naturel que la quasi-totalité d'entre eux, comme du reste de l'humanité, n'aient été gratifiés par le Ciel d'aucun don littéraire, et ils sont prudents de réserver leurs veilles aux emplois pour lesquels

On en attend beaucoup de leurs vives clartés :

établir les faits avec exactitude, en circonscrire le contexte et fixer les conditions de leur interprétation. Pour le reste, qu'ils laissent à d'autres le soin de composer le plat.

C'est une erreur burlesque de croire qu'il est nécessaire de posséder le moindre talent littéraire pour exceller dans l'étude de la littérature[76]. Il faut même n'en posséder

---

76. Rien de plus irritant que le style d'un savant lorsqu'il le met en avant : au lieu d'informer son objet, il le déforme et le contrefait. C'est sous prétexte de réaliser la synthèse de l'analyse et de l'intuition qu'il prétend céder à cette tentation : tandis

aucun : c'est le seul moyen d'expliquer sans effet l'effet qu'on étudie. L'étude qui allie la rigueur à la fidélité redouble les plaisirs que nous devons au texte qu'elle explique : ses commentaires, dépouillés de toute ambition esthétique, sont beaux par la rigueur intellectuelle et, comme par réverbération, arrivent à capter les prestiges des œuvres ou des auteurs auxquels ils s'attachent. Ceux de Leo Spitzer sur Proust ou sur Flaubert, de Raymond Picard sur la carrière de Racine, d'Erwin Panofsky sur Roger Van der Weyden, d'Anthony Blunt sur Poussin, de Michael Baxandall sur Tiepolo, ou de Werner Jaeger sur Aristote enfièvrent l'amitié qui nous liait par avant à ces auteurs et à ces peintres.

On prend à ces grands textes, dont les auteurs ont la sagesse de n'avoir pas de style, un plaisir intellectuel qui n'est pas loin de se confondre avec le plaisir littéraire dû aux œuvres qu'ils explorent. Ils y pénètrent si avant que nous ne percevons presque plus ce qui pourrait dissocier ce que ces œuvres sont de ce qu'ils en disent : comme par un effet de réfraction, ils nous font revivre par l'analyse ce que nous n'avions vécu jusque-là que par le sentiment. Ils satisfont de la sorte à l'une des conceptions les plus estimables de la vérité : celle de sa conformité progressive avec son objet. Ils sont hélas ! rarement prospectifs. Les méthodes par lesquelles on apprécie les mérites d'une œuvre consacrée ne permettent pas de discerner celles de maintenant qui

---

que d'autres prennent soin de delimiter rigoureusement ces deux champs de connaissance, il s'imagine que c'est dans le style dont il se sert pour les appréhender que peut s'effectuer leur rencontre compliquée. On lit la plupart de ces doctes avec un mélange d'effarement et de curiosité, où l'effarement a vite fait de prendre le dessus : le dernier degré de la littérature est atteint.

mériteraient de l'être, encore moins celles de demain. La critique ressemble à l'économie ou à la théorie de l'évolution : elle explique à merveille les phénomènes passés ; elle bafouille à prévoir ceux qui sont à venir.

Si le moindre essai critique de Voltaire, de Goethe, de Proust, de Valéry, de Borges ou de Nabokov est infiniment plus persuasif que les volumes éminents de Roman Jakobson, Gérard Genette, Hans Herbert Jauss, Wolfgang Iser ou Fritz Nies et même de Leo Spitzer ou d'Erich Auerbach, c'est parce qu'on les lit dans le même esprit que les textes qu'ils prennent pour objet. Il ne faut pas attribuer cet avantage à la supériorité littéraire de leurs auteurs et croire que, de ce point de vue, le talent de ceux-ci étant sans commune mesure avec celui de leurs glossateurs, ils en profitent pour en abuser. Non : la cause en revient à ce que leur talent les met immédiatement au niveau des questions littéraires que posent les livres qu'ils analysent. Parce qu'ils devinent mieux, souvent par analogie, comment elles sont résolues, les réflexions qu'ils en tirent sont presque toujours plus excitantes. Leur voie n'est pas plus fidèle mais plus féconde. Ils n'investissent pas leur objet de l'extérieur en s'en appropriant les parties une à une mais c'est de l'intérieur qu'ils en font immédiatement ressortir le principe. Ils vont du centre vers la surface plutôt que de la surface vers le centre comme le fait tout bon théoricien. Parce que les œuvres littéraires, comme toutes les œuvres de l'esprit, sont, à la différence des objets naturels, ordonnées en vue d'une fin, ils les appréhendent par leurs finalités avant que de le faire par leurs causes. C'est pourquoi, se l'étant déjà donnée dans leurs œuvres, ils ont plus de facilité à la saisir dans celle des autres et à en exprimer l'essence avant tout le monde.

Il y a longtemps que Schleiermacher et Dilthey ont mis en évidence combien, dans l'intelligence des phénomènes culturels, explication et compréhension ne peuvent se réduire l'une à l'autre. L'œuvre de Dilthey est à l'épistémologie des sciences humaines ce que celle de Descartes est à l'épistémologie des sciences exactes : elle en élucide les fondements et les fins et en clarifie la méthode. Si le scientisme, celui d'Auguste Comte et de John Stuart Mill, consiste *à résoudre l'énigme du monde historique en y transposant les principes et les méthodes des sciences de la nature*, Dilthey en est l'indiscutable meurtrier. Il tente de fonder les sciences de l'esprit, c'est-à-dire l'histoire et les sciences de la société *qui actuellement se trouvent entièrement déterminées par elle*, dans les faits et conditions de la conscience à l'intérieur de laquelle l'expérience humaine se produit. *A partir de ce point de vue*, remarque-t-il, *notre image de l'ensemble de la nature n'apparaît que comme une simple ombre projetée par une réalité qui nous reste inconnue, tandis qu'au contraire la réalité telle qu'elle est en soi, nous ne la possédons que dans les faits de conscience donnés dans l'expérience interne. L'analyse de ces faits est le centre des sciences de l'esprit*[77]. En un mot, nature et représentation ne peuvent être étudiées comme une même réalité ; l'étude de la première n'est même qu'une des catégories de l'autre, point de vue dont le seul défaut est de tenter en sens inverse une conciliation excessive et, en tout cas, prématurée.

Il existe une beauté académique à laquelle il n'est pas besoin des armes de la littérature pour produire d'authentiques effets littéraires. Nul doute que l'utilisation de ses formes à des fins esthétiques ne recèle d'incroyables ressources. Elle a déjà inspiré Marcel Schwob, Borges, Mario Praz, Pascal Quignard, quelques autres. Il reste à mettre

---

77. *Introduction aux sciences de l'esprit* dans *Critique de la raison historique*, trad. et présenté par S. Mesure, « Passages », Paris, Cerf, 1992, p. 147 s.

toutes les composantes de son architecture, critique, notes, index, bibliographie, iconographie, au service d'un projet littéraire d'ensemble. Qui ne voit qu'il y a là matière à de surprenants renouvellements ? Les notes, déjà, en font imaginer plusieurs. Elles forment un dialogue avec le texte qu'on peut varier de multiples façons. Elles peuvent en être des replis ; elles peuvent aussi en être des extensions et, digressant elles-mêmes, devenir comme de seconds livres à l'intérieur du premier. La bibliographie critique, surtout mensongère, offre un infini de possibilités passionnantes. La constitution des index, sur des bases adaptées à un usage non plus cognitif mais fictionnel, devrait permettre de circuler dans le texte pour en recomposer le déroulement à volonté : une entrée renverrait à une ou plusieurs sections du texte ; leur succession révélerait autant de nouveaux textes, dont le descripteur, simple ou complexe, servirait aussi d'intitulé.

On recense, dans ce goût, quelques historiographies de royaumes imaginaires ou biographies de personnages inventés, illustres ou parfaitement obscurs. On pourrait imaginer un récit qui présenterait la biographie intellectuelle d'un peintre dont toutes les œuvres auraient disparu et dont on ne pourrait parler que sur la foi de témoignages indirects, issus de sources distinctes. Le plus curieux serait bien entendu la reconstitution de sa chronologie. Tous les apparats de la recherche académique y seraient requis voire magnifiés ; tous les procédés méthodiques aussi, et avec une rigueur imparable. A la fin, il serait impossible de prouver que ni le peintre ni son œuvre ont jamais existé. Il y aurait là comme une allégorie de toute recherche scientifique et de l'incertitude féconde comme de l'austère beauté qu'elle exalte.

Du goût dans l'art

> Je ne sais si Madame de Coulanges ne vous aura point mandé une conversation d'une après-dînée de chez Gourville où étaient Madame Scarron et l'Abbé Testu, sur les personnes *qui ont le goût au-dessus et au-dessous de leur esprit.*
>
> Madame de La Fayette, lettre à Madame de Sévigné, 4 septembre 1673.

Le goût est la faculté de distinguer, d'abord entre les saveurs, puis entre les bonnes et les mauvaises. C'est parce que notre esprit est naturellement confus et que la polysémie est la structure naturelle des langues que la distinction est l'acte intellectuel par excellence. Les sociétés comme les hommes ne devraient être jugées que sur la qualité des leurs. *Ne dis jamais oui, ne dit jamais non,* conseille l'adage scolastique, *distingue toujours.*

La nature nous apporte en la matière un secours trompeur : elle nous fait spontanément paraître bonnes les saveurs qui le sont pour la conservation de notre vie et mauvaises les autres, quoiqu'elle nous en fasse paraître de bonnes qui sont mauvaises et de mauvaises qui sont bonnes. Il est probable que toute morale dérive de supputations anxieuses sur ces deux derniers cas. L'art qui fait tant usage du goût, surtout parmi les artistes ou les amateurs qui prétendent s'en être affranchis, n'existe que par analogie avec cet appareil complexe. Et, de même que jamais la gastronomie n'aurait existé si nos plats n'étaient composés que des aliments qui conviennent à notre santé, nous n'aurions pas la moindre idée de l'art si nous n'avions suivi que nos premières impressions.

Goûter n'est pas manger : c'est à la fois mieux et moins, et le moins est ici la condition du mieux. La satiété diminue la précision du goût qui ne s'aiguise que lorsque l'appétit reste entier. La fringale ne lui convient pas davantage : le goût suppose le détachement, qui ne s'obtient pas facilement lorsqu'on reste affamé. Il lui faut un état intermédiaire entre la petite faim et le début du contentement. C'est alors que le choix qui, non moins que l'appétit, en forme l'essence, profite au mieux de cette sorte de suspension. Goûter est une forme de sagesse comme chaque fois qu'on tire un avantage d'une restriction.

Pour la même raison, et vive Brillat-Savarin !, la gastronomie n'est pas l'art de manger beaucoup mais bien : l'excellence des aliments et la délicatesse des mets ne servent pas moins à la nourriture de notre corps qu'au perfectionnement de nos sensations. C'est à quoi l'art prétend lui aussi : les objets qu'il nous offre ne servent pas tant à rassasier nos sens qu'à les affiner puis à les transformer voire à les corrompre ; et si la gastronomie n'est pas fameuse pour notre estomac, peut-être l'art ne l'est-il pas non plus pour notre regard. Platon le soutenait froidement. Il ne suffit pas plus de manger pour devenir gastronome que de sentir pour devenir artiste : la gastronomie n'est qu'une forme excentrique d'alimentation comme l'art lui-même une forme excentrique de sentiment, dont peut-être l'anomalie ne se révèle-t-elle vraiment que dans l'art contemporain.

Certaines formes de la nature nous font plaisir, d'autres point ; et parmi les premières, quelques-unes plus que d'autres. L'art ne fut longtemps que le moyen de susciter le plaisir en imitant ces formes à volonté : tel est le fondement de sa plus vieille prescription. Ce projet pouvait, de prime abord, sembler superflu vu l'incroyable profusion du modèle. Mais ce n'est qu'une profusion de formes singulières, où aucune feuille n'est semblable à une autre. D'où le caractère unique de chacune, encore plus quand elle est belle, et la réussite de l'art qui parvient à le conjurer. Aussi était-il inévitable que le discrédit de l'imitation laisse le monde si malheureux.

Car nous avons mis un terme à tout cela. Plutôt que de nous en tenir à la reproduction de formes existantes, nous démultiplions notre plaisir par la création de formes nouvelles, non sans laisser la beauté sur le bord du chemin. Est-ce d'ailleurs bien certain ? Et ne continuons-nous pas d'avancer en regardant en arrière ? Nous n'avons pu totalement nous priver du plaisir que le beau nous procure, le goût pour la laideur n'étant que le moyen d'y parvenir par d'autres moyens. Nous avons même échoué à trouver des critères au nouveau paradigme, si l'on en juge du moins par la perplexité que suscitent spontanément les œuvres qui s'y rattachent. Il y avait des critères de la beauté ; il semble fort qu'il n'y en ait point de ce qui s'en écarte.

L'idée que l'esthétique n'est pas le domaine réservé du beau, lequel n'en est qu'une possibilité sans même en être la plus fréquente, a porté un coup sévère au bon goût plus qu'au goût. Son éducation depuis lors passe pour inutile voire nocive. On ne se contente pas de proscrire l'enseignement du beau mais toute expression esthétique dont l'idéalisation pourrait constituer un obstacle à la recherche de formes nouvelles. L'art est devenu ce qui plaît à chacun, à qui nul n'est fondé de dire s'il se trompe : en ce sens, on l'a bel et bien mis à la portée de tous.

On ne saurait trop faire grief de cette évolution à la complication systématique des anciennes définitions du beau. Si la beauté dans la nature est à ce point perceptible que sa dérision dans l'art contemporain n'ait pas réussi à le discréditer dans notre vie de tous les jours, la beauté dans l'art a toujours été plus discutée, comme si l'une et l'autre vivaient sur un malentendu sémantique. Car même lorsqu'on dispose de bonnes règles pour la produire, on n'est jamais certain de s'en être bien servi. Est-on d'ailleurs jamais sûr qu'elles sont bonnes ? Elles varient selon le temps et le lieu ; et ces variations sont assez discordantes pour justifier ce scepticisme.

La beauté dans l'art contraste avec la beauté dans la nature par son inévidence initiale, c'est-à-dire par son étrange proximité avec son contraire, dont la laideur n'est d'ailleurs qu'une possibilité. Comme dans le sophisme du sorite, il est difficile de décider quand on passe du beau au moins beau, du moins beau au presque laid et du presque laid au laid. Le charme, avec l'atmosphère de magie qui l'entoure, est souvent le nom que nous donnons à ces états intermédiaires qui échappent visiblement à notre appréhension. Et, de fait, le beau dans l'art qui, pour commencer, ne paraît pas laid ou absurde, n'est souvent pas très beau pour finir. La connaissance laborieuse des règles de son élaboration comme de son évaluation est indispensable à sa délectation. Si les premiers essais de tout artiste ou de tout amateur sont des échecs, c'est que nous sommes plus spontanément doués pour la laideur et la médiocrité. La distinction du beau dans l'art n'est pas en nous une aptitude naturelle et c'est probablement pourquoi il n'a pas grand-chose à voir avec le beau dans la nature : nous ne nous en approchons qu'après des efforts longs et abjects et ne nous en construisons l'intelligence qu'au prix de travaux démesurés sur le plus rebelle des matériaux : nous-mêmes. L'artiste est celui qui cherche la perfection et finit par l'atteindre : c'est redire à quel point il est marginal.

Aussi peu de gens, à toutes les époques, acquièrent-ils une véritable connaissance de l'art et possèdent-ils véritablement le *bon goût*. Cette élite est encore plus mince du côté des artistes que des amateurs. Tous sont persuadés du contraire : par bonheur, cette illusion comporte en elle-même sa propre consolation puisque tous cherchent l'art, même si peu le trouvent. C'est sur la base de ce constat, et bientôt de ce droit, que l'esthétique contemporaine se refuse bravement à distinguer entre ce que chacun juge beau et ce qui l'est effectivement. Le territoire de l'art s'étend à l'infini, sans que nul ne se demande si, la facilité devenant la forme résiduelle de l'universalité, ces conquêtes ne sont pas magnifiquement désertiques.

Malheureusement, cette pétition de principe ne répond nullement à la réalité de l'art, dont tous les genres introduisent de sévères gradations de *valeur* entre les œuvres de leur domaine. Même l'art qui se moque du goût produit du bon et du mauvais : quelques marchands et amateurs ne suivant que le leur ont vite fait d'en apprécier le meilleur. Quant à celui dont nous pourrions considérer qu'il n'a strictement aucune valeur, ses partisans seraient bien mal fondés de nous le reprocher puisqu'ils ne se privent pas d'y en introduire d'innombrables degrés. En vérité, il est aussi impossible de dissocier l'art et le goût que d'imaginer un art sans public et de concevoir des œuvres sans hiérarchie.

Il est vrai que le jugement de goût n'est pas un article commode et qu'il est encore plus difficile d'exercer correctement le sien qu'il ne l'est d'en éclaircir les fondements. Un argument de Wittgenstein revient à en attribuer l'expertise à la maîtrise progressive des langages par lesquels on le forme[78]. Admettons-le. Mais pourquoi tous ceux qui sont passés par cet apprentissage ne possèdent-ils pas cette maîtrise au même degré ? et pourquoi certains de ceux qui n'en ont pas reçu le moindre commencement font-ils preuve d'autant de goût que les autres, quelquefois plus ? C'est pour des raisons voisines qu'on croit moins facile de se tromper sur les ouvrages du passé sous prétexte que la postérité tient sur eux un langage unanime. Mais nous savons qu'elle ne fait pas toujours bien son travail. Le jugement de goût est si sujet à l'erreur, qu'il s'agisse du présent ou du passé, qu'il paraît plus pratique à beaucoup de s'en remettre au marché.

Prenons encore un instant la défense du diable. Admettons que le bon goût ne soit que l'expression de conventions : comment l'appréciation des œuvres du passé dont les leurs ne sont plus les nôtres nous serait-elle encore possible ? Il est probable que nous aurions le plus grand mal à nous y retrouver dans l'art du futur si nous pouvions nous y transporter, tout comme il est probable que les artistes et les amateurs d'autrefois seraient perdus dans le nôtre. Mais il me semble acquis que tous s'y feraient à la longue, et, comme les amateurs avec les œuvres contemporaines, ne pourraient s'exempter de la conviction que certaines valent mieux que d'autres et qu'il vaut mieux apprendre à les distinguer que de les rejeter toutes en bloc. Dans un monde où tout serait à égalité avec tout, il n'y aurait point de goût : il n'y aurait point d'art non plus.

On peut confondre le bon goût avec le mauvais mais pas avec le *grand goût*. Le bon goût consiste à reconnaître l'excellence où elle est, y compris dans ce qui semble lui

---

78. « Leçons sur l'esthétique » dans *Leçons et conversations, suivies de conférences sur l'Ethique*, trad. de l'anglais par J. Fauve, « Les Essais », Paris, Gallimard, 1971, p. 15 s.

être opposé ou étrange : d'où le caractère intuitif de son exercice et sa relative incertitude. Le grand goût se signale au contraire par ses qualités architectoniques : il relève de l'absurde catégorie du sublime, qui garantit un maximum de complexité des effets avec un minimum de complexité des causes. Il ne s'obtient que par l'exercice optimal de nos facultés créatrices et ne se goûte que par l'exercice optimal de nos facultés esthétiques. Il fait partie de nos aptitudes les plus acérées en même temps que les plus fructueuses mais aussi les plus rares : il exprime beaucoup en peu de choses, et, dans l'idéal, serait même capable de les exprimer toutes en une seule. Il est l'apprentissage simultané et de la complexité et de sa simplification.

De l'emphase et de la prétérition

> Entre deux mots, il faut choisir le moindre.
> Paul Valéry, *Tel quel*, dans *Œuvres II*, « Bibliothèque de la Pléiade », Paris, Gallimard, 1960, p. 555.

Il n'y a point de littérature qui ne soit emphatique. Toutes sont des amplifications du langage ordinaire : elles naissent dans les hyperboles et meurent sous les métaphores. Le laconisme n'est qu'une emphase plus discrète que les autres : les beautés du discours, qui résidaient dans la magnificence des figures, se réduisent alors à l'élégance de son organisation. C'est aussi un paradoxe théorique, puisqu'il prétend à la littérature par des moyens contraires à ceux de la littérature.

Rien ne contribue pourtant mieux à la civilité de la langue littéraire que l'usage des mots d'atténuation comme, parmi les verbes, *sembler*, *paraître*, *pouvoir*, et des mots qui, à leur place, produisent le même effet tels que *peut-être*, *sans doute*, *apparemment*. Je me plais également à louer l'existence des principales négatives, des propositions concessives et de toutes celles dont une restriction initiale délivre l'autorisation de placer les verbes au subjonctif : on peut, à cette occasion, déplorer la désuétude de l'ancienne concordance des temps qui permettait de faire un peu durer ce mode par l'attraction qu'il exerçait sur les phrases environ-

De l'emphase et de la prétérition

nantes et l'atmosphère si littéraire de doute et d'indulgence qu'il répandait alentour. Mais la nostalgie ne sert à rien : mieux vaut s'efforcer de faire la même chose autrement. La simple éventualité d'un *ne* explétif est enchanteresse par l'introduction insidieuse d'une prétérition. Le conditionnel sous toutes ses formes fait les délices des amateurs, qui apprécient cette sorte de politesse par laquelle un auteur n'avance une phrase qu'à la manière d'une opinion qu'il soumet à ses lecteurs sans jamais tenter de la leur imposer par ce coup de force que l'indicatif comporte toujours un peu et qui rend l'impératif odieux.

De la pêche à la ligne

> Mais sache que le miel enivre de sommeil
> La cétoine, émeraude amoureuse des roses.
>
> Charles Guérin, *Le cœur solitaire*, éd. rev. et augm., Paris, Mercure de France, 1904, p. 19.

J'AI de merveilleux souvenirs de pêche à la ligne, au lancer aussi. On n'observe bien la rivière que de la berge pendant qu'on pêche. Tous ses mouvements, ses bruits, ses odeurs nous deviennent sensibles parce que nos sens de chasseur sont tous en éveil. Je ne tiens plus la canne depuis beau temps. Je me dis que j'y reviendrai dans ma retraite. Mais la solitude, le silence, l'attention, la patience, la sensibilité qu'appelle cet art du toucher me manquent. Je les retrouve un peu dans celui d'écrire qui sollicite les mêmes vertus et qui, tout aussi solitaire, ne débouche pas plus sûrement sur la prise du mot juste que sur celle de l'ablette.

Aucun art ne vérifie mieux la richesse du vocabulaire d'une langue que ceux de la chasse et de la pêche parce qu'ils rabattent le gibier fourmillant des mots de l'agriculture, de l'histoire naturelle, de l'artisanat dont nous nous sommes maintes fois émerveillés de la précision. Des écrivains, souvent mineurs, en ont mieux parlé que je ne pourrais faire. Il semble d'ailleurs que le don subtil de *minorité littéraire* soit nécessaire à l'expression d'un art si délicat et peut-être, de ce côté-ci, aurais-je une chance. Ma gêne envers toute technicité — je pourrais faire mienne la devise sous laquelle Theodor Herzl et ses amis avaient placé leur revue, *Nous* : élargir les connaissances de ses membres par des écrits dans lesquels *les idées devaient toujours être présentées sous une forme agréable*[79] — rencontre ici l'une de ces limites. J'aime la beauté des termes de l'agriculture et de la navigation, dont la pêche et la chasse sont dans la dépendance. J'aime ceux de l'artisanat qui la partagent avec eux : celle de mots dont la propriété souffre rarement plus d'une acception et qui, malgré cela, ne comportent presque jamais plus de trois syllabes. La minorité littéraire se cultive volontiers sur ces petits coteaux, un peu arides, pimpants, bien délimités, bien cultivés aussi, où l'on récolte un vin vif et digeste.

Dans la foule de ces auteurs discrets dont on peut faire son profit autant que de plus imposants, Maurice Genevoix brille d'un éclat qui m'est cher. Je raffole de son vocabulaire comme de ces minuscules baies qu'on cueille en forêt à la bonne saison, fraises des bois, mûres, groseilles sauvages, et dont la saveur se marque d'une fraîcheur acide absolument exquise. Nulle adoration sentimentale de la nature ne gâte ses précieux *Bestiaires* : elle surgit de son contact ou de son choc avec les hommes.

L'art de la description, dont j'ai glissé un mot, jadis, à propos de la poésie didactique ou des tableaux de Philostrate, s'attire toutes les bonnes raisons d'être aujourd'hui méprisé. L'obscurité en vogue en est poliment expulsée. Quoique précis, cet art aspire et touche souvent à la poésie

---

79. Alex Bein, *Theodor Herzl : Biographie*, Vienne, 1934, p. 11-16, cité dans Carl Schorske, *Vienne fin de siècle : politique et culture*, trad. de l'américain par Y. Thoraval, Paris, Seuil, 1983, p. 151.

mais une poésie contre laquelle toute la nôtre se dresse. Comme la pêche et la chasse le sont de la nature, il en est pourtant plus proche que ses détracteurs. Mais cette proximité passe par le détour d'un art littéraire qui ne peut éviter de se montrer, tant les besoins qu'on en a sont nombreux, variés, savants, éprouvés. De là le reproche d'artificialité, tout à fait infondé : nul excès des moyens par rapport à leurs fins mais un ajustement des deux aussi strict que possible.

Les *Géorgiques* de Virgile lui ont, des siècles durant, servi d'idéal lumineux. Il me semble que Genevoix, ce La Bruyère des rives et des courants, écrit souvent dans ce genre très élaboré que perpétue aujourd'hui Jean-Loup Trassard. Sa perceptible sincérité n'est pas en cause ; mais il recrée ce qu'il décrit. Entre ce qu'il voit et ce qu'il en dit vient s'interposer ce que nous savons qu'il en sait par la littérature, la peinture, la sculpture, les sciences naturelles. L'extrême netteté de sa terminologie tend jusqu'au point où un mot n'offre plus aucun synonyme.

Certaines de ces vignettes font irrésistiblement songer aux merveilleuses gravures qui ont, dès le seizième siècle, accompagné le développement de l'histoire naturelle — dont les livres sont souvent aussi d'aériennes œuvres d'art. J'en ai relevé quelques-unes au fil d'une lecture de cet incomparable « ciseleur » ; mais, si l'on excepte quelques romans, auxquels il lui a bien fallu céder pour vivre et où ses descriptions sont interrompues par les formes obligées du genre, toute son œuvre forme comme une succession de nets et subtils vélins :

Le saumon d'hiver : *Grands poissons troueurs de courants, aux reins bleus, aux flancs d'argent ponctués de noir. Fuseaux de muscles, lourds de laitance, de paquets d'œufs, ils vont par leurs chemins profonds, invisibles, infatigables, vers les eaux de monta-*

gnes plus légères et plus riches en oxygène, vers *les frayères de sable que creusera la caresse de leurs ventres.*

L'alose : *Beaux poissons clairs, frais et nacrés après les hideuses lamproies, ternes, jaunâtres, tigrées de brun sale [...] Elles ont brillé, [les aloses], à travers l'eau bien avant l'émersion du filet. C'est blanchoyer avant de resplendir : des éclairs pâles, lumières sans couleur sous une épaisse vitre glauque. Et les voici, roses, vertes, bleuâtres, éclatantes, couchées dans les corbeilles sur un lit de trèfle incarnat.*

L'anguille : *Le voyage est long jusqu'aux abysses de l'Atlantique où s'accomplissent leurs noces inconnues. A l'époque où nous sommes, tout se passe comme si un tropisme, ou un sens particulier, les aspirait vers ces flots d'orage si providentiellement rapides. Elles s'abandonnent à eux, s'y laissent rouler en longs écheveaux onduleux [...] C'est là qu'elles trouvent les cordées des pêcheurs. Queues d'ablettes, lamprillons, gros lombrics, leur fatigue et leur faim carnassière les jettent vers les appâts offerts [...] Rien que des bêtes puissantes, grosses comme des poignets d'homme. Elles s'entassaient dans d'immenses bannes d'osier, nouaient et dénouaient des enlacements énormes, monstrueux, dardaient de çà de là leur petite gueule carnassière, replongeaient au cœur du magma dans une puissante odeur iodée.*

Les barbeaux : *On les voyait distinctement. Ils se tenaient au bord du remous, à l'endroit juste où le sable remonte ; presque immobiles, les nageoires pectorales étalées, la caudale godillant imperceptiblement [...] Ils y étaient, le troupeau entier, toujours à la file et paissant.*

La carpe : *De bois ou de bronze, posées sur le marbre d'une console, à peine si elles l'effleurent de l'extrême frange de leurs nageoires. Elles semblent suspendues dans l'eau. Peut-être que si je me retourne, le temps de compter jusqu'à trois, elles auront magiquement bougé, d'une volte preste et nonchalante, exactement comme des carpes dans l'eau ; et de même à plat sur le mur, sur le papier satiné des estampes, dans leur eau, dans leur transparence,* avec toutes leurs écailles bien comptées, leur épaisseur matriarcale, leurs petites palpes labiales, et cette puissante et longue épine qui soutient leur nageoire dorsale comme la branche d'un éventail.

Le chevesne : *Ou chevaine, ou meunier, ou chabot, chavot, chaboisseau, garbeau ; ou gentiment, tout jeunot encore, garbotiau. Il hantait aussi bien les courants vifs que les eaux mortes, les biefs des moulins à eau qu'embuent la balle et la fleur de farine [...] Toujours en quête, le nez massif obliquement tendu à fleur d'eau, il guettait les menues proies que dispensent les herbes riveraines ou les branches inclinées des marsaules : la sauterelle déboussolée qui saute du mauvais côté, le petit hanneton roux, la cétoine dont la chute, comme celle d'un gravier bien rond élargit des cercles bien ronds, la phrygane, flocon trop léger, ou l'abeille alourdie de butin qu'un sursaut de la brise d'ouest rabat sur le courant avant qu'ils aient touché le bord.*

La truite : *J'eus la chance de déceler à temps, à la frange d'un long banc d'herbes, des montées régulières, tranquilles, qui dénonçaient un occupant de poids. Mon premier lancer fut heureux, ma mouche fut prise sans barguigner. Après une lutte honorable, j'amenai à l'épuisement une truite superbe, glorieusement cuirassée, une saumonée nourrie de gammares, les flancs frôlés d'irisations roses [...] Je n'en connais aucune d'aussi vraie, d'aussi belle au-delà du vrai. Ou une seule : celle qu'a peinte Courbet*[80].

Courbet, maintenant ; dans le butin de l'abeille tout à l'heure, la trace enchantée de Shakespeare ; et plus haut la grâce minutieuse d'une estampe japonaise : la littérature est bien l'art qui n'est rien sans les autres arts et sans qui les autres arts ne sont rien.

---

80. *Bestiaire enchanté*, Paris, Plon, 1969.

D'UNE IDÉE ABUSIVE DE L'AMOUR

> Il y a des gens qui n'auraient jamais été amoureux s'ils n'avaient jamais entendu parler de l'amour.
>
> La Rochefoucauld, *Maximes et pensées*, 136.

Aucun sentiment ne nous semble plus universel que l'amour. Il nous est difficile de ne pas l'imaginer tout-puissant dans toutes les sociétés ; et même si nous savons que, dans nombre de siècles et de pays, les unions dépendaient de tout autres raisons que de l'amour ; qu'on le tenait pour une vertu privée assez médiocre, même un peu méprisable ; qu'il n'était jamais considéré comme une vertu publique et qu'on lui préférait sans comparaison la vertu ou l'honneur ; enfin que l'idée d'en faire le principal attribut de Dieu eût passé, même chez les Chrétiens, pour une hérésie, il nous faut de grands efforts pour comprendre comment une affection aussi secondaire a fini par occuper une place aussi importante.

Les Grecs ne s'en faisaient pas une idée bien fameuse. C'était un dieu de l'instant plutôt que de la durée à laquelle l'amitié semblait mieux convenir. Ils n'eurent jamais l'idée de lui accorder l'apanage des relations conjugales que l'intérêt familial semblait mieux à même de préserver. Ils réservaient l'amitié aux relations masculines mais n'en excluaient pas les femmes, et l'on cite de nombreux époux qui vivaient ensemble comme des amis. Nous comportons-nous d'ailleurs autrement ? Et qui de nous a jamais fondé son couple sur un amour brûlant jusqu'à la mort ? C'est au contraire sa transformation progressive en une belle amitié qui en seconde la stabilité et qui, comme l'amitié antique, n'est pas incompatible avec une douce complicité charnelle.

La Rochefoucauld prétend que l'imitation est à l'origine des sentiments amoureux, non pas chez tous mais chez certains. C'est assez dire qu'ils s'expriment avec une immense variété, et cette plasticité accrédite le soupçon du moraliste. Nous restons pourtant convaincus que deux personnes ne peuvent s'aimer que sans aucune raison : la supposition que leur amour a une cause ou une fin nous choque et nous conduirait même à suspecter la sincérité de leurs sentiments. Une telle conception est à peine moins confuse que celle que nous entretenons à propos du génie. Sans être exclusivement européenne, c'est en Europe qu'elle s'est manifestée de la manière la plus forcenée. Cette radicalité est sans autre exemple : elle fonde l'essentiel de notre morale et des oppositions que son extension sur le monde y rencontre.

Lorsqu'on passe de l'amour charnel à l'amour de Dieu, on s'étonne tout autant de la synonymie à ce jour docilement admise : *Dieu est amour*. On est en droit de regretter ce qu'une telle équivalence a de dérisoire : l'amour désigne ici l'amour sentimental aspirant en vain à une sexualité torride. Les textes de la *Bible* et du *Nouveau Testament* ne hasardent rien de tel, excepté le *Cantique des cantiques* dont l'érotisme nuptial est si dévorant qu'on a longtemps été forcé de lui prêter un sens allégorique pour le recevoir dans le canon à une place décente. Le verbe *être* entre les deux termes présente l'inconvénient supplémentaire de surexciter l'intempérance des philosophes et des théologiens par des extrapolations conceptuelles dont Dieu et l'amour sont également innocents.

Agapè, mot grec improprement traduit par *amour* pour désigner l'amour de Dieu, est, en grec, tardif. Pour retrouver sa signification initiale, il faudrait revenir à celle du verbe dont il est issu, qui dérive lui-même d'un mot voulant dire *admiration*, dans le sens fort de *vénération mêlée d'étonnement* où on l'entendait dans le français classique. Son usage chrétien tourne autour de cette acception, qui ne retient rien de l'inévitable mièvrerie de nos rapports amoureux. Tous les textes sur Dieu jusqu'à la fin du dix-neuvième siècle sont sans équivoque : il n'est jamais réduit au triste sort littéraire de ne souffrir qu'un seul synonyme ; on lui en attribue de nombreux qui font référence à la vérité, l'omniscience, la sagesse, la toute-puissance, la frayeur, la vénération, plus rarement la bonté ou la miséricorde – jamais à la tendresse émotive ou à l'amour sentimental.

Il serait déraisonnable de croire que notre conception de Dieu s'est enrichie avec cette lubie : une telle référence est inadaptée à sa définition et nous égare, par métonymie, vers d'étranges frontières. On lui doit la niaiserie qui s'est introduite dans les manifestations de la foi la plus commune. Il se peut que notre conception de l'amour se soit, elle aussi, appauvrie et que seule une critique vigoureuse puisse nous amener à lui reconnaître un sens moins anecdotique : c'est seulement à ce prix que nous pourrions renoncer à donner à Dieu un autre nom que celui de cette affection volage, théâtrale, inconstante, pour tout dire assez insupportable. Il nous faudrait pour cela réintroduire dans l'amour la crainte et le frisson qui conviennent aussi bien à Dieu qu'à l'union passionnée des amoureux ; non pas la crainte de qui a peur mais de qui est pris de révérence pour le grand et le sacré. Mais il nous faudrait recourir à un autre mot. On pourrait par là même renoncer à parler d'amour à propos de Dieu. Il n'existe pas en français de terme pour exprimer la certitude que celui qu'on aime est celui avec lequel on voudrait être à l'heure ultime. Est-ce une raison pour ne pas la juger mieux appropriée à l'expression d'une foi authentique ?

La fadeur de ces conceptions a été contrebattue dès qu'elles sont apparues. Cette réaction s'est vivement exprimée en France. Il est très mystérieux de savoir pourquoi tant d'autres nations se sont laissé aussi facilement séduire et pourquoi nous avons mieux résisté. La sécheresse de notre langue y est sans doute pour quelque chose. Le libertinage, dont le fond d'athéisme n'est pas douteux, n'a pas non plus démérité : car si Dieu n'existe pas, c'est d'abord en amour que tout devient permis. Le donjuanisme a connu chez nous une insolente fortune, non sans changer quelque peu de physionomie et, maintes fois, de masque : il est devenu beaucoup plus cérébral. Cette évolution s'est trouvée paradoxalement stimulée par la rapide ascension des femmes dans les *bonnes compagnies*, laquelle leur a valu jusqu'à la Révolution une liberté inconnue partout ailleurs. Quoique leurs droits écrits ne se fussent guère augmentés, il en allait autrement de leurs droits coutumiers dont elles édictaient les lois et tenaient le tribunal : la marquise de Merteuil est restée, en dépit d'une chute dont le caractère purement littéraire n'est pas discutable, le plus célèbre procureur de cette juridiction d'Ancien Régime qui s'est vue démantelée comme les autres par l'esprit révolutionnaire.

En réaction à la subversion de l'amour par la sentimentalité, les Français ont riposté en y opposant le *calcul* puis la *stratégie*, tentative restée jusqu'ici l'objet d'une réprobation intacte. On passe, entre le dix-septième et le dix-huitième siècle, d'un modèle mathématique, celui du jeu, à un modèle militaire, celui de la stratégie. Le Dom Juan de

Molière calcule et ne croit d'ailleurs qu'en l'arithmétique comme le lui fait drôlement remarquer Sganarelle. Le calcul des probabilités, que suggère à Pascal le chevalier de Méré, naît dans une société où le jeu occupe une telle place qu'on voudrait en étendre les lois jusqu'à cette autre sorte de jeu, l'amour. *Le jeu de l'amour et du hasard* de Marivaux, dont tous les mots du titre sont éloquents, marque la fin de ce premier assaut tout en préparant le suivant.

Peu à peu en effet, les algorithmes et les probabilités font place à la stratégie, dont Guibert, grand ami de Laclos, est un des nouveaux théoriciens : systématisée par Napoléon et codifiée par Clausewitz, la moindre de nos entreprises y baigne aujourd'hui comme le poisson dans l'eau. Le jeu conservait un léger reste d'innocence : ce n'était, après tout, qu'un loisir inhérent à l'oisiveté nobiliaire dont, avec l'invention de la Cour, l'ennui était devenu l'ennemi insidieux. Le reste de la société en ignorait les règles et, quand elle les connaissait, en condamnait l'immoralité. Mais il ne s'agit plus de jouer : on a quitté une société de corps, dont l'ordre apparent compense le désordre foncier, pour une société de classes où, dans le désordre apparent d'un ordre plus juste, on ne saurait se diriger sans carte ni boussole.

L'amoureux, qu'il soit calculateur ou stratège et, si possible, les deux, n'entretient plus à l'égard de l'amour, surtout à l'égard de celui qu'il ressent, l'esprit de soumission qui animait les derniers partisans de la courtoisie. Il se fixe un objectif, la conquête de l'objet aimé, et définit les avantages qu'il en attend, les moyens qu'il se dispose à y consacrer et les délais qu'il se donne pour l'atteindre. Il serait tout à fait tendancieux d'en conclure que son amour est moins sincère que celui de qui ne fait rien pour satisfaire le sien, sauf à compter sur la rencontre improbable des cœurs. La peine qu'il se donne démontre le contraire.

Quant à l'objet aimé, il ne le regarde pas avec moins de ferveur ; mais il ne compte pas sur lui pour en obtenir ce qu'il veut. Il part de l'idée que c'est une forteresse dont l'intérieur est invisible, qu'on ne sait pas grand-chose de ce qu'elle renferme, qu'on ne la convoite d'ailleurs que sur des apparences et qu'on ne la prendra qu'en se jouant de celles-ci en lui en opposant d'autres. L'illusion est reine : se faire aimer, c'est faire rêver.

Une telle philosophie suppose évidemment la rationalité des mouvements apparents. Peu importe que les mobiles ultimes des pièces sur l'échiquier soient rationnels ou non : on ne s'occupe que de ce qu'on voit parce que c'est la seule chose qui ne soit pas cachée. On est frappé de l'importance des *formes* dans les sociétés où cette expression raffinée du jeu amoureux prend l'avantage sur son expression sentimentale : la subtilité des langages, que ce soit ceux du corps ou de la parole, l'élégance des vêtements, et, d'une façon générale, la somptueuse complexité des spectacles concourent à leur prolifération et à la vertigineuse richesse de leurs combinaisons. La stratégie apporte au calcul une dimension supplémentaire : elle développe en profondeur un jeu qui ne se déployait jusque-là que sur des plans et des surfaces. Elle se destine la conquête d'un objet dont la possession doit durer un peu plus que le moment de la prise.

Cette dimension supplémentaire n'affecte pas seulement le sentiment amoureux mais le temps de l'amour. Bien que la fugacité intrinsèque de ce dernier ait pu justifier la multiplicité des conquêtes amoureuses, l'inanité du nombre n'a pas tardé à se révéler. Il serait tout à fait malhonnête de nier que la stratégie amoureuse se soit d'abord développée à des fins libidineuses ; que le but était de faire tomber la place pour la prendre, non pour la garder ; et que la progressive décadence érotique du mariage, dont la dissolution restait en même temps rarissime, laissait libre cours au papillonnage. Néanmoins, le nombre ne présente jamais un intérêt durable et, selon le mot de Pascal, la chasse l'emporte vite en intérêt sur la prise. On s'aguerrit l'esprit à inventer des compositions inédites non pour aligner de nouvelles proies mais de nouvelles façons de les attraper. Le *mille e tre* de Leporello, le Sganarelle de Mozart, dit assez l'invraisemblance du chiffre et, par suite, sa subsidiarité : ce qui amuse Don Giovanni parce que c'est la seule chose qui parvienne à l'occuper en attendant de mourir, c'est l'inépuisable renouveau de chaque aventure et des subterfuges qu'il doit inventer pour la courir.

Stendhal eut, le premier me semble-t-il, l'idée théorique de faire la synthèse amoureuse de la stratégie et du sentiment en mettant les instruments objectifs de l'un au service des intérêts subjectifs de l'autre. Je dis *théorique*, car il était piètre praticien et passait son temps à violer ses principes ou à les appliquer à contretemps. Il croyait au fond qu'à la chasse au bonheur, le *grand amour* pouvait se prendre au filet. Les stratégies dont il nous détaille les méandres dans ses journaux ou que ses personnages déploient les uns contre les autres pour se faire aimer partent toutes d'une impulsion initiale qui relève de l'amour le plus irrationnel : chez Stendhal, on se fait la guerre pour se faire aimer ; chez Laclos, on se fait aimer pour se faire la guerre. Parvenue à ce stade, la stratégie n'est que la soumission des pouvoirs de la raison aux pouvoirs supérieurs de la folie érotique. C'était le piège auquel Valmont avait succombé, et la marquise de Merteuil l'en avait assez cruellement flétri.

Le pari de Pascal est-il finalement autre chose que l'application du calcul à la capture du plus insaisissable des objets amoureux et le moyen d'ajuster les plus probables apparences de la raison avec les plus probables apparences de Dieu ? A l'instar du reste de son siècle, le janséniste géomètre ne peut se déprendre de l'idée que, même si le cœur a ses raisons, ce sont encore des raisons : toutes nos facultés rationnelles sont tendues vers la justification du plus irrationnel des objets en même temps que du plus absolu des sentiments. Dieu pas plus que l'amour humain ne nous est inaccessible : son infini n'est pas plus hermétique à nos calculs que sa charité à notre foi. Mais contrairement à Descartes, Pascal ne tente nullement d'en capturer l'essence au terme d'une inadmissible effraction : il ne s'en approche qu'en se fiant aux apparences, celles que Dieu lui donne de Son amour et celles que de son côté il Lui donne du sien. Il ne juge de Lui que par ses figures comme Dieu ne juge peut-être de nous que par les nôtres.

Gigantomachie

> Le monde s'est divisé entre conservateurs et progressistes. L'affaire des progressistes est de continuer à faire des erreurs. L'affaire des conservateurs est d'éviter que les erreurs soient corrigées.
>
> G. K. Chesterton, *Illustrated London News*, 19 avril 1924.

Depuis que le vingtième siècle a pris fin et que nous balayons son histoire avec plus de recul, les avant-gardes nous apparaissent pour ce qu'elles sont : des esthétiques comme les autres. On s'obstine pourtant à préjuger de leur supériorité. Pour savoir de quel droit et, à défaut, les réduire à une honnête contenance, il est indispensable de s'attaquer à leurs présupposés dont le plus imposant postule l'existence d'un combat des formes esthétiques : l'enjeu en serait la conquête de *l'avenir de l'art* dont les avant-gardes seraient les postes avancés.

Cette métaphore militaire, comme toutes les métaphores, n'est pas très riche en arguments. Elle ne saurait intéresser que ceux qui sont fascinés par les voyants et par les officiers. Elle se fonde sur l'absurde supposition que le présent pourrait anticiper sur l'avenir ou, pire, l'avenir faire irruption dans le présent au mépris de l'ordre des temps. Le nombre impressionnant des avant-gardes qui n'ont débouché sur rien ou sur autre chose illustre la vacuité d'une telle prétention et son apparentement plutôt ridicule à une consultation astrologique – d'où, qui sait ?, la fréquente fascination de ces courants pour les sciences occultes. En vérité, il serait scandaleux que le prophétisme, qu'on a exclu de toutes les autres formes d'explication, profite de cette occasion pour se réintroduire dans l'histoire de l'art et de la littérature.

On se targue, sous ce couvert, d'effets prodigieux comme de provoquer des sensations que n'importe qui ne devrait connaître qu'à condition de vivre après sa mort – à quoi se ramène le fait de préférer aux œuvres qui nous feraient plaisir aujourd'hui celles qui en feront demain à nos descendants. Cette pétition ressemble au désir infantile de n'ambitionner que ce qui est impossible et de ne jouir que de ce qui est interdit. Sa revendication ne réussit qu'à expliquer pourquoi les œuvres d'avant-garde sont le plus souvent méprisées des contemporains et repose sur l'idée aussi désobligeante qu'infondée selon laquelle leurs détracteurs sont les esclaves de sentiments conventionnels ou attardés. Il semble pourtant que l'authenticité se trouve plutôt chez celui qui partage les sentiments de son temps que chez celui qui cherche à éprouver ceux de temps qui ne sont pas encore advenus.

On n'en finirait pas d'énumérer les plaisirs dont la superstition des avant-gardes dépossède leurs adeptes – comme si elles conspiraient, sous des dehors libérateurs, à la résurgence d'une aspiration puritaine. Le dédain des formes finissantes d'un courant esthétique ou de l'esthétique d'une époque fait partie de ces inutiles mortifications. Sous prétexte que le romantisme s'annonce dès 1760, faut-il renoncer aux ravissants attardés de 1780 ? Il n'est même pas certain qu'ils ne le préfigurent tout autant par un sentiment nouveau de la nature, quoiqu'il soit tellement plus délicieux de les replacer dans le courant néo-classique qui prend parallèlement son essor et que le romantisme continue de nous obstruer : on voit alors se recomposer leur formes et nous réenchanter avec cette netteté légèrement vaporeuse qui fait le charme de ce style élégant et infiniment *civilisé*.

Le postulat du progrès en art est l'autre point faible de ce catéchisme. Lorsqu'il est exposé de but en blanc, il est universellement considéré comme une sottise. Mais, sous le manteau de l'avant-garde, il se transforme en une vérité frétillante. Raisonnons par l'absurde : si l'avant-garde représentait la fine pointe du progrès artistique, l'histoire serait dotée d'un sens en direction duquel les formes esthétiques se succéderaient selon une loi d'évolution que nous pourrions décrire. Or rien de cette sorte ne se déduit ni de l'histoire de l'art ni de celle de la littérature, non seulement de manière vraisemblable mais prédictive.

Il n'est pas permis d'en conclure que l'évolution des époques littéraires est totalement désordonnée. On s'est tant habitué à voir dans la succession chronologique des styles une succession de caprices qu'on en a presque oublié le pouvoir structurant des langages dont leurs auteurs se servent pour s'exprimer et dont l'évolution jouit d'une relative autonomie : l'histoire des idées comme des sensibilités a ses lois, que le reste du monde influence mais ne gouverne pas. Le style de Saint-Simon ou de Flaubert n'a pas ses origines ailleurs que dans l'esthétique des styles littéraires : on perd son temps à le chercher dans les cours des matières premières ou dans l'organisation sociale et politique de leur temps ; il vaut mieux se concentrer sur les livres qui leur sont passés dans les mains et les milieux littéraires qu'ils fréquentaient. Un mouvement irréversible emporte tous les styles et l'impossibilité d'écrire, de peindre, de composer dans un autre que dans celui de son époque ne traduit pas la finalité de l'un par rapport à l'autre mais un état de la langue par rapport à celui qui le précède et celui qui le suit.

Les avant-gardes n'en restent pas moins à l'origine d'esthétiques bizarres, originales, dépaysantes, souvent revêches, quelquefois pourvoyeuses de plaisirs curieux. Elles occupent le versant *baroque* du monde contemporain mais un baroque parfois tyrannique et grincheux. Une fois débarbouillées de leur fatuité, elles font penser à ces vieux romans de science-fiction dont aucune des prédictions ne s'est réalisée mais dont les inventions procurent après coup le plaisir un peu enfantin qu'on prend au spectacle du mélange de la niaiserie et de l'extravagance.

Le néo-classicisme occupe l'autre versant de ce massif. A la vérité, il y en a autant que d'époques de l'art ou de la littérature. C'est même la forme stylistique la plus récurrente de toute l'histoire : elle apparaît avec Lucien et la seconde sophistique, réapparaît à l'époque carolingienne, puis avec la littérature néo-latine de l'Europe d'après Pétrarque, plus tard encore, et en réaction au baroque tridentin, sous le nom de classicisme européen. Entre 1780 et 1820, elle forme le parallèle critique du romantisme et renaît brièvement dans l'entre-deux-guerres. Son caractère dominant est l'ironie, sa philosophie celle de Lord Shaftesbury : une chose réellement bonne n'est point susceptible de ridicule, et tout ce qui ne résiste pas au ridicule n'a qu'une bonté fausse et apparente. Or lorsque la mode en est passée, les avant-gardes sont volontiers ridicules. Les esthétiques néo-classiques sont presque toujours les plus radicales et, partant, les plus paradoxales. Elles offrent une régularité de formes dont la structure conventionnelle laisse tout loisir à leurs adeptes pour fomenter de profondes révolutions.

DES CITATIONS

> Fallait-il copier une longue citation d'un Auteur moderne que l'on trouve chez tous les Libraires ? Fallait-il citer Amyot en son vieux Gaulois ?
>
> Pierre Bayle, *Dictionnaire historique et critique*, préface.

ON GAGNE à indiquer un auteur ou un texte par une citation comme on le ferait du nom d'un ami ou de l'une de ses paroles : toute autre façon est insupportable. On peut en truffer un livre de plusieurs façons. La première est celle pour laquelle j'ai marqué ma préférence. La seconde est *à la manière italienne*, parce que les érudits de cette nation en ont pris la charmante habitude : on insère les citations dans le corps du texte, suivies entre parenthèses de leurs références bibliographiques mais abrégées. On se contente de celles dont la recherche ne serait pas un jeu d'enfant. Borges et Mario Praz y sont passés maîtres : c'est chez eux un authentique *tour de style* qui confère à leur savoir une allure familière que les notes en pied de page, par une disposition un peu solennelle, ont peine à revêtir, sauf si on les transforme en de minuscules essais dotés d'une authentique autonomie.

La dernière façon consiste à citer sans référence, en se contentant d'un nom d'auteur souvent faux et de guillemets mal placés. On laisse le lecteur identifier la source et aller la chercher s'il le veut ou le peut. C'est une solution désinvolte qui éprouve la mémoire de tout le monde, et abandonne en chemin ceux dont la culture est paresseuse ou malheureuse. Elle passait encore au joli temps de la république lettrée, dont les citoyens, peu nombreux, étaient tous censés connaître le pays. Mais de nos jours... Nous avons des amis très cultivés qui la perpétuent ; mais elle est le paradis des ignorants, des paresseux et des escrocs. A présent que tous les livres peuvent s'ouvrir d'un doigt sur un clavier, autant donner l'adresse en même temps que le nom.

On reconnaît les faux savants comme les faux lettrés à l'usage déréglé qu'ils font de ces trois expédients. J'ai beaucoup cité, je le confesse, mais jamais pour prouver, toujours pour divertir. Je ne m'estime pas assez pour ne vous entretenir que de moi et de mes fredaines durant ce grand nombre de pages : il fallait que je donne aussi la parole à d'autres, surtout aux femmes, et quelle parole ! Je la leur ai accordée le plus longuement que j'ai pu afin de ne pas interrompre le cours de votre lecture pour vérifier que je ne vous mentais pas, de sorte que vous pouvez aussi vous servir de mon livre comme d'une bibliothèque portative. Je n'ai pu éviter de hérisser les notes d'épines bibliographiques ; mais c'est afin de mieux vous conduire à ces textes amis qui m'enchantent et dont vous deviez connaître les positions pour vous y rendre sans vous égarer dans cet océan de mots, dont la topographie est encore plus capricieuse que dans l'autre.

Moralité du luxe

> L'argent me ruine.
> Louise de Vilmorin.

Un des bienfaits que je dois à ma bibliothèque, c'est de m'avoir convaincu de la douceur des temps où je vis. Je ne voudrais en changer pour rien au monde : les époques du passé sont toutes plus abominables que la nôtre, peut-être pas pour y penser mais sûrement pour y vivre. Le progrès ne me semble pas aussi disqualifié qu'on le dit : il suffit d'en avoir une conception critique, c'est-à-dire souple et sceptique. Il est assez plaisant que ceux qui en jouissent en disent du mal et que ceux qui voudraient en jouir trouvent qu'il n'arrive pas assez vite. L'histoire va par bonds et rebonds, tantôt en avant, tantôt en arrière, à droite, à gauche ; ce n'est que tout compte fait qu'elle progresse. Le temps est irréversible, pas elle. Je nourris la plus tendre estime pour l'Antiquité tardive ; mais jamais les *Chroniques* de Grégoire de Tours ne me paraîtront compenser la destruction des livres de Chrysippe, d'Epicure, d'Aristarque, de Sappho, d'Alcée, d'Eschyle, de Sophocle, d'Euripide.

Comme vous vous en êtes éventuellement scandalisée, je plaide chaudement pour la notion de *civilisation* contre celle de culture. Elles ne sont d'ailleurs pas antinomiques. Je crois la civilisation le but de l'humanité, à la manière d'une idée directrice comme celles dont Kant avait la spécialité. Le malheur de la civilisation, c'est que les nations occidentales y aient trop longtemps contribué. Toutes les cultures y ont apporté leur pierre et en apporteront encore de belles. Comment d'ailleurs aucune aurait-elle jamais la force de se transformer si elle n'avait pas devant soi un pareil idéal ? Mais qu'est-ce que la civilisation, glisseront les esprits malins ? Tout le but de ce livre est d'en dire quelque chose. Ce qui est sûr, c'est qu'elle pourrait bien régresser un jour de toutes ses avancées. Il faudrait se placer à la fin des siècles pour bien en juger. Je ne laisse pas entre-temps de savourer les douceurs d'un surcroît de bien-être.

On le paie, il est vrai, au prix de monstrueux paradoxes et son évidence ne suffit pas à l'innocenter de multiples désastres. Le progrès des sociétés ne part pas de leur prospérité : il part de leur disette. Il s'écoula des milliers d'années avant l'apparition de la moindre opulence : encore ressemblait-elle à ce que nous qualifierions aujourd'hui de misère comme la misère d'aujourd'hui eût ressemblé alors au comble de l'opulence. Il n'est pas moins à craindre que ce ne soit l'injustice et non pas la justice qui fut à l'origine du progrès. Il faudrait être fou pour croire que les richesses furent un jour également réparties ; elles n'apparurent d'abord qu'entre les mains de quelques-uns ; et même si le monde est à présent plus riche qu'il ne le fut jamais, il n'est pas certain que les inégalités n'y soient pas aussi pour quelque chose.

Il est immoral mais indispensable qu'un petit nombre finisse par devenir plus riche pour qu'un grand nombre commence à devenir moins pauvre. Les Anciens ne l'ont jamais tout à fait admis : la cote, au moins philosophique, des lois somptuaires interdisant aux riches de dépenser leur argent à des fins inutiles ne s'est jamais démentie. Il y avait pourtant de quoi faire rire n'importe quel logicien : car il fallait ou empêcher les riches de le devenir ou les laisser jouir de leur état. Aussi ces lois n'ont-elles jamais été réellement appliquées : elles comportaient en filigrane une apologie du retour à la caverne et au gland dont personne ne voulait, sauf dans la poésie bucolique. S'il avait fallu ne se satisfaire que du nécessaire, les richesses n'eussent jamais existé, ni pour les riches ni pour les pauvres.

Pas plus que les hommes, les nations ne se sont extraites ensemble de la pauvreté. Il fallut d'abord qu'un petit nombre d'entre elles soit aux autres ce que les riches sont aux pauvres pour que les moins fortunées s'en sortent. Les pauvres ne font commerce que du nécessaire ; les riches le font aussi du superflu, et c'est pour eux le commencement de l'abondance comme pour leurs proches la fin de la disette. C'est le moment de regretter avec Cioran que Dieu n'ait pas fait notre monde aussi parfait que Bach a fait le sien. Il n'est pas facile d'éviter d'en conclure avec Mandeville que la prospérité découle plus sûrement du vice que de la vertu.

J'ai hâte de rencontrer celui qui me démontrera qu'il y aurait des richesses s'il n'y avait pas de propriété. Ceux qui ont constaté le contraire et en ont proposé l'abolition ont-ils bien songé qu'en supprimant la cause de l'enrichissement, ils en supprimeraient en même temps les effets, non sans en priver à la fois ceux qui en jouissent déjà et ceux qui le voudraient bien ? Je n'ai d'ailleurs jamais compris la raison de leur animosité contre cette institution romanesque. Rien n'est plus transitoire. Il suffit de se promener dans une grande ville pour en constater la volatilité : l'hôtel particulier où tel acteur de cinéma festoyait tous les soirs ne s'orne plus que d'une pancarte « A vendre » ; la lumière, à l'étage noble de ce bel immeuble, occupé jadis par un des plus riches banquiers du dix-neuvième siècle, n'éclaire plus que des bureaux. Le temps est le plus grand de tous les expropriateurs : posséder donne aux hommes l'illusion de retenir un peu la mort ; ils perdent toute envie de rien faire lorsqu'on la leur ôte.

C'est l'exploitation forcenée du temps qui a coûté le plus de peine et valu le plus de haine à ceux qui furent les premiers à s'enrichir. Il serait périlleux de nous attarder sur les complicités qui rapprochent le temps et la monnaie, crainte d'avoir à nous demander si la création de valeur produite par leur conjonction n'est pas la seule image tangible de toute création. Cette génération de l'être à partir du néant ressemble trop à la création du monde dans ce texte tardif de la *Bible* qu'est la *Genèse* pour que les croyants n'y décèlent pas une impiété. C'est, pour les matérialistes, une insulte intolérable à la dignité du travail, qui, à beaucoup près, ne produit jamais autant de richesse. La matière produit de l'être à partir de l'être, ce qui n'a pas grand intérêt ; l'argent produit de l'être à partir du néant, ce qui en a infiniment plus. C'est à se demander si, plus que l'utilité et sûrement plus que le travail, le commerce compliqué du temps n'est pas l'ultime ressort de toute économie. L'ignominie de ces tractations répugne aux *belles âmes* qui, comme on le sait, ne sont mues que par des aspirations désintéressées.

Ce trafic encourage deux vices souvent amis : la paresse et le luxe. La paresse consacre le triomphe de l'abstraction, laquelle réduit en chiffres l'activité des hommes dont ils ont le plus à souffrir : le labeur. Elle va de pair avec la fourberie qui fomente ses crimes dans l'ombre comme l'argent les siens au fond des nombres ; de pair aussi avec la rapacité qui, comme les nombres, ne connaît pas de limite. Qu'y a-t-il en effet de plus révoltant que la vue de celui qui s'enrichit en dormant ? Qu'il invente ou qu'il spécule, il fait pourtant un meilleur usage du temps que celui qui peine en vain non loin de lui.

Le luxe est l'autre scandale de cet ignoble trafic. C'est malheureusement à lui qu'on doit l'essentiel de la beauté du monde. L'art et la science, auxquels il a rendu de grands services, ne surgissent que du sein de l'oisiveté, condition immorale de ceux qui profitent du temps libre que le temps captif des autres met à leur service. Il est sans doute moral de s'en indigner. Mais le choix de mettre le paradis sur terre mène directement en enfer : la totalité du bien dans le monde diminue tragiquement dès que l'argent vient à manquer et il y a tout lieu de craindre que la destruction des sociétés où il est à l'honneur ne débouche sur la plus cruelle des barbaries. Quand il n'est pas libre de croître et de circuler, les hommes et les idées ne le sont pas non plus.

L'opinion courante selon laquelle le luxe et l'argent ne vont ni avec l'art ni avec la littérature est cruellement démentie par les faits. Si la pauvreté n'assèche pas toujours l'invention des artistes et des écrivains, elle y parvient néanmoins sans beaucoup d'efforts. Je ne connais rien de plus sot que la consigne d'un éditeur célèbre, heureusement disparu, qui disait de ses auteurs : « Il faut les affamer. » L'appât du gain, qui anime les hommes dans toutes leurs industries, ne convient malheureusement ni aux artistes ni aux écrivains : il leur faut pour s'épanouir disposer dès le début de ce qui n'est la récompense des autres qu'à la fin. Il est naturel que ces derniers fassent tout pour le leur empêcher ; il est naturel qu'ils fassent tout pour le leur extorquer, selon la grande maxime wagnérienne qui veut que le monde leur doive ce dont ils ont besoin.

De quelques vers inconnus

> ... Tandis que, de sa flotte affranchissant nos ports,
> Le Grec ira revoir les rives maternelles.
>
> <div align="right">Homère, l'<i>Iliade</i>, traduite en vers français par
Etienne Aignan, 2e éd., Paris, A. Egron, 1812.</div>

La haine de l'imitation devient telle quand seul le nouveau a du prix qu'elle nous empêche de l'apercevoir dans ce qui nous semble le plus conventionnel. C'est faire un gigantesque anachronisme que d'évaluer les réalisations du passé et les intentions de leurs auteurs selon l'originalité et de n'attribuer de valeur qu'à ce qui n'est imité de rien. A ce compte-là, c'est presque toute la culture humaine qui se trouverait dévalorisée. L'imitation en a presque toujours été le principe ; et si, à la manière des commentateurs d'autrefois, lesquels faisaient ressortir les emprunts de leurs auteurs non pour les en blâmer mais pour les en applaudir, on étendait cette recherche à tous les arts et presque toutes les sciences, les définitions de l'invention et de l'imitation auraient le plus grand mal à se distinguer.

Il y a, dans les quatre derniers siècles, peu d'œuvres littéraires qui ne s'inspirent ou n'imitent quelque devancière, non pas toujours en totalité mais dans plusieurs de leurs parties, souvent les plus brillantes : tels sont quelques-uns des plus beaux vers de Shakespeare ou de Racine, des traits les plus cuisants de Voltaire, des pages les plus vibrantes de

Stendhal ou les plus éloquentes de Chateaubriand. Même les novateurs les plus débraillés de la fin du dix-neuvième et du début du vingtième siècle n'échappent pas à la règle, sauf qu'au lieu de puiser leur matériau dans la *grande culture*, ils vont le chercher dans la littérature populaire ou industrielle, almanachs, contes d'enfant, magazines, programmes forains, graffitis, enseignes de devanture, prospectus, publicités.

C'est évidemment dans la traduction, où la littérature se dissimule avec soin mais s'exprime avec le plus de délicatesse et, parfois, de bonheur, que les vertus d'imitation resplendissent de tout leur éclat. J'ai déjà dit un mot de la belle époque des traductions, entre la fin du dix-huitième siècle et les premières décennies du dix-neuvième, non seulement en France mais dans toute l'Europe. Cette époque est celle de l'efflorescence néo-classique, où l'imitation est poussée à un tel degré que le plagiat, la copie et l'œuvre originale ne semblent plus faire qu'un. Avec une liberté enivrante, on introduit, dans la plupart des arts, des thèmes et des motifs uniformément empruntés. A peine Pompéi découverte, son art décoratif s'incorpore sans gêne à l'art du temps. Avant même la parution des volumes de la *Description de l'Egypte*, les sphinx, les palmes, les pattes de lion viennent se nicher aux pieds des fauteuils, sur les montants des lits, en haut des colonnes, parfois strictes copies de leurs modèles heureusement presque toujours trahis par l'infidélité ou le goût des graveurs.

C'est ainsi que quelques beaux vers français viennent se tapir dans de merveilleuses traductions des poètes latins et grecs éditées entre 1770 et 1830. Certains des plus mémorables figurent dans la traduction de l'*Enéide* par Delille et dans celle de l'*Iliade* par Etienne Aignan. Leur réussite me paraît éclatante ; mais vous rencontrerez peut-être quelque peine à partager mon enthousiasme. Notre actuelle idée de la poésie en est trop éloignée : elle exclut, pour la plus grande part, celle des siècles passés à laquelle ces vers sont presque entièrement asservis ; mais ce *presque* en fait aussi l'originalité. Il faut accepter de se glisser lentement dans cet art poétique, que Racine avait condensé en trois mots : violence des passions, beauté des sentiments, élégance de l'expression. Il pourra vous sembler que les deux premiers commandements se sont parfois affaiblis : encore nous eût-il fallu entendre les acteurs et les lecteurs qui, alors en possession d'un art suprême de la déclamation, nous auraient peut-être fait changer d'avis. Du moins le troisième est-il admirablement observé, comme pour compenser le léger fléchissement des deux autres.

Comme j'ai déjà loué Delille, Etienne Aignan dont le nom est plus inattendu aura la part belle. La *Biographie universelle* de Michaud lui consacre une notice fouillée qui court sur presque sept colonnes. Il naît à Beaugency, en 1773, d'une bonne famille de robe et fait ses études classiques à Orléans. Nommé procureur général syndic du Loiret en 1792, il se signale par son zèle révolutionnaire ; mais, observe le biographe, *sa modération réelle le rendit bientôt suspect*. Il avait composé, trois semaines après l'exécution du roi, une *Mort de Louis XVI* en trois actes qui faillit causer la sienne : celle de Robespierre lui sauva heureusement la vie. Il poursuit une carrière administrative sous le Directoire et prestigieuse sous l'Empire, malgré quelques vers parus dans le *Journal des Débats* lors de l'exécution du duc d'Enghien et qui pouvaient être mal interprétés ; carrière assez lâche toutefois pour lui laisser le loisir de composer plusieurs dizaines de volumes. Il possédait, dit encore Michaud, *cette aptitude facile qui n'appartient qu'au génie ou à la médiocrité*. Il avait un peu de l'un et de l'autre, et c'est un des plus grands embarras où un écrivain puisse plonger ses critiques.

Il se fait alors une spécialité de traducteur d'anglais et, avant Charles Nodier, donne au public en 1803 la première version du *Vicaire de Wakefield*. Il avait, en 1801, fait paraître un poème en trois chants et en vers, *Essai sur la critique*, qui vaut la peine d'être vu. Il compose aussi plusieurs tragédies, devoir obligé des écrivains du temps comme le roman l'est à ceux du nôtre, dont une *Brunehaut* ou *les Successeurs de Clovis* en 1810 qui ne se soutint que par le talent de Mlle Raucourt mais qui fait de notre homme un des plus anciens devanciers et, qui sait ?, l'inspirateur lointain de Richard Wagner. *Arthur de Bretagne* en 1816, soi-disant tirée de *La vie et la mort du roi Jean* de Shakespeare mais plutôt extorquée à Ducis, ne jouit pas d'un meilleur sort malgré, cette fois-ci, les efforts de Talma. Le 5 mars 1814, juste à temps, il est élu à l'Académie française au fauteuil de Bernardin de Saint-Pierre où il ne s'assoit qu'après les Cent-Jours pour y prononcer un discours *d'une médiocrité fleurie*. Michaud assure qu'*il ne fit aucune démarche pour obtenir de la Restauration ces faveurs qui étaient alors le prix presque exclusif de l'apostasie* et demeura fidèle au souvenir de Napoléon. Comme Stendhal, il passe sans coup férir du bonapartisme au libéralisme et se retrouve dans les rangs de l'opposition où il entreprend une carrière de polémiste qui lui vaut le soutien de Benjamin Constant lors d'une affaire d'épingle noire. Il accomplit encore quelques travaux d'historien, dont une curieuse *Bibliothèque d'histoire étrangère de littérature ancienne et moderne*, anthologie d'ouvrages extraits ou traduits de diverses langues, avec des remarques démontrant que les hommes sont plus méchants et plus malheureux à proportion de leur ignorance et de leurs préjugés. Il publie des éditions de Racine et de Jean-Jacques Rousseau, et meurt à Paris le 21 juin 1824.

Sa traduction de l'*Iliade* était parue en 1809. Suivant l'excellente pratique de Voltaire dont Piron disait qu'il composait ses pièces pendant la représentation, il la corrigea au fil d'éditions successives. Une violente polémique s'en était suivie : on lui reprochait d'avoir pillé une traduction plus ancienne par Guillaume de Rochefort. Michaud le lave de ces accusations : le travail d'un bon traducteur n'est pas de reprendre à nouveaux frais celui de ses prédécesseurs quand il en a mais de conserver ce qu'il a de bon en ne refaisant que ce qu'il a de mauvais. Voilà un excellent conseil : la traduction comme une construction progressive ! Il est à croire que sa position d'auteur principal du livre pour le *Sacre de Sa Majesté l'Empereur Napoléon*... [avec] *la Description des tableaux et explication des costumes* ainsi que d'aide des cérémonies puis de secrétaire impérial à l'introduction des ambassadeurs lui ait attiré cette méchante querelle : innombrables sont les traductions d'alors qui n'offrent que la compilation des meilleures traductions précédentes, auxquelles l'auteur apportait la touche finale de celui qui n'a que le mérite d'arriver le dernier. C'est une autre des raisons qui contribuent à faire de cette époque l'un des âges d'or de ce genre délicat.

 Ces traductions n'étaient pas fidèles à la lettre mais à l'esprit de l'original, ou, pour mieux dire, à l'idée qu'on s'en faisait. Nous ne nous y prenons pas différemment mais avec une nuance : nous sommes scientifiquement persuadés de détenir la vraie. Voici les plus beaux vers que j'ai rencontrés dans les douze premiers chants de cette *Iliade* en alexandrins, où s'exprime le suc de la tradition littéraire des deux siècles précédents. Il est d'ailleurs difficile de dessertir les diamants de cette veine poétique parce qu'elle repose sur la continuité de ses réussites. Aussi vous les offrirai-je comme des épaves arrachées à l'oubli ou comme des fragments de cette *poésie pure* dont Valéry et l'abbé Bremond avaient allumé la polémique au siècle dernier. Ne

sont-ils pas dignes des vers les plus mélodieux de Racan, de
La Fontaine, de Racine, de Chénier, de Valéry ?

> *Et loin des bords troyens, à ses larmes ravis,*
> *Le fuseau tournera sous ses doigts asservis.*

> *Mais j'irai, franchissant les célestes parvis...*

> *Recouverte deux fois d'une graisse odorante,*
> *La part des dieux nourrit la flamme dévorante.*

> *... des javelots croisés*
> *Reçoivent des taureaux les membres divisés.*

> *Tu réveilles des maux qu'il faudrait assoupir.*

> *... Et des cieux ébranlés la majesté s'incline.*

> *.. Nous pourrions de ses sens accuser le prestige.*

> *Ulysse écoute à peine un discours qui le flatte...*

> *... et, veuves gémissantes,*
> *Vous appelez, soldats, vos cités florissantes !*

> *Sous un platane épais, qu'une pure fontaine*
> *Baignait de la fraîcheur de ses limpides eaux,*
> *Nous cherchions l'avenir dans le flanc des taureaux...*

> *Des cygnes au long cou la rapide phalange...*

> *Sur son front rayonnant tout Jupiter respire.*

> *Thoas, que de ses rois la race ensevelie*

A donné pour monarque à la belle Etolie...

Sur sa poupe inactive, il languit désarmé.

Tandis que des combats les soldats altérés,
Par le disque et la lutte exerçant leur courage,
Saisissent de Bellone une imparfaite image...

Hélas, de ses habits la pompe orientale,
Ne le soustraira pas à la Parque fatale...

Son arc et son carquois résonnent sur son dos...

La fille de Léda, d'une aiguille savante,
Confiait au tissu les longs malheurs du Xanthe...

... Tandis que, de sa flotte affranchissant nos ports,
Le Grec ira revoir les rives maternelles.

Il perce à pas légers la profondeur des rangs.

Qui peut unir des dieux tous les dons à la fois ?

... Quand sa royale mère,
Au bord du Simoïs visitant ses troupeaux,
L'enfanta...

Le dieu couvre Idéus d'un céleste nuage.

Hypsénor est tombé sous la faux meurtrière.

De tout nuage humain je dégage tes yeux.

Ose frapper Vénus !...

Il court, et s'enfonçant sous de riches portiques...

Contre une agrafe d'or l'imprudente se blesse...

De nuages roulants son aire se blanchit...

*... Les nuages sacrés
Dont la vapeur défend les parvis éthérés.*

*Et nous immolerons à Pallas tutélaire
Douze jeunes taureaux séparés de leur mère,
Qui n'ont point sous le joug courbé leur col nerveux.*

Que par ses pas légers ma course soit atteinte...

*Mais Pallas de son peuple a vu tomber l'élite...
Et vers les champs troyens son vol s'est abaissé.*

Aux cœurs des Phrygiens la froide peur serpente...

Comme une vaste tour, son bouclier l'ombrage.

Sur ces restes glacés que le sang défigure...

*Si les Grecs voulaient fuir à la faveur de l'ombre,
La flèche inévitable atteindrait leurs vaisseaux...*

*Les coursiers, près des chars que l'écume a blanchis,
De leur joug importun respirent affranchis...*

L'horizon prolongé recule ses rivages...

J'ai toujours de son lit respecté la pudeur...

Mon amour consolait sa jeunesse plaintive...

Superbe, il descendit sur ces immenses plages...

Il maîtrise longtemps les tourments qu'il endure.

Et la nuit, sous les yeux des Immortels propices,
Par un léger repos nos corps sont raffermis.

Sa mort disperse au loin ses soldats consternés.

Il broie entre ses mains une racine amère ;
Il en couvre la plaie...

D'un sable usurpateur ces lieux seront couverts.

Ton char présomptueux ne te portera plus
Près du figuier sauvage...

Qu'au gré des vents légers l'oiseau léger s'envole !

Sur la marquise de Sévigné

> Un parler, le français, retient une élégance à paraître en négligé.
> Mallarmé, *Divagations*.

L'ART des transitions est au discours ce que le *legato* est au chant. Madame de Sévigné, qui n'avait pas le temps de relire ses lettres, écrit souvent *staccato* : elle enfile les paragraphes sans les enchaîner ; et ce décousu, par sa brusquerie, donne à son style une vivacité qui est pour beaucoup dans son charme. Si ce ton ne se sent pas, c'est que la lettre a été écrite pour être montrée. Les dernières annotations de Montaigne sur les *Essais* sont de même facture : il n'est d'ordinaire pas très soigneux des liaisons lorsqu'il compose ; mais ces ajouts de dernière heure accentuent sa manière habituelle, et d'une façon qui ravit ceux qui l'appréciaient déjà dans ses exploits antérieurs. Ce procédé diverge de la digression, qui, en dépit des apparences, résulte plutôt de l'abus des liaisons que de leur absence : c'est parce que, dans le fond, tout découle de tout qu'il est si tentant d'y céder ; et s'il est plus difficile de se circonscrire que de se répandre lorsqu'on s'empare des plumes et des crayons, c'est parce que celui qui digresse ne fait que reproduire la nature telle qu'elle se présente dès qu'on se mêle de la représenter.

Je ne vais pas tenter de faire mieux dans ces notations. Je lis la Sévigné sans soin, c'est-à-dire à tout bout de champ, suivant les fluctuations de mes paysages intérieurs auxquels une de ses lettres parvient toujours à s'accorder. Si j'entassais les remarques dans l'ordre où elles me viennent ou dans celui de mes lectures, ce chapitre n'aurait pas de fin ou celle qui le conclurait ne mériterait ce nom que par le plus grand des hasards. Ce qui m'attache à elle, c'est sa solidité. Les lettres du temps de sa vie mondaine lui ont fait une réputation de frivolité à laquelle ne se laissent prendre que les étourdis. Elle est capable de brio ; mais elle ne reste pas longtemps accrochée à cet arc-en-ciel. Elle retrouve vite le ferme plateau des vérités élémentaires qu'elle n'a délaissé que par exception : sa vraie nature est sur terre. Elle est d'ailleurs presque toujours d'excellente santé. Le rhumatisme qui la cloue durant les premiers mois de 1676 lui paraît à elle-même une *anormalité* : c'est exactement ce que sont ses lettres mondaines dans sa correspondance. L'accent indu qu'on a mis sur ces dernières ne vient que de la médisance curieuse des acheteurs de la première édition (1725), qui en attendaient des anecdotes et quelques rosseries sur la cour de Louis XIV dont il avait été si long de secouer le joug : publiées dans le parage de Bussy-Rabutin, les lettres promettaient d'être croustillantes.

On varie la critique, mais c'est la même, en lui reprochant le désordre relatif de sa narration et son prétendu badinage. Elle a sans nul doute un goût très savant pour la fantaisie, dont la mélancolie n'est pas loin, dérivé peut-être de l'engouement pour les spectacles à machines où les décors se succédaient à une vitesse prodigieuse grâce à des mécanismes actionnés en coulisses dont le public ne voyait rien. Il en va ainsi du spectacle des lettres où elle passe d'un sujet à l'autre à la vitesse des nuages. En vérité, elle écrit comme elle tiendrait une conversation, sans s'attarder trop longtemps : un gentilhomme d'alors, surtout si c'est une dame, ne se pique de rien et conserve une distance enjouée à l'égard de tous les exercices, menant sa phrase à la manière dont Saint-Simon rapporte que le roi tenait seul, avec une grâce exquise, les rênes du petit soufflet qui lui servait à chasser lorsque, trop vieux, il ne pouvait plus aller à cheval[81]. Que de fois n'écrit-elle pas qu'elle laisse à sa plume *la bride sur le cou* ! Le seul propos sur lequel elle s'étende plus loin qu'il ne faut, c'est sa tendresse pour Madame de Grignan. Encore ne se le permet-elle qu'avec l'intéressée ou le tout petit nombre de ses confidents. Et puis, la poste n'est pas loin de partir et elle n'a plus le temps de chercher des transitions : il faut tout dire et d'un coup.

Sa solidité ne cadre guère avec la coutume de la lire de façon décousue. Le seul trait de son tempérament qui pourrait nous y inciter, c'est la mobilité. Mais si son âme est un paysage, c'est non pas de Verlaine ou de Monet mais de Poussin ou de Claude Gelée. Les nuages y ont une certaine consistance et n'y envahissent pas l'horizon. Ils n'y tiennent qu'une place décorative dans la composition : le sujet est au centre, et il est humain. Certes, la lettre et l'essai se ressemblent par la brièveté, quoiqu'il y ait des lettres de la marquise presque aussi longues que certains chapitres de roman. Mais une lecture fragmentaire n'est pas le meilleur moyen d'y entrer. Des effractions répétées

---

81. *Il aimait fort aussi à courre le cerf, mais en calèche, depuis qu'il s'était cassé le bras en courant à Fontainebleau, aussitôt après la mort de la reine. Il était seul dans une manière de soufflet, tiré par quatre petits chevaux, à cinq ou six relais, et il menait lui-même à toute bride, avec une adresse et une justesse que n'avaient pas les meilleurs cochers, et toujours la même grâce à tout ce qu'il faisait.* (Saint-Simon, *Mémoires*, t. XII, chapitre 19.)

nous ouvrent moins de portes qu'elles ne nous en ferment. C'est qu'elles dessinent, comme la courbe des œuvres de Goethe auquel il n'est nullement gratuit de les comparer, une ligne plus longue qui se profile derrière chacune mais que seule fait apparaître la lecture de toutes dans l'ordre chronologique. Chacun des points de cette ligne récapitule les autres et de leur somme en prépare un nouveau. C'est un fruit qui se gorge de sucs, métaphore d'un art de vivre et de vieillir. C'est pourquoi les lettres sont un des rares bréviaires de la littérature.

Je les rapproche d'un certain usage de Virgile, dont Gide avait fait dans la dernière époque de sa vie son loisir quasi exclusif. L'*Enéide* montre, comme peu de grands textes, le chemin qui conduit des combats à la pacification : sa lecture, quoique celle d'un seul livre, n'est pas dangereuse parce que la préférence qu'on lui accorde sur toute autre n'est pas une privation mais un foyer — le point d'où partent tous les rayons. Si Madame de Sévigné se détache peu à peu des objets qui lui sont chers, ce n'est pas qu'elle les abjure mais qu'elle veut mieux les aimer. Elle retrouve de la sorte un des enseignements les plus constants de son siècle : nos passions sont nos plus grands alliés et, loin de les combattre, la sagesse revient à les mettre progressivement à notre service. On ne saurait commettre de contresens plus étroit que de prendre l'amour qu'elle porte à sa fille pour une passion romantique : c'est un instrument de sa propre élévation et enfin de son détachement au sens où, sans effort, le fruit se détache de la branche quand le moment pour lui est venu d'être cueilli.

Sa foi religieuse seconde cette évolution intérieure dont une autre faute est de croire que celle-ci en est le moteur ou le guide. Elle n'est d'ailleurs assortie d'aucun rigorisme et s'il y a chez elle un fond de jansénisme, on n'a jamais donné de la doctrine une traduction plus humaine. La grâce, à laquelle elle préfère la providence, est pour elle une fatalité active qu'elle observe du coin de l'œil et dont on sent à tout instant que, si elle allait contre les meilleures forces de sa nature, elle y opposerait une résistance à la mesure de l'abandon qu'elle y consent tant qu'il lui est bénéfique. Sa gaieté, traversée de quelques idées noires, ses *mouches* parce qu'elles reviennent toujours, reprend vite le dessus.

De ses correspondants, c'est son fils Charles que je préfère. Bussy me cause une impression mitigée : son style passait pour un modèle ; Hamilton, qui le surpasse, lui en a chipé le ton quoique, à la façon dont il a su desserrer le sien, il en ait connu les limites. Comme il paraît gourmé en comparaison du style de sa cousine ! Les quelques lettres qui nous restent de sa chère comtesse sont moins aimables que ce que la mère nous en dit. La perte des autres est cruelle : la correspondance de la marquise n'est que la réverbération de cette source lumineuse, dont le feu animait le cœur de leur destinataire. Charles n'est jamais entré dans ce jeu compliqué. Il écrit à ravir, dans un style qui a l'air de sa mère lorsque sa plume cavale, aussi fringant. Il conte comme pas un ; il est moqueur mais bon garçon avec un fond de modestie somme toute chrétienne, qu'il recouvre d'une politesse à rendre la religion irrésistible. On voudrait passer sa vie avec lui et sa marquise de mère : on le peut.

TABLE

Pour ou contre les voyages 7
Solution du chapitre précédent 17
Eloge immodéré des femmes............................ 22
Passage par New York..................................... 29
Soupçons sur la culture en tant que métaphore 42
De la lecture à l'ordinateur................................ 46
Des trains de luxe 51
Noblesse de l'édition.. 63
Apostilles en marge du *Quichotte* 72
Des rêves.. 80
Des maisons de campagne 85
Suite plus personnelle du chapitre précédent 101
Où j'aime écrire ces essais................................. 113
Louanges pondérées du roman policier 118
Deux ou trois choses sur la peinture
  et une ou deux sur l'art contemporain 125
Sur des impressions d'autrefois
  qui n'ont plus grande signification 139
Fin du chapitre précédent................................. 153
Sur l'extrême beauté de quelques objets actuels 164
Intermède 170
Histoire du centurion romain 173
Fin de l'histoire du centurion romain 183
Du silence... 191

Sur l'esprit de repartie	199
Des animaux	205
Des quartiers de Paris	211
Spectacle urbain, ou suite du chapitre précédent	217
Sur quelques usages extraordinaires du français	222
Enigmes de la postérité	233
Des grands hôtels et des palaces	238
L'empire des bibliothèques	246
Suite du chapitre précédent	253
Sur l'intense poésie de la neige	259
Critique des critiques	269
Du goût dans l'art	275
De l'emphase et de la prétérition	282
De la pêche à la ligne	284
D'une idée abusive de l'amour	289
Gigantomachie	297
Des citations	301
Moralité du luxe	303
De quelques vers inconnus	308
Sur la marquise de Sévigné	317

Cet ouvrage a été imprimé
en juillet 2010 par

CPi
FIRMIN-DIDOT

27650 Mesnil-sur-l'Estrée
N° d'édition : 16335
N° d'impression : 100970
Dépôt légal : août 2010

*Composé par Nord Compo
à Villeneuve-d'Ascq*

Imprimé en France